VIDAS
RE-EXISTENTES

Dados Internacionais de Catalogação na Publicação (CIP)
(Câmara Brasileira do Livro, SP, Brasil)

Arroyo, Miguel G.
  Vidas re-existentes : reafirmando sua outra humanidade na história / Miguel G. Arroyo. – Petrópolis, RJ : Vozes, 2023.

Bibliografia.
ISBN 978-65-5713-709-3

1. Antropologia filosófica 2. Humanidade – Filosofia 3. Humanidade – História 4. Humanidade (Moral) – Transformação I. Título.

22-137009   CDD-128

Índices para catálogo sistemático:
1. Humanidade : Antropologia filosófica 128

Aline Graziele Benitez – Bibliotecária – CRB-1/3129

Miguel G. Arroyo

VIDAS RE-EXISTENTES

Reafirmando sua Outra humanidade na História

EDITORA VOZES

Petrópolis

© 2023, Editora Vozes Ltda.
Rua Frei Luís, 100
25689-900 Petrópolis, RJ
www.vozes.com.br
Brasil

Todos os direitos reservados. Nenhuma parte desta obra poderá ser reproduzida ou transmitida por qualquer forma e/ou quaisquer meios (eletrônico ou mecânico, incluindo fotocópia e gravação) ou arquivada em qualquer sistema ou banco de dados sem permissão escrita da editora.

CONSELHO EDITORIAL

Diretor
Volney J. Berkenbrock

Editores
Aline dos Santos Carneiro
Edrian Josué Pasini
Marilac Loraine Oleniki
Welder Lancieri Marchini

Conselheiros
Elói Dionísio Piva
Francisco Morás
Gilberto Gonçalves Garcia
Ludovico Garmus
Teobaldo Heidemann

Secretário executivo
Leonardo A.R.T. dos Santos

Editoração: Fernando Sergio Olivetti da Rocha
Diagramação: Raquel Nascimento
Revisão gráfica: Alessandra Karl
Capa: Claudio Arroyo
Ilustração de capa: "Retirantes" de Cândido Portinari, 1944. FCO: 2733. CR: 2054. Técnica: Painel a óleo/tela. Dimensões: 190 x 180cm. Agradecimento especial a João Cândido Portinari, educador que no Projeto Portinari faz chegar a Arte à Educação.

ISBN 978-65-5713-709-3

Este livro foi composto e impresso pela Editora Vozes Ltda.

"Não nos desarmemos, mesmo em tempos insatisfatórios. A injustiça social ainda precisa ser denunciada e combatida. O mundo não vai melhorar sozinho."

Eric Hobsbaum

"Não poderá haver outra humanidade reconhecida na história sem fazer ouvir as vozes abafadas da história dos oprimidos."

Walter Benjamin

"A grande tarefa humanista e histórica dos oprimidos é recuperar a sua humanidade roubada, que é uma forma de recriá-la."

Paulo Freire

Sumário

Apresentação – Reconhecer outra humanidade na história – Que interpelações?, 11

Capítulo 1, 23

Re-existências por vida: primeiro valor humano, 23

Os coletivos em vidas ameaçadas respondem com vidas re-existentes, 29

Vivências de vidas ameaçadas, vivências de vidas re-existentes, 34

A politização da vida, 40

Viver já é político, 45

Capítulo 2, 50

Vidas re-existentes a ser decretadas com deficiência de humanidade, 50

Re-existentes a decretados não sendo humanos, 55

Re-existências às opressões desumanizantes, 63

A destruição das condições de produção da vida, matriz de desumanização, 67

Re-existentes por condições sociais/materiais de vida humana, 72

Capítulo 3, 78

Vidas re-existentes às desumanizações, afirmando-se humanos, 78

Re-existentes afirmando outra humanização, 83

Re-existentes afirmantes de outra história de formação humana, 88

Que re-existências afirmativas, de que formação humana?, 93

Capítulo 4, 101

Vidas re-existentes ao paradigma de humano único?, 101

Os Outros, a diferença, o Outro do humano único, hegemônico?, 109

Re-existentes à dialética binária, abissal, sacrificial dos humanismos pedagógicos, 116

Re-existentes ao paradigma hegemônico segregador de humano, 121

Os humanos oprimidos re-existentes redefinem o padrão de humano único, 128

Vidas re-existentes afirmantes de outro paradigma de humano, 134

Capítulo 5, 142

Vidas re-existentes que afirmam outras matrizes de outros humanismos pedagógicos, 142

As opressões matrizes de desumanização; as resistências matrizes de humanização, 148

Reafirmar suas re-existências; a matriz mais perene de humanização na história, 154

Re-existentes à dialética hegemônica; Nós humanos, a diferença inumana, 158

Os tensos confrontos de matrizes de afirmação/formação humana, 163

Capítulo 6, 172

Vidas re-existentes à dialética hegemônica opressão/desumanização, 172

A dialética desumanização/humanização produz a diferença como deficiência humana, 177

A dialética humano/inumanos decreta a diferença incapaz de pedagogias de auto-humanização, 182

A dialética desumanização/re-existências/humanização no primado da diferença, 189

Vidas re-existentes afirmantes de outra dialética ético/política/pedagógica, 193

Outra dialética desumanização/re-existência/humanização persistente na história, 198

Capítulo 7, 203

Vidas re-existentes, sujeitos de outra dialética: desumanização/re-existências/concientização/humanização, 203

Os oprimidos se fazem problema a eles mesmos: indagam, respondem, 206

Os oprimidos sofrem as desumanizações como realidade histórica, 209

O problema de sua humanização o seu problema central, iniludível, 214

Os oprimidos se perguntam pela outra viabilidade, a de sua humanização, 219

Os oprimidos afirmam outro paradigma pedagógico: desumanização/conscientização/resistências/humanização, 224

Os oprimidos re-existentes recolocam sua outra humanidade na história, 229

Capítulo 8, 237

Vidas re-existentes afirmantes de outra história de educação/humanização, 237

Os oprimidos resistem a vivenciar a desumanização como produção histórica política, 242

Que outra história política os oprimidos re-existentes afirmam?, 246

A história de re-existências, matriz de outra história de humanização, 254

Resistências coletivas, matrizes políticas éticas humanizadoras, 260

Capítulo 9, 267

Vidas re-existentes a uma história única de humanizações, 267

Os oprimidos afirmam outra história de re-existências humanizadoras, 272

Uma história hegemônica de humanidades; mas de que humanos?, 277

Vidas re-existentes a uma história em que só tem havido lugar para a "humanidade" dos vencedores, 284

Recuperar sua humanidade, recriá-la: tarefa humanista e história dos oprimidos, 289

Que outra história da educação afirmando sua outra humanidade na história?, 294

Reafirmando sua outra humanidade na história; que matrizes de humanização afirmam?, 300

Referências, 305

Apresentação

Reconhecer outra humanidade na história
Que interpelações?

Que interpelações políticas, éticas, pedagógicas instigam estas análises de vidas re-existentes, reafirmando sua outra humanidade na história? Instiga-nos reconhecer que das práticas educativas, das identidades docentes, educadoras, das políticas se exige alargar o campo da educação, dos processos e matrizes de humanização, de formação humana, desde a infância. Exige-se ultrapassar o território fechado das teorias de desenvolvimento humano e alargar o campo fechado dos processos e matrizes de educação.

Outras vidas re-existentes afirmativas de outras pedagogias

Reconhecer os Outros, a diferença em vidas re-existentes, afirmando sua outra humanidade na história exige reconhecer a diversidade de processos pedagógicos, a diversidade de matrizes de humanização que acontecem na história, que os outros coletivos sociais repõem na diversidade de espaços e tempos.

Coletivos de educadoras, educadores reconhecem a diversidade de processos educativos que chegam com a diversidade de educandos; outras vidas, com outros corpos resistentes, com outras vozes, outras ações coletivas afirmativas de outras pedagogias. Vidas de coletivos em movimentos resistentes educadores, pondo em ação outras matrizes de formação humana. Educadoras e educadores que respondem reconhecendo que os outros coletivos são sujeitos de outras pedagogias em suas vidas re-existentes repõem sua outra humanidade na história, em outra história, de outra educação.

Exigências radicais para a história da educação: reconhecer que houve e há outra história política, cultural, ética, pedagógica. Outra história de formação humana, de outros sujeitos re-existentes, afirmantes de outras matrizes, pedagogias, de outras identidades educadoras. Das vidas re-existentes vêm essas exigências radicais de reconhecer que há outra história da formação humana que teve e tem outros sujeitos: dos oprimidos vitimados por desumanizações das estruturas dos poderes mas em vidas re-existentes, reafirmando sua outra humanidade na história.

Outra história ocultada que exige reconhecimento

Esta é a intenção política, ética, pedagógica deste trabalho: somar com tantos esforços por abrir o campo da educação, das identidades docentes/educadoras, o campo das teorias de desenvolvimento e de formação humana para o reconhecimento da existência de outra história de outros sujeitos resistentes a ser como meros destinatários de políticas educativas, inclusivas, moralizadoras, humanizantes da moralidade e humanidade de que carecem porque outros diferentes. A esse ter sido decretados meros destinatários das políticas socioeducativas dos poderes sempre resistiram, afirmando-se sujeitos políticos de outras ações, processos, matrizes, pedagogias de oprimidos. Sujeitos de outra história, de outra humanização ignorada, mas reafirmada em suas vidas re-existentes.

Alargar o campo de visão da pedagogia

Dos Outros, da diferença em ações afirmativas, vieram exigências de ampliação do campo de visão da pedagogia hegemônica. Dos coletivos diferentes em vidas re-existentes veio sempre na história social, política, educativa um movimento mobilizador que alarga o lugar e as práticas hegemônicas de formação da educação. Alargam as concepções abissais, sacrificiais de verdade, de conhecimento, de saberes, de valores, de culturas, de identidades humanas.

Dos Outros, dos espaços periféricos, marginalizados em que foram enclausurados veem outros conhecimentos, outros saberes, valores, outras identidades culturais, humanas. Os Outros re-existentes alargam a estreiteza do paradigma de humano único, do Nós humanos e os Outros, a diferença, decretados inumanos, logo incapazes de participar na produção intelectual, ética, cultural, pedagógica da humanidade. Uma visão abissal, segregadora de humano e da produção intelectual, ética, cultural, pedagógica da humanidade. A história da educação transpassada por essa dicotomia abissal, sacrificial, do paradigma do Nós, nos poderes humanos e os Outros, a diferença inumana.

A essa dicotomia abissal, segregadora, os Outros re-existiram afirmando-se sujeitos de outra produção intelectual, ética, cultural, humana. Os Outros, afirmando-se humanos, despertam a pedagogia de um sonho estreito, fechado de humanização, afirmando sua autoconscientização despertam as pedagogias conscientizadoras dos Outros decretados inconscientes.

Vidas re-existentes, afirmantes de outra história de formação humana

Das vidas re-existentes dos Outros, da diferença vem outra potência política, humanizadora que rompe com a construção hegemônica fechada, única, de formação humana e de paradigma de humano único. Dos Outros decretados o Outro do humano único vem um posicionamento político, ético, pedagógico resistente ao paradigma único, hegemônico, dual, abissal, que os sacrificou na história como inumanos, incapazes de produção de outros conhecimentos, valores, culturas. Vidas re-existentes afirmantes de outro paradigma de humano, de conhecimento, de saberes, valores, culturas. Afirmantes de outras matrizes de humanização, de educação mais diversa, mais plural, mais humanizadora, menos seletiva, menos reprovadoras dos Outros, da diferença.

Que outras matrizes de humanização afirmam? As lutas por um justo, humano viver, as lutas por terra, território, teto, renda, alimentação, por saúde, educação. Matrizes outras reveladas em seus corpos-infância, em seus corpos resistentes de trabalho, em seus movimentos coletivos, educadores. Reconhecer as interpelações que vêm dessas matrizes resistentes para as teorias pedagógicas, para as identidades docentes/educadoras, para os estudos culturais. Para uma outra história política que reconheça os Outros como sujeitos políticos educadores afirmantes de outras matrizes, de outra humanização.

Reconhecer os Outros, a diferença como sujeitos de outras matrizes de formação de outra humanização pluraliza os parâmetros, as bases, as diretrizes curriculares, os obrigam a abrir-se a se diversificar, a reconhecer a pluralidade de humanos e de matrizes de formação humana. Vidas re-existentes afirmantes de outra história de outras matrizes de outra humanidade.

Vidas re-existentes que tensionam a concepção única de humano

Às escolas chegam outras infâncias, aprendendo muito cedo a re-existir às desumanizações históricaas. Infâncias em *Vidas ameaçadas* (ARROYO, 2019). Jovens/adultos/idosos na EJA, resistindo aos enfrentamentos sociais, econômicos, políticos, culturais entre vidas viviveis ou ameaçadas. Levam aos espaços, aos processos educativos as históricas tensões vividas, tensões entre vidas humanas viviveis protegidas, educáveis ou vidas não reconhecidas com humanidade vivível, protegível, educável. Questões fundantes de dicotomias de Nós humanos e os Outros inumanos que os coletivos sociais em vidas re-existentes repõem afirmando sua outra humanidade na história.

As teorias pedagógicas, a história da educação, as identidades docentes/educadoras são obrigadas a ultrapassar o limiar das culturas, dos paradigmas duais, abissais de humano, colonial e até republicano-democrático e tentar entender o drama político, ético que acompanha os Outros, a diferença em vidas ameaçadas, não viviveis porque decretados com deficiência originária de humanidade. A essa radicalíssima desumanização os Outros resistiram e re-existem afirmando-se humanos.

Reconhecer essas outras vidas re-existentes afirmantes de sua outra humanidade carrega interpelações de extrema radicalidade para nosso humanismo colonial, imperial e republicano-democrático. Dos Outros resistindo a esse inumano humanismo reafirmam outra história persistente desde a colonização de resistências por seus territórios, suas culturas, seus valores, seus saberes, suas tradições, por suas identidades, outras humanas, outra história de outras matrizes, de outras pedagogias, de outra humanização.

Vidas re-existentes que tensionam o campo da pedagogia, da formação humana

A história da pedagogia tem sido sempre um campo tenso, transpassado pela tensão humana mais radical: que coletivos se apropriam da condição de humanos e que outros coletivos sociais, étnicos, raciais, de gênero, classe re-existem a ser decretados com deficiências de humanidade. Destes coletivos re-existentes tem vindo para os humanismos pedagógicos deixar de se pensar um território estável de processos, matrizes de humano e de formação humana únicos e reconhecer que existe outro território de vidas re-existentes afirmando-se humanas, sujeitos de outras pedagogias, de outras matrizes de afirmação de outra humanidade na história política. Na história da pedagogia.

Abrir-se às interpelações que chegam para as teorias pedagógicas, para as identidades docentes/educadoras desses outros coletivos desde a infância à vida adulta em vida, vivenciando as desumanizações, mas resistindo, afirmando-se humanos. Uma pergunta central: Como superam esses limiares, essas fronteiras entre vivências históricas de desumanizações, regra na história? Reaprender o que Paulo Freire (1987) aprendeu com os oprimidos: se fazem problema a eles mesmos, o problema de sua humanização é o seu problema central, resistem às desumanizações como realidade histórica. E também e sobretudo, a partir dessa dolorosa constatação, perguntam-se sobre a outra viabilidade, a de sua humanização (p. 29-30).

Os Outros, os oprimidos re-existentes acordam a pedagogia para reconhecer que há e sempre houve uma outra história dos outros coletivos afirmando-se humanos, reafirmando sua outra humanidade na história. Como organizar nossas análises sobre reconhecer as vidas re-existentes afirmando, reafirmando sua outra humanidade na história? Comecemos por reconhecer as resistências históricas como as outras pedagogias, as outras matrizes perenes de humanização.

Re-existências, matriz primeira de afirmação da humanidade na história

Na história da formação humana, as re-existências sociais foram a matriz mais perene de humanização porque na história as opressões foram a matriz mais perene de desumanização. Os movimentos sociais dos oprimidos repõem com persistência histórica as re-existências como a matriz mais perene de humanização: movimentos sociais re-existentes e insistentes educadores, humanizadores. A interrogação que nos acompanha: Que re-existências perenes, matrizes de humanização?

Re-existências por vida, matriz histórica de humanização

As vidas re-existentes por vida têm sujeitos: os oprimidos roubados de um justo viver, de um humano viver. As re-existências por vida justa humana, primeira matriz de humanização. "Lutamos pela vida e pelo que nos é de direito" proclamam os movimentos sociais em lutas: movimento operário, sem terra, sem teto, movimento negro, indígena, quilombola, movimentos feministas, de orientação sexual, de classe. Movimento infantojuvenil, movimento docente...

Movimentos de re-existências educadores, humanizadores afirmantes da matriz política, ética mais radical da humanização: re-existir as perenes desumanizações afirmando-se humanos. Recuperando sua humanidade roubada.

Paulo Freire nos lembra: "[...] esta é tarefa humanista e histórica dos oprimidos – libertar-se dos opressores, recuperar sua humanidade que é uma forma de criá-la [...]" (1987, p. 30). Resistências por vida humana, matriz perene de humanização.

Vidas re-existentes de que coletivos sociais?

As vidas re-existentes por vida têm sujeitos: os oprimidos em vidas ameaçadas pelo necropoder expondo a dor, o sofrimento, o inumano sobreviver em estruturas opressoras como a matriz primeira de negação da humanidade. Coletivos sociais, étnicos, raciais, de gênero, orientação sexual, classe que em vidas re-existentes expõem as re-existências como matriz histórica perene de afirmação de sua humanidade na história.

No livro *Vidas ameaçadas* (ARROYO, 2019) lembrávamos que os Outros, os oprimidos desde a infância à vida adulta se sabem, vivenciam-se em *Vidas ameaçadas* como regra na história. Destacamos que vidas ameaçadas, de quem, de que coletivos sociais, étnicos, raciais, de gênero, orientação sexual.

De classe. Vidas ameaçadas até de crianças, nas cidades, nos campos, nas escolas. Crianças que sabem-se ameaçadas, por quem e porquê. Por resistir, lutar por vida, pelo direito a uma vida menos inumana, por uma vida mais justa, mais humana.

Colocamo-nos com os coletivos de docentes, educadoras, educadores, gestores, que exigências/respostas éticas da educação e da docência? A quem apelar por justiça, por vida, quando a justiça e o Estado os condena? Fortalecer as lutas resistentes por justiça, por vida humana. Com quem aprender a lutar, resistir por vida justa humana? Aprender com os movimentos sociais, com o movimento docente, resistentes, por vida justa. Aprender com as mães resistentes a proteger a vida de suas filhas, de seus filhos, aprender com as mulheres negras na luta contra o genocídio da população negra: vidas negras importam, toda vida importa. Resistir às violências políticas, imorais, ameaçadoras de vidas e afirmar que as vidas importam tem sido a matriz primeira perene de afirmar a humanidade negada.

Reconhecer que milhões de crianças, adolescentes, jovens, adultos, idosos chegam às escolas, à EJA, às universidades em vidas re-existentes como tantas e tantos militantes re-existentes às ameaças do necropoder, como Marielle. Acompanha-nos com tantos docentes, educadoras a certeza de que para o biopoder, o necropoder ameaçar vidas é o ato político de dominação mais antiético, mais inumano. É a matriz mais desumanizadora. Para os oprimidos re-existir às ameaças dos poderes tem sido também na história a matriz mais política, mais ética, mais pedagógica de afirmação/formação de sua outra humanidade.

À pedagogia lhe foi encomendado entender, acompanhar, fortalecer os processos humanos desde a infância. Como entender, fortalecer os tensos processos de desumanizações vividos por milhões de oprimidos? Como entender vidas ameaçadas, mas resistentes afirmantes de sua outra humanidade na história? Que radicais interpelações políticas, éticas, profissionais para a educação, a docência? Para as teorias pedagógicas, para a história da educação?

Reconhecendo as vidas re-existentes reafirmando sua humanidade na história somos interpelados a perguntar-nos: Que exigências-respostas éticas, políticas, pedagógicas da educação e da docência? Que respostas das teorias, das matrizes de desumanização/humanização? Organizamos as análises entorno das interpelações éticas, políticas, pedagógicas que vêm das vidas re-existentes reafirmando sua outra humanidade na história.

Re-existências por vida a que desumanizações re-existem?

Os oprimidos vivenciando-se sem condições sociais, materiais de vida humana fazem das resistências por vida humana sua luta primeira. As vivências tão inumanas de viver a que são condenados são a motivação primeira, política, ética de seu lutar por vida, primeiro valor humano. As vivências das desumanizações a que os padrões/estruturas de poder os condenam os tornam conscientes da necessidade de re-existir por vida e vida justa, humana. Re-existências por vida, por continuar vivos.

As lutas por vida, primeiro valor, matriz primeira de saberes, valores, culturas, identidades. Matriz primeira de humanização, de afirmação de sua humanidade. Lutar por condições sociais, materiais de vida justa, humana, matriz da cultura material, ética material da reprodução da vida humana (DUSSEL, 2006). Paulo Freire (1987) aprende com os oprimidos que as pedagogias do oprimido são pedagogias de resistências por recuperação da humanidade roubada. Por vida humana, re-existências éticas, políticas por sua libertação, do injusto, inumano viver a que os padrões de poder os condenam.

Vidas re-existentes ao paradigma hegemônico de humano único. Afirmantes de outro paradigma de humano

Os oprimidos vivenciam e re-existem a opressão mais radical sofrida como humanos: decretá-los com deficiências originárias de humanidade. O paradigma hegemônico de Nós no poder desde a colonização decretou os Outros, a diferença como inumanos. As vítimas re-existiram e re-existem a esse paradigma segregador de humano único, em suas re-existências afirmando-se humanos, destroem esse paradigma único de humano e repõem na história outro paradigma de humano diverso, de outras matrizes de formação humana. Os Outros, a diferença, trazem para a história, outras matrizes de formação humana, outra humanidade.

Disputas políticas, éticas, pedagógicas de paradigmas de humano, que transpassam a história da educação. Que outros paradigmas, de outro humano, afirmam em vidas re-existentes afirmando-se humanos? Reafirmando sua outra humanidade na história? Que exigências para a educação e a docência para as teorias de formação humana em reconhecer, narrar a história da educação reconhecendo os Outros afirmantes de outro paradigma de outro humano? Que outra humanidade roubada, recuperam e reafirmam?

Os Outros, a diferença, disputam o direito à formação humana do paradigma hegemônico de humano, mas vão além, resistem a ser decretados o Outro do humano único, hegemônico e afirmam um outro paradigma de humano. Repõem na história, tensões de paradigmas de humano.

Vidas re-existentes à dialética opressão/desumanização, afirmantes de outra dialética: desumanização/re-existências/humanização

Os oprimidos re-existentes repõem não só disputas históricas de paradigmas de humano, mas disputas históricas de dialéticas pedagógicas, os diversos humanismos pedagógicos se têm legitimado na dialética política desumanização/humanização. O Nós, poder síntese de humanização, e os Outros, a diferença síntese da desumanização. Decretá-los com deficiências originárias de humanidade desde a colonização até na república, logo incapazes de ter consciência de sua desumanização. Uma dialética abissal, sacrificial, fechada: opressão/desumanização.

Os oprimidos re-existentes a essa dialética fechada, abissal, afirmaram desde a colonização outra dialética: desumanização/consciência/re-existências/humanização. Uma tensa história política, ética, pedagógica de desconstrução da dialética hegemônica: Nós nos poderes humanos. Os Outros, a diferença inumana.

Paulo Freire capta essas tensões dialéticas nos oprimidos em lutas por recuperar sua humanidade roubada, reafirmada no resistir. Na justificativa da *Pedagogia do Oprimido* reconhece essa outra dialética: desumanização/consciência/re-existências/humanização, que os oprimidos afirmam.

Os oprimidos se fazem problema a eles mesmos: o problema de sua humanização, o seu problema central: sofrem as desumanizações como realidade histórica e a partir dessa dolorosa constatação lutam pela outra viabilidade – a de sua humanização. Outra dialética pedagógica, ética, política afirmante de outra humanidade: Que indagações para as teorias de formação humana, para a educação e a docência?

Vidas re-existentes reafirmando sua outra humanidade na história

Reconhecer e fortalecer nos educandos os diferentes em vidas re-existentes afirmantes de outra história política, ética, de outras matrizes de humanização re-existentes a uma história onde só tem havido lugar para a humidade dos vencedores. A diferença tem re-existido à negação de sua humanidade na história. Não se dão por vencidos, re-existindo afirmam outra história onde houve e persistem em haver lugar para a sua outra humanidade, para outras matrizes de afirmação/formação que tencionam os humanismos pedagógicos.

Os Outros, a diferença, reafirmando sua outra humanidade na história, que outra história de outra humanidade afirmam? Outras pedagogias de oprimidos. Tantas educadoras e tantos educadores que reconhecem os educandos vítimas de históricas opressões, de tantos sofrimentos e como Paulo Freire com eles se identificam, com eles sofrem e sobretudo com eles lutam, reafirmando na história política da educação outra história de uma educação libertadora, transformadora, humanizadora de outra matriz de outra humanidade.

Por uma humana docência re-existente?

No livro *Ofício de mestre* (ARROYO, 2000) lembrávamos das tensões de autoimagens profissionais: Qual o nosso ofício? Docentes/educadores, uma relação tensa. Tensões na humana docência (p. 50ss.) que se radicalizam com a chegada de milhões de educandos vivenciando-se vítimas de perenes desumanizações, mas também sujeitos de perenes re-existências humanizadoras.

As vidas re-existentes de sujeitos concretos que chegam às escolas, à EJA, até às universidades e exigem das educadoras, educadores, docentes não só a pergunta de se são ensinantes/aprendentes dos conteúdos da BNCC, mas exigem a pergunta mais radical: De que vivências de cruéis desumanizações chegam e sobretudo de que vivências re-existentes por recuperar na humanidade roubada? Reafirmada no seu re-existir. Paulo Freire nos lembrava não ver os educandos como contas vazias a serem preenchidas, mas reconhecê-los sujeitos de re-existentes matrizes de humanização, de saberes, valores, culturas, identidades. Sujeitos de outra humanidade.

Reconhecer os educandos membros de coletivos re-existentes às desumanizações afirmando sua outra humanidade na história exige redefinir, reinventar as identidades docentes/educadoras e assumir a função profissional, política, ética de recuperar sua humanidade roubada e de fortalecer sua outra humanidade re-existente, afirmada.

A complexidade dos processos de desumanização que os oprimem, e a complexidade das re-existências de que são sujeitos com seus coletivos sociais, complexifica o trabalho, a função, as identidades docentes/educadoras. Que exigências políticas, éticas, pedagógicas da educação e da docência? Por uma humana docência re-existente reconhecendo, fortalecendo as re-existências matriz primeira de afirmação de outra humanidade na história.

Reconhecer que há outra história de outra docência: de outra educação, de outros profissionais, trabalhadoras, trabalhadores na educação re-existentes nos movimentos docentes, em lutas por direitos por uma vida justa humana, movimentos sociais e movimentos docentes resistentes educadores. Fortalecer as vidas re-existentes de trabalhadoras e trabalhadores na educação que, como Paulo Freire, nos oprimidos "se descobrem e, assim descobrindo-se, com eles sofrem, mas sobretudo com eles lutam" afirmando também como educadoras, educadores sua outra humanidade resistente na história.

Capítulo 1

Re-existências por vida: primeiro valor humano

Vidas re-existentes regra na história. Avancemos: Que resistências? Re--existem afirmando o primeiro valor: a vida. Quando vivenciam desde a infância saber-se em vidas ameaçadas, re-existir com vida por vida é o primeiro valor. No livro *Vidas ameaçadas* (ARROYO, 2019) lembrávamos que desde crianças sabem-se ameaçadas, por quem e por que (p. 77) vivenciam as incertezas e a vulnerabilidade do viver; se sabem vidas sem valor social, moral para os padrões de poder; aprenderam memórias de saber-se em vidas não vivíveis; desenham, registram as marcas de seus medos e de suas denúncias resistentes, a saber-se em vidas ameaçadas. Desde a infância à vida adulta aprendem a re--existir por vida, primeiro valor humano.

Re-existir por vida em um persistente viver ameaçado?

Os docentes, educadoras, educadores de educandos em vidas ameaçadas aprendem que, desde a infância à vida adulta, vivenciam uma certeza: que as re--existências por vida são regra na história. Vivenciar experiências de vidas ameaçadas provoca desde a infância resistências por viver, pelo valor da vida. Re-existências por vida, primeiro valor aprendido no viver desde a infância em vidas ameaçadas.

Saber-se desde crianças nesse viver ameaçado, provoca uma interrogação: Meu destino é viver sob ameaças? Como reverter esse ameaçado sobreviver? Re-existências por vida, um aprendizado obrigatório de milhões de infâncias a adultos que sabem-se em vidas ameaçadas. Um aprendizado ético, político, do valor da vida.

Sabendo-se membros de famílias, de coletivos sociais, étnico-raciais, de gênero em um sobreviver precário, ameaçado terão de aprender uma interrogação: Que resistências por vida são possíveis? Seus familiares, os coletivos de sua etnia/raça, gênero, classe social resistiram a condenados a um sobreviver precário, incerto, conseguiram re-existir por direito a vida justa? Impasses vividos por tantas crianças, adolescentes, jovens que aprendem de seus coletivos, famílias a lutar por vida, a re-existir em um estado de permanente ameaça de um sobreviver injusto.

A persistência de saber-se em um viver ameaçado como herança, como destino acompanha seus saberes sobre a vida desde criança. Um saber acompanhado de outro aprendizado: nunca desistir, mas persistir por um justo viver como a lição aprendida das mães, pais, familiares. Lição ética histórica de seus coletivos étnico-raciais, sociais, de gênero, classe: re-existir por vida justa, humana.

O teimoso aprender a re-existir vivos é um aprendizado ético, político, resposta a seu viver ameaçado pelo Estado de quem esperavam proteção, mas de quem recebem ameaças a suas vidas. Um aprendizado político, sabem-se em vidas ameaçadas pelos poderes, pelo Estado a exigir resistências políticas. Exigências políticas, éticas, para a educação e a docência: Como entender e fortalecer esse re-existir por vida em um persistente viver ameaçado?

Re-existências por vidas que disputas políticas, éticas reafirmam?

A radicalização política antiética do Estado ameaçando vidas provoca re-existências políticas-éticas, movimentos sociais, infantojuvenis, feministas, negros lutando pela vida como direito, por vidas negras que importam ou as marchas das mulheres, mães negras contra o genocídio da população negra. Marchas resistentes de luta/luto, por vidas que merecem pranto nas portas das prisões, e marchas de mães "órfãs" de filhos que o Estado levou (ARROYO, 2019, p. 152).

Re-existências coletivas, políticas, éticas, por vidas que merecem ser vividas, que merecem re-existências pelo primeiro direito à vida. Um re-existir ético por vida que vem mobilizando ações políticas, éticas, pedagógicas emancipatórias. Lembrávamos que as resistências por vida carregam densidades políticas, éticas, pedagógicas, que interpelam a pedagogia e a docência, que densidades éticas, pedagógicas destacar, trabalhar, fortalecer em educandos, educandas que re-existem por vida justa?

Os oprimidos lutam por vida justa, humana, expondo que a vida tem sido na história o primeiro valor: as lutas por vida condensam um sistema tenso, concorrente de valores. Esse o olhar pedagógico com que entender e reforçar as re-existências por vida: reconhecer o valor da vida como um campo privilegiado de disputas de valores. De formação ética das educandas, dos educandos, que chegam re-existindo por vida justa. De que disputas políticas, éticas chegam, como fortalecer os valores, a ética dos educandos, das educadoras, educadores?

O condenar, exterminar vidas decretadas pelo Estado, pela justiça como vidas sem valor, não merecedoras de ser vividas nem preservadas, condensa as imoralidades, as ausências da ética, da necropolítica das estruturas e relações padrões de poder. Submeter vidas humanas a condições sociais de permanente ameaça sintetiza os contravalores antiéticos, imorais dos padrões de poder, de dominação. Negar o primeiro direito ou valor da vida é a expressão mais cruel da negação política da ética. Aprendem muito cedo os contravalores, a negação política da ética que os vitimam, os oprimem em um persistente estado de vidas ameaçadas. Como entender e fortalecer esses aprendizados éticos-políticos?

Disputas políticas, éticas por vida que tensionam a educação

Milhões resistindo a vidas ameaçadas, que disputas políticas, éticas por vida levam à educação? Que aprendizados pedagógicos? Os coletivos de educandos submetidos a essas radicais imoralidades, condenados a vidas ameaçadas e seus docentes/educadoras, educadores, têm direito a entender que condutas políticas, imorais, antiéticas do poder os condenam a essas imoralidades. Entender que toda conduta ética, moral ou imoral é uma produção social, política, do poder.

Quando nas escolas se elaboram pedagogias de educação em valores com educandos em vidas ameaçadas em resistências pelo valor da vida, essas vivências de re-existências por vida merecem ser um exemplo de como educar em valores da vida, reconhecendo as lutas por vida dos educandos e de seus coletivos como um campo de tensos valores. Não será pedagógico falar em educação em valores, ignorando as relações sociais, políticas, econômicas, tão imorais que os condenam a vidas ameaçadas, a vidas sem valor. Será mais pedagógico na educação em valores reconhecer as densidades éticas, sociais de suas re-existências afirmativas do valor da vida nas suas lutas por vida. Nas lutas de seus coletivos, suas mães por vida.

Com as vidas ameaçadas e re-existentes que chegam às escolas, à EJA, chegam processos radicais de negação política, social da vida como valor, síntese das relações políticas, sociais, antiéticas. Como entender educandos vítimas desde a infância da negação do valor de suas vidas? Mas chegam também às escolas, à EJA, vidas re-existentes, síntese das lutas pelo valor da vida. Sujeitos/educandos que exigem ser reconhecidos, não carentes de valores, mas vivenciando desde a infância tensões de contravalores de negação do valor primeiro da vida e sintetizando afirmações sociais, políticas, pedagógicas de re-existir afirmantes do valor da vida. Resistências por vida que exigem ser reconhecidas como a educação mais radical em valores.

Educar esses educandos em valores ou aprender com seus valores? A pedagogia e a docência se defrontam com essa interrogação, ver os educandos sem valores a ser moralizados nos valores da ordem social e do trabalho para o progresso da nação ou reconhecê-los sujeitos de valores? Educar os educandos sem valores em valores ou reconhecê-los herdeiros de valores coletivos e fortalecer seus valores? Herdeiros de re-existências por vida, primeiro valor. Fortalecer seus valores por vida.

Re-existentes por vida, que tensões experimentam?

A persistente dialética tensa entre vidas ameaçadas, vidas precarizadas, vidas negadas e resistentes por vida justa, humana, condensa uma das tensões vividas pelos oprimidos. Por milhões de seres humanos submetidos e essas tensões desde a infância e por toda a vida. No olhar pedagógico uma dialética tensa entre a negação da vida, a precarização, a ameaça à vida como vivência de uma matriz desumanizadora e as re-existências por vida como matriz humanizadora. Tensões que tensionam as identidades e o trabalho docente/educador.

Uma tensão histórica; não um acidente, mas regra para os oprimidos. Vivenciar-se em vidas ameaçadas, precarizadas, sem valor e resistir em ações coletivas emancipatórias esperando re-existir vivendo uma vida justa. Com essas tensões dialéticas vão construindo seus percursos de humanização, que esperam ser fortalecidos nos percursos de educação.

Uma pergunta obrigatória: Re-existindo por vida, que vida afirmam? Uma vida não mais ameaçada, não mais precária. Uma vida justa, humana. Re-existentes por vida, afirmam uma vida justa/humana como direito, mas que vida possível nas persistentes estruturas injustas, em um Estado e uma justiça justiceira, ameaçadora?

Dilemas políticos, éticos que chegam à educação, à docência, dilemas que persistem como regra para os oprimidos: experimentar as ameaças em um sobreviver nos limites, resistir e re-existindo continuar sabendo-se em vidas ainda mais ameaças por ter ousado resistir aos padrões de poder. Aprenderam com seus coletivos a resistir por vidas, mas aprenderam também que suas resistências na história foram reprimidas com opressões mais cruéis.

Re-existem aprendendo o valor seletivo das vidas

O resistir a viver em vidas ameaçadas e o re-existir afirmando o valor da vida são matrizes de humanização, de formação humana, ético-política, que saberes, valores condensam? Re-existindo afirmando o valor da vida experimentam que as estruturas sociais, o Estado, a necropolítica persistem em mantê-las em vidas precarizadas, ameaçadas, mantidas em um persistente e injusto sobreviver. Educandos e educadores, obrigados a aprender uma lição histórica: a conduta ética, a conduta moral e imoral são um fenômeno social. As estruturas sociais econômicas, políticas que os condenam a uma vida ameaçada injusta, persistem e ainda os oprimem com suas injustiças por ter ousado resistir às opressões.

Lições que esses educandos a seus coletivos re-existentes por vida justa colocam para as teorias pedagógicas que prometem vida justa pela educação em valores dos decretados sem valores. Os coletivos mantidos em vidas ameaçadas, precárias, injustas, têm consciência das estruturas econômicas, políticas, sociais, dos padrões de poder, de trabalho, de renda, terra, teto que os condenam a vidas precarizadas, ameaçadas. A esses padrões e estruturas resistem, ao resistir por vida justa humana.

Esperam que docentes/educadoras, educadores lhes fortaleçam nessas lutas por condições de uma vida justa, que entendam os poderes que ameaçam a vida, que entendam a biopolítica que protege vidas vivíveis, que fortaleça suas vivências de valorização segregadora do direito à vida. Desde a infância os educandos aprendem com seus coletivos essa lição histórica: há uma valorização seletiva das vidas. As condições de viver, não viver são sociais políticas seletivas. No mar dos padrões classistas, sexistas, racistas de poder não sou eu quem me navega, que conduzo minha vida, "quem me navega é o mar..."

Chegam crianças, jovens, adultos das ruas, das cidades, dos campos, das águas conscientes de que há vidas que importam, mas que as suas vidas não importam aos padrões de poder. Re-existem: vidas negras importam. Sabem-se com seus coletivos re-existentes por que suas vidas importam, mas re-existem à regra histórica cruel: suas vidas continuam não importando aos padrões de poder. Uma cruel pedagogia: aprendizagem de resistir por se libertar de vidas ameaçadas, precarizadas e re-existir em vidas ainda mais ameaçadas, por ter ousado lutar por vida justa humana.

Uma exigência, resposta pedagógica: entender, fortalecer as re-existências por vida, primeiro valor humano. Tem direito a entender que para os padrões de poder, o direito à vida é seletivo, segregador, que há vidas que importam e outras que não importam. Tem direito a saber que seus coletivos resistem, afirmam que suas vidas importam. Que vidas re-existentes? Lutando por vida, primeiro valor? Que éticas da vida afirmam? Como reconhecer e como fortalecer as disputas éticas por vidas que levam à educação?

Os coletivos em vidas ameaçadas respondem com vidas re-existentes

Às escolas, à EJA chegam educandos, coletivos de jovens/adultos e coletivos até de crianças/adolescentes que sabendo-se em vidas ameaçadas respondem com vidas re-existentes. Uma dialética do viver humano? O vivenciar, o saber-se em vidas ameaçadas têm levado os coletivos que sabem-se ameaçados e por quem a responder resistindo por libertação, emancipação dessas ameaças. Como entender a radicalidade ética, política, pedagógica dessas resistências por vida? Quando o poder ameaça seu direito à vida, as vítimas reafirmam seu direito à vida humana. Nos tempos de formação inicial e continuada, docentes educadoras, educadores, gestores de educandos que sabem-se ameaçados e por quem (ARROYO, 2019, p. 74) sentem o dever profissional de entender a radicalidade humana desde crianças saber-se em vidas ameaçadas. Saber-se negados no primeiro direito humano: a vida. Quando a vida é negada, a humanidade, a dignidade humana são negadas. A função da educação, da docência é negada? É reinventada.

Vidas re-existentes pelo primeiro direito: ser reconhecidos humanos

A diversidade de coletivos sociais coincidem em lutar pelo primeiro direito humano – o direito à vida justa. Quando as ameaças chegam até a radicalidade antiética de negar o direito à vida justa, humana, as resistências políticas, éticas afirmam o direito a uma vida justa, humana. O direito a ser reconhecidos humanos, sujeitos de direitos humanos. Re-existindo pelo primeiro valor, o direito à vida, afirmam-se sujeitos éticos do primeiro valor: a vida.

Estarmos em tempos de políticas de Estado, de justiça que ameaçam vidas, trazendo exigências éticas de respostas políticas, pedagógicas: reconhecer o ameaçar vidas como o primeiro contravalor, como a matriz mais radical de desumanização. De roubar humanidades. Uma exigência ética, pedagógica: entender essa matriz de desumanização que rouba as humanidades desde a infância. Mas reconhecer educandos em vidas re-existentes nos repõe outra matriz radical de humanização: as resistências por vida como pedagogias, processos, matrizes de humanização. Que saberes, valores se aprendem re-existindo por vida, primeiro valor? Se ameaçar, destruir vidas é a expressão mais radical de negação política da ética. Re-existir por vida, primeiro valor, é a afirmação política mais radical da ética. Chegam às escolas, à EJA sujeitos do valor mais radical: lutar por vida.

Educadoras/educadores, docentes de infâncias, adolescências, de jovens/adultos em vidas ameaçadas têm consciência que devem ir além de entender esses processos de desumanização e têm de entender, fortalecer os processos de resistências à desumanização. Resistências humanizadoras a fortalecer nas artes de educar, ensinar. Educandos em vidas ameaçadas, mas resistentes que exigem educadoras/es resistentes. Exigem pedagogias de resistências.

Os coletivos de docentes/gestores, educadoras/es dessas vidas ameaçadas mas resistentes, vivenciam a histórica tensão da pedagogia e de todos os humanismos pedagógicos: Como educar, humanizar desde a infância se os padrões de poder não reconhecem em todos os humanos a mesma dignidade humana? Se nem todas as vidas são reconhecidas humanas, dignas de um justo, humano viver? Se desde crianças são condenadas a um sofrido sobreviver? Vítimas de estruturas sociais, econômicas, políticas imorais de negação política da ética.

Às escolas públicas chegam vidas sofridas. Desde crianças escutam das mães histórias, memórias de dor, de sofrimentos, de pobreza. A música do samba lembra esse sofrido sobreviver: "Lava roupa todo dia, que agonia..." "Tristeza não tem fim". Coletivos de educadoras, educadores obrigados por ética profissional a entender o ameaçar vidas e os sofrimentos como matriz de desumanização. Vidas decretadas inumanas não reconhecidas como sujeitos de direitos humanos. Não merecem viver porque decretadas ameaçadoras de vidas de humanos direitos.

Um poder que classifica o Nós como a síntese do humano e os Outros como inumanos se obriga a classificar umas vidas como de humanos a ser preservadas como direito humano e se obriga a decretar as vidas de Outros, da diferença como inumanos, como ameaçadas porque decretadas ameaçadoras das vidas humanas a ser preservadas pelo poder, pela justiça. Esse persistente legado do poder colonial, imperial e republicano do paradigma de humano abissal e sacrificial que legitimou extermínios de indígenas, de escravizados, que legitimou os culturicídios pela educação/evangelização colonizadora. Legitimou extermínios de vidas, não reconhecidas de humanos. O direito à vida humana e o direito à condição de reconhecidos humanos inseparáveis na nossa história, como matrizes primeiras de afirmação/formação humana.

Resistentes a vidas ameaçadas resistem a ser decretados inumanos

No livro *Vidas ameaçadas* (2019) nos perguntávamos que exigências/respostas éticas para a educação e a docência? Que educandos desde a infância à vida adulta cheguem em vidas ameaçadas, em sofrimentos que têm a ver com as teorias pedagógicas, com a educação e a docência? A hipótese é que os humanismos pedagógicos se legitimam no valor da vida como valor de dignidade humana, de possibilidades de humanização. O valor de umas vidas e o sem-valor de outras decretadas ameaçáveis, extermináveis se legitimou no paradigma abissal, sacrificial de Nós humanos e os Outros inumanos.

A defesa da dignidade humana a formar, respeitar desde a infância legitimou todos os humanismos políticos, éticos, pedagógicos. Que paradigma de vida humana? Que coletivos étnicos, raciais, de gênero, classe reconhecidos merecedores dessa dignidade humana? Uma interrogação posta já na Paideia e reposta em todos os humanismos pedagógicos, políticos pelos detentores do poder e até pelos construtores das teorias pedagógicas, humanitárias.

O poder distribui os atributos de humanidade de maneira seletiva, abissal e sacrificial. Os dircitos humanos à vida, terra, teto, renda, saúde, educação tiveram como critério essa distribuição seletiva, abissal segregadora de capacidades, moralidades, racionalidades. De humanidade e de dignidade humana. Distribuição seletiva abissal que marcou o direito à vida do Nós autodecretados humanos, merecedores de dignidade humana, de vida humana visível e legitimou decretar os Outros sem direito à vida humana, porque sentenciados não humanos. Não merecedores de dignidade humana. Não merecedores de vida humana. Extermináveis e mantidos na condição de vidas ameaçadas.

Essa concepção seletiva, abissal de humanos/inumanos legitimou o poder, o biopoder, o necropoder a decretar os nascidos para viver e os nascidos para morrer, sofrer. Concepções políticas, religiosas que legitimam os sofrimentos dos Outros como castigos por sua condição de inumamos, sem valores, sem moralidade. Sem humanidade. Os sofrimentos como castigos das marcas de inumanidade. O poder se isenta de ser produtor do sofrer. Sofrimentos não produzidos pelo poder, pelas injustiças, mas merecidos por coletivos sem dignidade humana.

Esses tratos abissais do biopoder sobre as vidas dos Outros e do necropoder com radicais violências contra as vidas dos coletivos étnicos, raciais, de gênero, orientação sexual, de classe em nossa história provocou vivências radicais de saber-se em vidas ameaçadas, matriz radical de desumanização de saber-se roubados em suas humanidades. Paulo Freire nos lembra ser essa a matriz mais desumanizante – oprimidos sabendo-se roubados em suas humanidades.

Os estudos decoloniais têm enfatizado esse decretar os Outros – indígenas, negros, trabalhadoras, trabalhadores, com deficiência originária de humanidade. Concepções que marcaram o paradigma pedagógico colonizador, imperial e republicano. Legitimaram o não reconhecer sua humanidade, seus direitos humanos a seus territórios, à vida. Vidas de carentes de humanidade não merecedoras de ser vividas. Extermináveis, submetidas a sofrimentos, a trabalhos escravos. Seus herdeiros carregam até às crianças nas escolas a consciência de viverem vidas ameaçadas pelo bio-necro-poder, porque decretados com deficiências originárias de humanidade. O direito à vida humana apenas para o Nós autodecretados humanos. Os Outros, a diferença, decretados em vidas não vivíveis porque decretados não humanos.

As resistências às vidas ameaçadas repõem a vida como matriz primeira de humanização

Os diversos humanismos pedagógicos se debatem por entender os processos, matrizes de desumanização e de humanização. Ameaçar a vida, a matriz mais desumanizante. Os coletivos étnicos, raciais, de gênero, trabalhadores até os movimentos infantojuvenis, sabem-se em vidas ameaçadas, matriz cruel de desumanização. Repõem a consciência de uma história de mortes, extermínios, infanticídios, feminicídios não reconhecidos como crimes, mas como atos de merecidas punições, de poder, de biopoder, do necropoder. O extermínio de indígenas na dita colonização/civilização das Américas e a escravidão e morte de africanos não são condenados como crimes, os feminicídios são legitimados na defesa da honra do patriarcado.

O Padre Vieira defendia a escravidão de indígenas e negros como uma oportunidade de renunciar a suas crendices e ser evangelizados, civilizados. Até em nossos tempos se defende que a escravidão foi benéfica para os escravizados. Por que esse ocultamento, até esse justificar o extermínio de vidas desses coletivos? Porque decretadas vidas de raças diferentes dos donos do poder, exterminadores. Por que os feminicídios são legitimados? Porque as mulheres, suas vidas pretendem ao senhor, ao patriarcado. Porque vidas de militantes, vidas negras não importam para a justiça justiceira.

A não estranheza, mas a legitimação de manter esses outros coletivos em vidas ameaçadas se legitima no decretar o sem-valor de suas vidas, porque não reconhecidas vidas humanas. Um necropoder que se autoafirma senhor das vidas dos Outros. O exterminar vidas não é um crime, resistir é um crime a legitimar a repressão. Essa a lógica do pacote anticrime e da defesa de negação de ilicitude de matar por resistir. Não é ilícito matar pelo poder, pela justiça, pelos órgãos do poder, essa a lógica que acompanha a história do poder, bio--necro-poder sobre as vidas dos Outros. Essa a lógica que acompanha o poder colonial, imperial e até republicano. Acompanha a justiça justiceira, os pacotes anticrimes criminalizadores.

Há vidas que merecem ser vividas, o que legitima exterminar vidas de coletivos que supostamente ameacem os coletivos de vidas que merecem ser vividas, preservadas. Há vida de humanos a ser preservadas como direito humano.

Há vidas de decretados inumanos a ser ameaçadas, exterminadas. A esse necropoder re-existem os oprimidos na história e em nossa história. Porque se sabem, se vivenciam em vidas ameaçadas como regra na história respondem com vidas re-existentes regra na história. Porque se sabem, se vivenciam decretados com deficiências de humanidade respondem reafirmando-se humanos sujeitos de direitos à vida humana. Vivenciando a negação política da ética, da negação do primeiro valor humano o direito à vida. Os coletivos oprimidos respondem reafirmando o valor da vida. Sujeitos éticos de reafirmação política da ética.

33

Como fortalecer esses saberes e essas vivências re-existentes? Reconhecer que desde crianças a adultos em vidas re-existentes lutam por superar a condição de "demitidos da vida". Lutam contra ser decretados não sendo humanos, não sendo vidas vivíveis a que o necropoder os condena. Re-existentes se afirmam sendo sujeitos de vida humana. Fortalecer o saber-se vidas ameaçadas que respondem com vidas re-existente pelo primeiro direito humano: o direito à vida. Reconhecer, fortalecer seus valores por vida justa, humana. As lutas por escola são lutas por espaços de vida.

Vivências de vidas ameaçadas, vivências de vidas re-existentes

No livro *Vidas ameaçadas* (ARROYO, 2019) destacamos que crianças sabem-se em vidas ameaçadas, quem as ameaça e por que (p. 77ss.). Avancemos reconhecendo que desde a infância sabem-se resistindo e levam às escolas, à EJA, vivências de vidas re-existentes. Com seus coletivos sociais aprendem a re--existir por vida, justa, humana. Aprendizados éticos, políticos que re-aprenderão em um persistente saber-se em vidas ameaçadas re-existentes.

Que valor dão à vida ao re-existir? Que saberes de re-existências feitos?

No livro *Currículo, território em disputa* defendemos o direito de educandos a saber-se. Saberes de si no mundo. Tem direito aos saberes da re-existência por vida. Que saberes, que valores dão à vida ao re-existir reafirmando o direito à vida, primeiro valor? Aprendem cedo que suas vidas não seriam ameaçadas se não temidas como ameaçadoras. Se não reconhecidas vidas que incomodam como vidas. Sabem que incomodam por ser vidas por teimar em re-existir, viver e insistir em afirmar-se vidas com direito a ser vividas, vivíveis.

As vivências de vidas ameaçadas sabendo por quem e por que ameaçadas os instam a re-existir afirmando-se vivos, em vidas re-existentes, vivíveis. Que exigências respostas políticas, éticas, pedagógicas da educação e da docência? Reconhecer que esse saber-se desde a infância em vidas ameaçadas mas re--existentes carrega os aprendizados mais persistentes que os acompanharão por vida. Aprendizados aprendidos de ser coletivos sociais, étnicos, raciais de gênero, classe: resistir e insistir em lutar por vida.

Em suas re-existências coletivas reafirmam que a vida é o primeiro valor humano. As resistências e insistências por vida matriz de humanização. Desde crianças revelam ter aprendido esses valores: nascem em vidas ameaçadas e sabem-se ameaçados, por quem e por quê. Saberes acumulativos que continuarão aprendendo no viver sob ameaças na adolescência, juventude, vida adulta, como idosos. Cada tempo, amadurecimento em saberes re-existentes por vida. Saberes acumulativos sobre que estruturas econômicas, sociais, políticas continuarão ameaçando seu sobreviver. Saberes acumulativos políticos sobre os padrões opressores de poder, de trabalho, que decretam suas vidas precárias, sem valor, não vivíveis, saberes políticos de resistências, feitos às opressões do poder, do biopoder, do necropoder do Estado.

As re-existências por vida, primeiro valor, são a primeira matriz formadora da consciência política, de saberes políticos. Aprendem os aprendizados políticos com seus coletivos, que para defender a vida como primeiro direito humano terão que resistir às opressões e aos padrões, estruturas do poder que decide que vidas importam e que outras não importam. Re-existências em que se reafirmam sujeitos conscientes políticos, éticos, pedagógicos reafirmando o valor da vida.

Re-existências mais resistentes em tempos em que o Estado e suas opressões do poder sobre as vidas são mais seletivos de que vidas merecem viver e que vidas não merecem ser vividas. Aprendem e reaprendem a re-existir a esse decretar seletivo que os decretam vidas sem valor. Re-existem reafirmando o valor de suas vidas. Re-existem dando mais valor à vida. Saberes de vivências de re-existências feitos, aprendidos como herdeiros e testemunhas de persistentes re-existências a persistentes ameaças da vida.

Re-existências por vida: que significados éticos, políticos, pedagógicos?

Que valores de vivências de re-existências feitos? As re-existências matrizes de formação ética? O vivenciar desde a infância, a condição de um viver precário, ameaçado, impõe desde a infância a obrigação política, ética, de resistir a essa condição. Uma re-existência radical, ética, política por viver, não viver por superar, reagir a essa condição de um viver precário, ameaçado. A ética materna e familiar por proteger vidas sobretudo ameaçadas dos filhos encontra seus significados políticos, morais nesse viver, resistir de vidas precárias, ameaçadas. As mulheres mães são as mais resistentes às condições de precariedade de seu viver e dos filhos a que as estruturas sociais, econômicas, políticas os condenam. Mulheres/mães negras em luta contra o genocídio de seus filhos, testemunhas de re-existências éticas, políticas.

Os coletivos oprimidos sabendo-se mantidos em condições de um sobreviver precário tem consciência das opressões, padrões de poder que os vitimam. Violências políticas contra seu direito à vida que provocam re-existências políticas por vida, por proteção, sobrevivência. Por direito à vida justa, humana, matriz de humanização. Resistências aos contravalores da precariedade do viver, da incerteza do sobreviver, do viver ameaçado, desumanizantes desde a infância. Tensos processos políticos-éticos de re-existências às matrizes de desumanização e de re-existências afirmativas de humanização.

Nessas permanentes vivências de um viver ameaçado, de vida precária, aprendem que contravalores, que negação política da ética precarizam seu viver, negam seu direito à vida. Sabem que sua vida depende dos valores, contravalores, das normas, das opressões e repressões, das ameaças do poder. Aprendendo desde a infância que há padrões de poder legitimados em padrões dos contravalores que produzem seu viver precário, que violentam e ameaçam seu viver. Vivências históricas de imorais injustiças dos poderes políticos, sociais, econômicos, culturais, que provocam resistências a esses padrões antiéticos. Vivências de imoralidades matrizes de consciência dos contravalores políticos do poder que os ameaçam.

Que aprendizados éticos-políticos re-existindo por vida?

Desde crianças aprendem que o poder que ameaça suas vidas é imoral, antiético. Aprenderão por vida como oprimidos que o viver, as condições de vida justa humana ou injusta inumana são a matriz mais radical de formação humana, de formação ética. Como entender, fortalecer essa formação ética que chega às escolas, à EJA? Reconhecer que desde crianças, com seus coletivos, vivenciam o peso dos padrões antiéticos, imorais, políticos que ameaçam seu viver. Aprendizados éticos, políticos conformantes da cultura e da ética popular, aprendidos na longa história de saber-se em vidas ameaçadas, precarizadas. Desde crianças aprendem que contravalores dos poderes os oprimem e chegam às escolas e chegarão à EJA, às universidades, aos cursos de pedagogia e de licenciatura com esses saberes sobre a imoralidade dos padrões do poder que ameaçam suas vidas.

As vivências da opressão, do viver em vidas precarizadas e do saber que contravalores do poder ameaçam seu viver, carregam significações morais, éticas, políticas. A vida e as possibilidades e limites de vivê-la condensam os aprendizados e as significações éticas, políticas, pedagógicas mais radicais para a pedagogia e a docência. Para a formação humana ética. Os coletivos sociais que desde a infância estão expostos a limites, contravalores, padrões políticos, sociais de um precário, incerto, ameaçado viver são submetidos a aprender que contravalores ameaçam seu direito à vida: os contravalores sociais, econômicos, políticos dos padrões do poder.

Os coletivos de profissionais da formação humana de educandos carregando essas vivências têm direito a uma formação inicial e continuada sobre os aprendizados éticos-políticos a que são submetidos os educandos e a que são submetidos como docentes e educadoras, educadores. Tem direito a aprender artes, pedagogias, de como fortalecer os valores de resistências éticas dos educandos por vida justa humana. Reconhecer e fortalecer os aprendizados éticos-políticos, pedagógicos de educandos dos coletivos sociais em vidas re--existentes, que aprendizados éticos-políticos? Um tema gerador de formação inicial e continuada dos seus docentes, educadoras, educadores.

Que violências éticas, políticas das vidas proibidas de ser vidas

Paulo Freire (1987), em *Pedagogia do Oprimido* nos lembra que: "enquanto a violência dos opressores faz dos oprimidos homens proibidos de ser, a resposta destes à violência daqueles se encontra infundida no anseio de busca do direito de ser". Paulo repete expressões fortes como: "sendo menos a busca de ser mais, diluídos de ser, proibidos de ser, resistindo afirmando-se sendo... a opressão se constitui um ato proibitivo de ser mais, demitidos da vida, vidas proibidas de ser vidas, morte em vida..."

Expressões fortes para definir os significados anti-humanos, antiéticos de roubar humanidades: as radicalidades antiéticas políticas de manter vidas humanas proibidas de ser, sendo menos. A radicalidade da opressão está em negar a seres humanos o direito primeiro a ser humanos, proibi-los de ser, demitidos da vida. O ser do humano é o ser uma vida humana. A matriz mais radical de desumanização é condenar humanos a ser demitidos da vida. A vivenciar-se desde crianças em vidas proibidas de ser vidas, a saber-se em vidas ameaçadas. Vivenciar a morte em vida. Saberes aprendidos, acumulados desde a infância à vida adulta. Como trabalhar esses saberes, essas vivências?

Com essas vivências chegam milhões de educandos adultos/jovens à EJA, e adolescentes/crianças às escolas com essas vivências de proibidos de ser vidas. Moram nas periferias, nas favelas, nas palafitas, nos campos, perambulam pelas ruas. Exercícios tensos de vidas proibidas de ser vidas, vivenciados por vida, que significados políticos, antiéticos carregam vivenciando desde a infância à vida adulta ser vidas proibidas de ser vidas?

Realidades, significações políticas, antiéticas, vivenciadas que chegam à educação, às políticas educativas, aos currículos, à BNCC e a formação inicial e continuada dos docentes, educadoras/es, gestores da formação humana, da formação ética dos educandos. Com que artes pedagógicas desconstruir essas significações antiéticas de vivenciar-se desde infâncias proibidos de ser vidas? De saber-se decretados sendo menos? Demitidos de condição de humanos? Dever ético, político, pedagógico primeiro das escolas da EJA entender esses significados antiéticos, inumanos e fortalecer suas re-existências afirmando-se humanos. Vidas humanas.

A cruel negação, expropriação do direito a suas vidas, matriz de desumanização

Vivenciar-se em vidas proibidas de ser, coloca de manifesto as violências dos opressores que fazem dos oprimidos, vidas proibidas de ser vidas. Ser vidas entregues a outros, não viver vidas que me pertencem. Aprender desde criança a não ser sujeito de seu viver, de sua vida como própria, aprender e vivenciar que não me pertenço a mim mesmo, outros decidem sobre meu destino como vida. Um aprendizado cruel de milhões de educandos e de seus coletivos: Como fortalecer esses saberes éticos, políticos?

Desde crianças aprendem, vivenciam e sabem-se em vidas ameaçadas, por quem e por quê. Aprendem com vivências precoces o que seus coletivos acumulam como saberes éticos, políticos de experiências feitos: que as opressões vividas tiveram e têm opressores. Aprendem com a cultura popular, com a música popular que "não são eles que se navegam, quem os navega é o mar". Os mares da vida que têm donos, têm estruturas que definem que vidas merecem ser navegadas, vividas ou negadas.

O poder colonizador e imperial e até republicano definiu não apenas que coletivos tinham direito a apropriar-se das terras dos povos originários; o poder foi além, definindo que esses coletivos não tinham direito a suas terras, territórios, porque sem direito a suas vidas. As terras, os territórios não lhes pertencem até hoje, porque suas vidas não lhes pertencem como vidas humanas. Uma história cruel antipedagógica, antiética, política que exige ser desocultada, narrada na história de nossa des-educação, desumanização.

Vidas mercadorias vendíveis, escravizáveis, propriedades dos donos do poder. Vidas que aos donos do poder pertencem. Não pertencem aos sujeitos dessas vidas apropriadas pelos donos do poder. Coletivos sociais, étnicos, raciais que desde crianças tiveram de saber-se em vidas entregues aos outros. Em vidas que não lhes pertencem. Expropriados do direito a suas vidas pela apolítica, necropolítica do Estado e da justiça justiceira; criminalizadores. Cruel e persistente matriz de desumanização: de negação, expropriação do direito a suas vidas, suas terras, suas culturas, suas identidades coletivas. "Minha vida não é minha, nem é meu este lugar".

Lugar e vidas roubadas, humanidades roubadas. Com que resistências recuperam suas humanidades? Com que pedagogias entender, fortalecer essas resistências humanizadoras? Exigências de outras pedagogias, saberes, docentes/educadoras para entender as vivências de vidas ameaçadas e as vivências de vidas re-existentes que milhões de educandas e educandos levam às escolas, à

EJA, às universidades. Reconhecer que as vivências de vidas ameaçadas e de vidas re-existentes são vivências políticas que politizam a vida. Politizam a defesa ética do direito à vida. O viver é ético.

A politização da vida

Os coletivos sociais em vidas re-existentes por vida expõem a vida como um campo político, de persistentes tensões políticas. "Lutamos pela vida": afirmam os diversos movimentos sociais. Lutas por vida, primeiro valor político.

A filosofia política vem destacando que política, poder, Estado, soberania e vida têm sido inseparáveis. Na história política, a vida tem sido politizada, como podemos constatar em *Biopolítica*, de M. Foucault; *Necropolítica*, de A. Mbembe; *Homo sacer, o poder soberano e a vida nua,* de G. Agambem. A vida, seu controle, suas ameaças, até extermínios, um dos campos prioritários dos mecanismos e dos cálculos do poder, da política. A politização da vida politiza as vidas re-existentes por vida justa humana. Ser educadoras, educadores de infâncias ou adultos em vidas politizadas repolitiza a educação e a docência.

Do poder vem as possibilidades de viver e as ameaças de não viver

Desde crianças de coletivos que vivenciam e sabem-se em vidas ameaçadas pelos poderes políticos aprendem cedo a politização da vida. Seus docentes/educadores têm direito a conhecimentos sobre a politização da vida.

A política dos estados totalitários se afirma no poder sobre quem merece viver ou nem merece viver. Autores como H. Arendt., Primo Levi, Walter Benjamim, que viveram experiências cruéis de domínios totalitários, revelam a politização total da vida e a transformação de política na dominação total sobre o direito à vida. A política é um espaço de controle sobre a vida e de que vidas merecem ser vividas ou exigem ser destruídas. Não viváveis.

Tempos vividos, sobretudo pelos oprimidos, para quem a opressão se radicaliza pelo exercício da política como o domínio total da vida. A política totalitária sobre o domínio da vida sintetiza a opressão mais totalitária. Como entender esse entrelaçamento entre vida e política? Uma indagação para as políticas socioeducativas e para os profissionais da saúde, da educação, da vida.

Difícil entender ser profissionais da saúde, da educação, da pediatria, geriatria ou da pedagogia; ser profissionais de cuidar da vida, de acompanhar processos de humanização sem entender esse entrecruzamento entre política, poder, dominação e vida. As mães "órfãs" de filhos que o Estado levou vivenciam e denunciam e resistem a esses entrecruzamentos políticos entre poder e vida (ARROYO 2019, p. 152).

Os limites e possibilidades das políticas de saúde, educação, saneamento, alimentação, moradias, terra, trabalho, de vidas e de que vidas perdem inteligibilidade sem entender que vidas realmente importam ou não importam para o poder, para a justiça, para o Estado, para os poderes político-jurídicos. Do poder, do Estado e da justiça depende quem tem direito a viver e em que condições sobreviver ou morrer. Quando as vidas humanas são tão politizadas pelos padrões de poder, todos os direitos humanos são repolitizados: o direito ao trabalho, à renda, à terra, ao teto, saúde, vida. O direito à educação, à formação humana é repolitizado. Quando o poder politiza a vida, primeiro direito humano, todos os direitos humanos são repolitizados. Direitos de que humanos? De que vidas humanas?

As identidades dos profissionais da vida repolitizadas

Os movimentos sociais por vida, o movimento de mulheres-mães por centros de educação infantil por escolas, centros de cuidado, proteção das infâncias politizam o valor da vida, do cuidar das vidas ameaçadas como função das escolas e da docência.

Uma interrogação para os profissionais da vida: sua função de garantir à vida não se politizam quando a vida é repolitizada? As instituições que cuidam da vida não se repolitizam sempre que a vida é politizada? Estamos em tempo de radicalizar a politização da vida e do cuidar da vida? Tempos de repolitização das escolas, da EJA como espaços de cuidar, proteger vidas ameaçadas? Tempos de repolitização das identidades docentes/educadoras: cuidar da vida, primeiro valor.

Tempos de pandemias viróticas e políticas que deixaram exposta a politização da vida, as disputas pelo valor da vida. Deixaram exposto o reconhecimento político dos profissionais da saúde da vida. Tempos de tantas proximidades que expõem como normalidade a politização da vida. Volta a pergunta: Como entender as identidades, a força de profissionais da vida? Tempos de politização da vida que politizam os profissionais do cuidar, salvar, educar, proteger vidas politizadas.

Quando o poder, o Estado e a justiça politizam as vidas, todas as ciências da vida e todas as profissões da vida se politizam, repolitizam. Nenhum dos âmbitos das políticas, profissões da vida permanecem neutros, se politizam. Todos os processos de produção de vidas politizadas se politizam: o trabalho, a terra, a saúde, a alimentação, a moradia, o transporte, a educação, se politizam. O direito a centros de proteção, cuidado da vida, profissionais da saúde, do cuidar da vida politizados.

O Estado, o poder e a justiça politizam ou repolitizam todos os campos de produção da vida. O direito à vida politizada exige politizar os processos materiais, sociais de produção da vida. Esse é o significado político dos tempos de repolitizar as leis do trabalho, da aposentadoria, de repolitizar o Bolsa Família e o direito/não direito da infância à vida, à alimentação, saúde, proteção.

Tempos de repolitização da função política da família, da mulher, da mãe no cuidar da vida dos filhos – Bolsa Família, da função política da escola reforçar a alimentação, a saúde. Tempos de desmonte do Estado de direitos de políticas de direitos de vida por programas de auxílios emergenciais. Vidas não de sujeitos de direito à vida, mas vidas dependendo de auxílios emergenciais para sobreviver em uma permanente ameaça política. Educação, saúde, SUS, ameaçados porque há vidas ameaçadas. Tempos de repolitização da vida, das políticas de vida e de repolitização dos profissionais da vida: saúde, educação, cuidado, proteção.

Que vidas não importam ao poder?

As vidas que importam ou não importam ao poder têm sujeitos, coletivos sociais, étnicos, sociais, de gênero, classe. As vítimas em movimentos sociais re-existentes denunciam: vidas negras importam, parem de nos matar porque somos negros.

O direito à vida, as condições de um humano viver normatizado, a critério do poder, tem cor, raça, etnia, gênero, classe. A politização da vida se revela nas políticas racistas, sexistas, classistas do poder. As políticas assumem ter destinatários de direitos políticos a vidas vivíveis e destinatários de não direitos a vidas vivíveis. Vidas politizadas, seu gênero, sua orientação sexual, sua etnia, sua raça, seus lugares sociais, de classe, submetidos ao poder soberano da nação, de Deus acima de todo direito do cidadão, dos humanos.

Os poderes políticos, religiosos se reforçam na biopolítica, na necropolítica: ameaçar, exterminar até militantes em lutas por direito à vida legitimado na sacralização do poder. O apelo a Deus, para sacralizar o poder político da coroa, da nação, para expropriar das terras, para ameaçar, exterminar vidas indígenas, negras, quilombolas, que não importam ao poder. Uma necropolítica que vem das origens de nossa história persistente no ameaçar, exterminar militantes em lutas por terra, território, teto, identidades de gênero, raça, como Marielle. O poder sobre as vidas sacralizado fez parte da colonização, do império e até das repúblicas democráticas. Processos de politizações totais da vida, que legitimam as vidas ameaçadas, os extermínios do poder.

Achille Mbembe, em *Necropolítica* (2018), destaca o biopoder, a soberania, o estado de exceção como política de morte. A soberania se julga com a capacidade de definir quem importa e quem não importa, quem é descartável e quem não é. A soberania, o poder define, dita quem pode viver e quem deve morrer. Matar ou deixar viver atributos da soberania. No livro *Vidas ameaçadas* (ARROYO, 2019) nos perguntamos que vidas merecem ser vividas e que outras não merecem ser vividas para o poder (p. 89ss.). O poder decreta que vidas não vivíveis para garantir o valor das vidas que merecem ser vividas (p. 102ss.).

As re-existências por vidas repolitizadas

Essa politização sacralizada da vida pelos padrões de poder, de dominação, sempre provocaram nos coletivos em vidas ameaçadas, resistências por vida. Provocaram afirmações do valor de vida politizadas. Toda politização da vida provoca nos coletivos ameaçados a politização das re-existências por vida: Como libertar suas vidas do poder soberano que as ameaça? Se decretar viver ou morrer é a expressão política máxima da soberania, o resistir por vida é a expressão política máxima dos oprimidos.

O direito à vida repolitizado nas vivências cruéis de um poder, um Estado, uma justiça que politizam a vida com pacotes anticrime, criminalizadores ou ameaçam a vida em ações de unidades policiais pacificadoras. As vítimas da politização da vida pressionam o debate político pelo direito à vida, aos corpos, às diversidades de vidas que importam: negras, de mulheres, de indígenas, quilombolas, ribeirinhos, trabalhadores, militantes...

Até infâncias nas ruas, nas vilas, nas escolas repõem seu direito à vida, repolitizam a vida sabendo-se em vidas ameaçadas (ARROYO, 2019). As mulheres-mães órfãs de filhos que o Estado levou (ARROYO, 2019) em suas marchas contra o genocídio da população negra repolitizam o direito à vida: "enquanto viver, luto". Os jovens/adolescentes negros repolitizam a vida resistindo a saber-se em vidas negras ameaçadas. "Parem de nos matar porque somos negros." Politização, radicalização das re-existências afirmativas do direito à vida como respostas à politização da vida pelo poder, pela justiça justiceira que legitimam, repolitizam a biopolítica, a necropolítica. As re-existências por vida matriz primeira de humanização. De formação política, ética.

Que vidas re-politizadas? Re-existentes por vida?

Lembrávamos que a repolitização das vidas que merecem ou não merecem ser vividas, protegidas ou ameaçadas pelo biopoder, pelo necropoder, tem cor, raça, etnia, gênero, classe. A politização da vida politiza o gênero, a orientação sexual, o corpo, a etnia, a raça, a classe, como vidas que merecem ou não merecem ser vividas. As resistências por vida carregam, expõem, legitimam-se, na repolitização do gênero, contra os feminicídios, da raça contra o genocídio das populações negra e reafirmando que vidas negras importam, vidas de mulheres importam. As resistências por vida repolitizando as ações coletivas, os movimentos sociais emancipatórios por vidas, corpos que têm gênero, etnia, raça, classe. Re-existências por vidas qualificadas, não são vidas anônimas, sem nome, mas afirmando suas identidades sociais, etnias raciais, de gênero, classe. A vida repolitizada, reapolitizando as resistências identitárias, por vidas identitárias.

As re-existências politizadas por vidas com nomes, com raça, gênero, orientação sexual, etnia, classe provocam re-existências, conflitos, ações e movimentos emancipatórios repolitizados pela radicalidade política que adquire o resistir à biopolítica, necropolítica ameaçadoras de vidas seletivas. Reaprendizado do direito à vida, repolitização das lutas por vida como resistências aos poderes totalitários sobre a vida, sobre as identidades de gênero, etnia, raça, classe. Sobre o corpo, a sexualidade, a procriação, o aborto, a saúde, a educação...

Aprendizados políticos no re-existir aos processos de dominação do poder sobre as vidas. Re-existências por vida repolitizada que provocam reaprendizados, reafirmações de que vidas decretadas sem valor, sem importância política para o poder, para o Estado, para a justiça, reafirmam-se vidas que importam. A repolitização da vida respolitizando as resistências em ações coletivas afirmativas; repolitizando suas virtualidades formadoras. Se exterminar vidas revela-se matriz de extrema desumanização, re-existir reafirmando o valor de vidas que importam, revela-se matriz de extrema humanização. As re-existências por vidas repolitizadas repolitizam as matrizes de humanização, repolitizam as teorias de formação humana. Repolitiza as identidades docentes educadoras, cuidadoras de vidas.

Viver já é político

Crianças das escolas das periferias sabendo-se em vidas ameaçadas por quem e por que revelam saber desde a infância que viver/sobreviver já é político. A maneira como vivemos é política desde a infância, o saber-se ameaçados pelos poderes, porque negros, pobres, favelados, porque militantes resistentes como Marielle é político. Não esperam ser politizados na pedagogia crítico-social das escolas, nem dos movimentos conscientizadores que os decretam inconscientes no senso comum.

Quando o viver é político a consciência do viver será política

Nas cartas-desenhos enviadas às autoridades e nos grafites dos muros das periferias, até nos grafites dos muros das escolas expõem suas figuras frágeis e seus rostos, bocas, olhos interrogantes politizados. Cartas, desenhos, grafites que revelam infâncias, adolescentes, jovens politizados pelo seu viver que já é político. Paulo Freire reconhece os oprimidos conscientes melhor do que ninguém do significado terrível de uma sociedade opressora e da necessidade de libertação, de lutar pela libertação. Por vida.

Com quem aprenderam que viver, sobreviver já é político? Aprenderam com seus coletivos, com suas mães sobretudo que desde crianças os lembraram: somos pobres, somos negros, indígenas, quilombolas, dos campos, das periferias. Tem de ser forte para sobreviver para continuar vivo. A vida, primeiro valor para os ameaçados de um ameaçado sobreviver, quando até e sobretudo do Estado de quem esperávamos proteção vêm as mais cruéis ameaçadas, criminalizadoras, exterminadoras de vida. Tem de aprender que o viver – sobreviver sob persistentes ameaças até dos poderes do Estado é um viver-sobreviver político.

Vidas re-existentes a não ser reconhecidas vidas vivíveis um gesto de extrema radicalidade política. Com seus coletivos étnicos, sociais, trabalhadores aprendem que desde a colonização e na república seu viver, sobreviver precário, injusto tem sido ameaçado pelos padrões de poder, de saber, de ser. Tem sido um sobreviver, viver político. Com seus coletivos sociais aprendem também resistências políticas por vida justa, humana. Aprendem que teimar em viver já é político. Vidas re-existindo por vida são políticas, aprendem e exercem o gesto político mais radical. Se viver, sobreviver ao necropoder já é político re-existir com vida será a matriz mais radical de consciência política.

Vidas re-existentes a não ser reconhecidas vivíveis, já é político

Desde crianças vivenciando-se em vidas ameaçadas se perguntam: O que é minha vida, o que é uma vida? Judith Butlher se coloca essa pergunta no seu livro *Quadros de guerra – Quando a vida é passível de luto?* (2015) "O que é uma vida?" O "ser" da vida é ele mesmo constituído por meios seletivos, não podemos fazer referência a esse "ser da vida" fora das operações de poder mediante as quais a vida é produzida (p. 14). Se o ser não ser reconhecidas vidas viváveis ou não viváveis é um ato político seletivo condicionado pelo poder, as re-existências por vida desde a infância são políticas. Do poder vem maximizar as violências, as ameaças de vidas não viváveis, decretadas precárias. Vivências políticas de vidas ameaçadas que provocam re-existências políticas por direito à vida vivável, justa, humana.

Desde crianças sabem-se em vidas não viváveis, não como um acidente passageiro, mas como uma condição histórica de etnia, raça, gênero, classe, condição de vida precária que atravessa as suas identidades. Reconhecer, não reconhecer vidas viváveis um ato político seletivo do poder de que coletivos sociais merecem viver ou morrer, sobreviver. Re-existências coletivas políticas a não ser reconhecidas vidas viváveis porque diferentes. Um ato político persistente em nossa política. As resistências por vida também um ato político em nossa história.

O decretar coletivos sociais, a diferença na condição precária de vida, na condição de vidas ameaçadas, não viváveis, têm sido uma decisão dos poderes políticos desde a empreitada colonizadora e persistente no império "independente" e na república. Um decretar a diferença na condição de não vidas humanas logo na condição de vidas precarizadas. Um decretar político legitimador das violências contra a diferença, violência radical política dos extermínios de vidas decretadas não vidas viváveis.

A condição de uma vida vivável ficou condicionada à condição de vida decretada humana ou inumana. Para a seletividade do poder há vidas, há coletivos não reconhecíveis como sujeitos humanos, logo suas vidas não merecerão ser reconhecidas como vidas viváveis. A essa radicalidade política seletiva dos poderes, da política, da biopolítica, da necropolítica os oprimidos re-existem. Vidas re-existentes afirmando-se humanas, uma resistência de extrema radicalidade política humana, matriz ética, política radical de humanização. De afirmação de que o viver já é político.

A radicalidade política das vidas re-existentes a não ser reconhecidas vidas viváveis é uma resposta à radicalidade política dos padrões de poder de decretar a diferença na condição de vidas não vivíveis, precarizadas, extermináveis. Vidas re-existentes a não serem reconhecidas vidas vivíveis porque não reconhecidas vidas de humanos, decretados com deficiências originárias de humanidade. O ato político mais político é decretar um ser humano não humano, decretar uma vida humana não vivível porque não reconhecida ser de humanos. O ato político de maior radicalidade política será re-existir afirmando-se vidas vivíveis. Afirmando a vida, primeiro valor político humano.

Vidas re-existentes afirmando-se humanas, é político

Os estudos decoloniais vêm enfatizando a politização do padrão de humano/inumano. Um padrão repolitizado desde o grito "terra à vista" colonizador. A ocupação, apropriação, desapropriação das terras, os culturicídios, homicídios, a escravidão de indígenas e africanos, a expropriação dos territórios quilombolas, a destruição de suas identidades culturais, coletivas – foi legitimado na politização do padrão abissal, sacrificial de Nós, colonizadores, a síntese do humano único hegemônico e os Outros, a diferença étnica, racial, o Outro do humano único: inumanos.

Uma politização radical do padrão de humano/inumano. Um padrão de humano político que acompanha e politiza a história de nossa pedagogia. Um padrão de humano político que politiza todos os direitos humanos. Politiza o direito a que vidas vivíveis porque reconhecidas humanas no padrão de humano único e que vidas não vivíveis, ameaçáveis, extermináveis porque decretadas não humanas pelo padrão único político de humano. Se viver já é político e politiza a vida, o ser ou não ser reconhecíveis como vidas humanas é político.

A politização da condição de humanos não humanos/inumanos radicaliza a politização da vida. Viver já é político porque ser não ser reconhecida uma vida humana de humanos já é político. A politização da condição de humanos/não humanos politiza a vida: que vidas merecem ou não ser reconhecidas, respeitadas como humanos e que outras vidas de decretados inumanos não merecem ser vivíveis.

A pedagogia desde a Paideia foi politizada com a função política de formar, acompanhar processos de formação humana das infâncias reconhecidas membros da *polis*. Na colonização, essa pedagogia é repolitizada ao decretar os Outros, a diferença étnico-racial não humana, não educável, humanizável porque em estado de natureza, não de humanidade.

A politização da vida, de que vidas vivíveis ou extermináveis, inseparáveis da politização da condição de Nós humanos e os Outros, a diferença, inumanos. A politização da vida e da condição de humano se reforçando em nossa história. Re-existir a essas radicalidades política dos padrões políticos, inumanos do poder é um re-existir político, afirmante da condição de humanos, do valor político da vida humana.

Re-existências políticas por vida, primeiro valor político, humano que politizam o direito à vida, politizam nossa história política, econômica, cultural, pedagógica. Politizam com novas radicalidades a função docente/educadora, a função da educação pública: proteger, cuidar das vidas ameaçadas, re--existentes que fazem das lutas por escola, por EJA, por universidade, luta por vida justa, humana. Acompanhar, fortalecer percursos humanos, de formação humana sobretudo em um viver, sobreviver tão político repolitiza a educação e a docência.

As lutas por vida dos coletivos sociais decretados "não sendo", "demitidos da vida" politizam o afirmar-se sendo sujeitos de vida. De outra vida conquistada. Educar já é político quando o lutar por vida já é político. O viver já é político.

Capítulo 2

Vidas re-existentes a ser decretadas com deficiência de humanidade

Para entender a radicalidade política das vidas re-existentes afirmando-se humanos teremos de avançar para entender que re-existem a ser decretadas com deficiência de humanidade. No livro *Vidas ameaçadas* (ARROYO, 2019) destacamos que coletivos em vidas ameaçadas desde a infância sabem-se ameaçados por quem e por quê. As ameaças a suas vidas vêm do poder, do Alto, das estruturas políticas, econômicas, culturais que os decretam bárbaros, sem valores, sem moralidade, racionalidade, humanidade. Sem direito à vida humana porque não reconhecidos humanos. Sabem-se oprimidos porque há opressores. Vivenciam desde a infância que a ameaça mais inumana para um ser humano é não reconhecê-lo humano. Vidas re-existentes à desumanização mais radical: decretados com deficiências de humanidade como membros de coletivos sociais de etnia/raça, gênero, classe.

Vidas não vivíveis porque não reconhecidas vidas de humanos

No livro *Vidas ameaçadas* já nos perguntávamos por que vidas ameaçadas, decretadas não vivíveis? Porque não reconhecidas vidas de humanos (p. 89ss.). A dicotomia humanos/inumanos legitimou em nossa história política, social, cultural que vidas merecem ser vividas, porque reconhecidas vidas de humanos e que vidas não merecem ser vividas porque decretadas vidas de não humanos. Dicotomias abissais, sacrificiais de humanos/inumanos que acompanham nossa história de extermínios de vidas que não merecem ser vividas porque não reconhecidas vidas de humanos.

Desde a empreitada colonizadora as vivências da desumanização de não ser reconhecidos humanos, de ser decretados inumanos foram e continuam sendo vivências cruéis persistentes de desumanização, desde a infância. De que humanidades, identidades humanas são roubados os coletivos sociais, étnicos, raciais, de gênero, classe que sabem-se decretados em vidas ameaçadas, não vivíveis porque não reconhecidos humanos? Volta a pergunta nuclear para os processos de formação humana: A ameaça mais inumana para um ser humano não é saber-se não reconhecido humano desde a infância?

Essas cruéis vivências de desumanização não foram e continuam sendo em milhões de educandos, da infância à vida adulta, as vivências mais persistentes, mais marcantes? Que re-existências afirmando-se humanos? Os educandos da infância nas escolas à vida adulta, na EJA, não chegam em vidas re-existentes à desumanização? Como entender as marcas das desumanizações históricas que os vitimam? Como entender suas vidas re-existentes afirmando--se humanos? Sem entender os processos de desumanizações a que re-existem não haverá como entender seus processos de humanização, nem seus percursos de escolarização.

Vidas vivíveis re-existentes afirmando-se humanos

Afirmar, defender o valor da vida humana é resistir a uma história de desumanizações. É re-existir afirmando-se humanos. Os movimentos sociais, lutando por vida, por dignidade humana se reafirmam humanos. As mulheres/ mães re-existentes às vidas ameaçadas de seus filhos se reafirmam humanos e re-existem aos extermínios de seus filhos reconhecendo-os com direito a vidas humanas porque humanos. Vidas vivíveis de mães e de filhos re-existentes afirmando-se humanos (ARROYO, 2019, p. 152ss.).

Tensões entre as vivências de desumanização e as re-existências humanizadoras, uma constante na história da nossa educação: decretar vidas não vivíveis porque não reconhecidas vidas de humanos provocando as re-existências afirmativas de serem humanos com direito a vidas vivíveis, humanas, não tem sido essa a dialética estruturante da história de nossa educação desde a colonização até a república?

Essa a tensa história de vivências cruéis de desumanização e de resistências afirmativas de humanização que os movimentos sociais repõem em suas resistências a ser decretados inumanos e de re-existências afirmativas de ser humanos. Vidas re-existentes afirmando-se humanas que matrizes de humanização afirmam e a que matrizes de desumanização re-existem? Essas tensões de matrizes, de vivências de desumanização e de re-existências afirmativas de humanização chegam às escolas, à EJA, às universidades, aos cursos de pedagogia e de licenciaturas. Educandos que sabem-se herdeiros de mães, pais, coletivos decretados com deficiências de humanidade, mas re-existentes afirmando-se humanos. Tensões históricas de matrizes de desumanização/humanização, como entendê-las?

Vidas re-existentes às desumanizações afirmando-se sendo humanos

Paulo Freire, na diversidade de suas análises sobre a opressão, destaca como a opressão mais radical de um ser humano é decretá-lo, condená-lo a *não sendo, sendo menos, expulso de si, castigado a não se afirmar sendo, a não poder ser, feito "coisa" vendida*. A injustiça mais radical: *roubados em sua humanidade.* Fanon (2008) destaca a opressão de mantê-los cativos da terra. Os estudos decoloniais têm destacado essa negação da condição de ser, de ser humanos como um traço da colonização e da colonialidade que os padrões de poder, de produção capitalista continuam reproduzindo. Boaventura de Souza Santos (2009) usa a expressão: "decretados com deficiência originária de humanidade. Não sendo humanos". Aníbal Quijano (2009) enfatiza a negatividade do mito ôntico que decretou os povos originários, os outros em etnia, raça como em estado de natureza, não sendo em estado de humanidade.

Paulo Freire, em *Pedagogia do Oprimido* (1987), reconhece que os oprimidos têm consciência melhor do que ninguém da sociedade opressora e dos efeitos desumanizantes das opressões que sofrem, "quem mais que eles, para ir compreendendo a necessidade da libertação, de lutar por ela?" Dedica a *Pedagogia do Oprimido* "aos esfarrapados do mundo e aos que neles se descobrem, com eles sofrem, mas sobretudo com eles lutam". Sofrimento, resistência, luta: os oprimidos, vítimas dessa negatividade ôntica de não ser humanos resistem em vidas re-existentes afirmando-se sendo humanos. Para entender e fortalecer as dimensões humanas de re-existir afirmando-se humanos será necessário entender a radicalidade da negatividade de decretá-los não sendo humanos.

Os oprimidos na diversidade de ações coletivas re-existentes revelam que a radicalidade positiva, pedagógica, humanizadora de suas vidas re-existentes vêm da radicalidade desumanizante da negatividade a que se sabem decretados em nossa história política, cultural. Da educação, da docência, das teorias do desenvolvimento humano e da formação humana se exige dar centralidade a entender essa negatividade do mito ôntico que os decretou e continua decretando-os com deficiência de humanidade.

A consciência da negatividade dos decretados com deficiência de humanidade

Para entender vidas re-existentes se exige reconhecer que re-existem a ter sido decretados não existentes. Não sendo humanos. Têm consciência de carregar identidades não apenas segregadas, inferiorizadas, mas carregar identidades históricas da negatividade de decretados não sendo gente, humanos. Chegam às escolas, à EJA, à educação superior, com essa consciência de carregarem identidades históricas da negatividade tão radical de não reconhecidos sendo. Decretados não sendo humanos. As vivências dessa negatividade marcam seus percursos inumanos e de resistências por humanização. Das teorias de formação humana se exige entender essa negatividade e as vivências históricas de pertencer a coletivos sociais, étnicos-raciais, de gênero, classe roubados em sua condição de serem humanos, sendo menos, como humanos.

Entender essas vivências históricas que os educandos carregam exige currículos de pedagogia e de licenciaturas que priorizem pesquisas, teorias sobre as desumanizações vivenciadas como realidade. Sem uma compreensão aprofundada das vivências históricas dessa negatividade de suas identidades coletivas não haverá como entender e acompanhar seus processos de desumanizações que carregam para a educação. Às escolas, à EJA chega essa história de desumanizações.

A lição que vem desses coletivos em vidas re-existentes afirmando-se humanos é que as radicalidades pedagógicas, humanizantes de suas re-existências póem de manifesto as radicalidades de saber-se vivenciando humanidades roubadas. Decretados em nossa história não sendo humanos. Paulo Freire aprende com os oprimidos que a exigência mais radical para todo humanismo pedagógico, para a função histórica da pedagogia, da educação e da docência, será entender, acompanhar essas radicalidades pedagógicas de re-existir afirmando-se humanos desconstruindo esse mito ôntico que os decretou e continua decretando-os não sendo humanos. Um decretar não sendo humanos que começa na infância, adolescência populares, indígenas, negras, dos campos, das periferias, que desde a infância se aprendem decretados nessas negativas identidades, porque diferentes.

Que interpelações éticas para a pedagogia vêm das vítimas re-existentes às desumanizações?

Ao longo de nossa história política, cultural, pedagógica às interpelações sociais, radicais, têm vindo das resistências dos oprimidos que sabem-se vítimas de processos históricos, políticos, antiéticos, antipedagógicos de desumanizações que roubam suas humanidades com extrema radicalidade e persistência na nossa história. Uma interpelação radical para as teorias pedagógicas, para a educação e à docência será entender essa radicalidade dos processos de desumanização que vivem e a que resistem, afirmando-se humanos.

As teorias do desenvolvimento humano têm dado centralidade, radicalidade aos processos de desumanização? Têm centrado as análises, as teorias, pesquisas, nos processos de desenvolvimento humano, de humanização, de formação humana como um processo histórico dos seres reconhecidos humanos. As vítimas de cruéis processos de desumanização como regra na história contestam que os processos de desenvolvimento humano, de humanização tenham sido regra progressiva para todos na história. Os processos de humanização têm sido seletivos, marcados pelos padrões seletivos do poder, de saber, de ser.

Os oprimidos em vidas re-existentes às desumanizações dão centralidade política, ética, pedagógica aos processos de desumanização como realidade na história com que os padrões de poder os vitimam, oprimem. Desumanizam os oprimidos. As vítimas dessa seletividade desumanizante politizam os processos do desenvolvimento humano mostrando que os padrões de poder definem que coletivos humanos são ou não reconhecíveis como passíveis de processos, vivências de processos de humanização ou de desumanização.

Os profissionais da educação têm direito a entender e entender-se nessa história política, de tensões entre desumanizações/humanizações como realidade histórica, não acidental mas intencional, política, produzida pelos padrões de poder. As teorias da formação humana, do desenvolvimento humano se tornam incompreensíveis sem entender os padrões políticos, as estruturas sociais, políticas, culturais que predefinem que coletivos são ou não reconhecíveis como humanos, educáveis, humanizáveis (ARROYO, 2015).

Uma exigência teórica, ética: Que teorias do desenvolvimento humano, da formação humana garantirão aos profissionais desses processos entender-se e entender, acompanhar processos de formação humana tão politizados, tão abissais e sacrificiais? Interpelações vivenciadas por docentes, educadoras, educadores, gestores que assumem como ofício acompanhar educandos vivenciando esses tensos, conflitivos processos de desumanização e de re-existências como humanos. Que humana docência de infâncias, adolescências, vítimas de desumanizações? (ARROYO, 2000).

Interpelações que chegam às teorias pedagógicas, às pesquisas, aos currículos de formação de docentes/educadoras, educadores, gestores. Interpelações que chegam às diretrizes curriculares, à BNCC e à BNCF. Que respostas políticas, éticas, pedagógicas? Paulo Freire deu centralidade às interpelações dos oprimidos que sofrem conscientes das desumanizações e a elas re-existem afirmando-se humanos. Pedagogias dos oprimidos re-existentes às desumanizações históricas, persistentes como realidade na história, mas re-existindo afirmando-se humanos. Um outro paradigma pedagógico (ARROYO, 2019).

Re-existentes a decretados não sendo humanos

Para entender as re-existências afirmando-se humanos como matriz de humanização será necessário entender que desumanizações têm re-existido em nossa história; têm re-existido à segregação ôntica de não reconhecidos humanos. Os estudos decoloniais têm destacado que o humanismo colonizador segregou os povos originários não reconhecendo estar em estado de humanidade, mas em estado de natureza. Foram decretados com deficiência originária de humanidade. Padrões de poder, de pensar e decretar não sendo humanos, que se perpetuam no capitalismo, nas segregações raciais, de gênero, etnia, classe. Padrões de desumanização que interrogam os humanismos pedagógicos: Têm conseguido ficar livres desses padrões de poder que decretam coletivos étnicos raciais, de gênero, orientação sexual com deficiências de humanidades? Têm reconhecido que os decretados inumanos re-existem afirmando-se humanos? Que humanidade afirmam?

Re-existências tensas de se afirmar humanos

Os coletivos de educadoras, educadores com essas outras infâncias, com esses outros educandos reconhecem que levam vivências de terem percursos de resistir por se afirmar humanos. Vivências de desumanização, de opressões, suas e de seus coletivos, mas também trazem vivências de resistências, de re-existências afirmativas de processos de humanização. Como coletivos educadores assumem a responsabilidade pedagógica, ética, política de entender, acompanhar esses exercícios tensos de se afirmar humanos. Como entender, acompanhar como educadoras, educadores, docentes, gestores esses tensos exercícios de se afirmar humanos desde crianças? Como entender essas vidas re-existentes?

Uma exigência para docentes e educadores: entender os processos de desumanização. Para entender os exercícios tensos de se afirmar humanos que chegam às escolas, à EJA, às universidades, para entender as re-existências afirmativas como matrizes de humanização, será necessário entender que a radicalidade pedagógica, ética, humanizadora dessas re-existências adquire toda radicalidade de ser re-existências aos brutais processos de desumanização a que foram condenados com seus coletivos sociais, raciais, étnicos. Processos a que resistiram na história e resistem desde crianças à vida adulta.

Somente entenderemos a radicalidade das matrizes de humanização que afirmam os oprimidos re-existindo se entendermos os processos radicais de desumanização a que resistiram na história. A pedagogia dos oprimidos, das resistências por humanização põem de manifesto à persistente dialética opressão/desumanização/resistências/humanização que os educandos levam aos processos de educação.

Interrogações com que se defrontaram com especial radicalidade os humanismos em nossa história: o humanismo colonial, imperial, republicano-democrático. Interrogações que são obrigadas a se colocar tantos coletivos de docentes, educadoras e educadores, gestores nas escolas públicas, sobretudo nas convivências com educandos herdeiros dos coletivos decretados em nossa história com deficiência de humanidade. Oprimidos, roubados em suas humanidades, condenados a um injusto, inumano sobreviver pelos padrões de poder. Que vivências de identidades quebradas levam aos processos de educação/formação humana?

Vivenciam a dialética de saber-se vítimas de processos históricos, de opressão desumanizadora e de saber-se com seus coletivos sujeitos de resistências afirmativas de processos de humanização. Trazem indagações radicais para a educação e à docência: Que opressões desumanizantes vivenciam? Chegam às escolas sabendo-se oprimidos, o que aprender como educadoras, educadores, docentes desses processos de vivências e de saber-se vitimados por históricas desumanizações? Que matrizes históricas de desumanização vivenciam? Que exigências políticas, éticas, pedagógicas de formação docente/educadora para entender essas matrizes de desumanização e para garantir o direito dos educandos a entender-se nessa história sua e de seus coletivos? A tarefa primeira das artes de educar esses educandos será entender suas vivências de desumanizações, de saber-se roubados em suas humanidades.

Paulo Freire nos lembrava de que a função da pedagogia e da docência será reconhecer e acompanhar não apenas os processos de humanização, mas também os processos de desumanização, como realidade histórica. Reconhecer que os oprimidos desde a infância são roubados de suas humanidades. Seus docentes e educadoras/es se perguntam: Com que pedagogia recuperar humanidades roubadas? Não haverá como recuperar humanidades roubadas sem entender os processos sociais, antiéticos, antipedagógicos, de roubar humanidades. Não haverá como ser profissionais acompanhantes de processos de humanização sem entender os percursos de desumanização que vivenciam os educandos desde a infância e que levam às escolas.

A tarefa primeira dos seus docentes, educadoras, educadores será tentar entender esses educandos vivenciando processos de desumanização. Entender com profundidade essas matrizes de desumanização exige centralidade nos currículos, nos tempos de formação inicial e continuada dos docentes, educadores, gestores. Exige centralidade nas diretrizes curriculares, na Base Nacional Comum, no material didático, nas diretrizes nacionais de formação dos profissionais que se defrontam com educandos vivenciando processos cruéis de desumanização. Tentemos destacar os processos de desumanização que roubam suas humanidades. Processos a merecer temas geradores de estudo – formação de educadores e de educandos.

Isto é um ser humano?

A pergunta que chega à diversidade de humanismos políticos, pedagógicos: Todos são reconhecidos humanos? Primo Levi, tendo vivido e re-existido ao processo tão bárbaro, desumanizante dos campos de extermínio, deixou-nos uma pergunta que poderia ser estendida a tantos processos de barbáries, de extermínios, a que milhões de seres humanos continuam sendo submetidos. "É isso um homem?" (Primo Levi). É isso um ser humano?

Diante de tantos coletivos humanos roubados em suas humanidades, em suas identidades humanas na colonização das Américas, da África, diante de milhões de refugiados negados de entrar nas fronteiras da Europa, da América, "civilizadas". A pergunta a ser feita: São reconhecidos seres humanos? Diante de milhões de imigrantes obrigados a deixar seus lugares, territórios, seus meios de produção da vida, desenraizados de suas tradições, culturas, valores, identidades coletivas humanas. Imigrantes marcados com uma inferioridade cultural, identitária, humana. A pergunta a ser feita: Os padrões de poder os reconhecem como humanos?

Das artes, músicas, pinturas têm vindo esta interrogação: "É isto um ser humano?" É a interrogação que vem dos quadros de Picasso (*Guernica*) ou de Portinari (*Os retirantes*). Imagens de humanos violentados pelos poderes como imigrantes à procura de outros lugares incertos, em trabalhos incertos, mantidos em um incerto, injusto sobreviver na pobreza, sem teto, sem vida justa humana, porque segregados como sendo menos em humanidade. Uma interrogação que vem desde a colonização: Os povos indígenas, negros escravizados foram reconhecidos humanos? Foram decretados com deficiências de humanidade. Não humanos. Seus herdeiros, milhões de crianças na extrema pobreza, nas ruas, no trabalho infantil pensados ameaçadores. Lutando por escola, por ser reconhecidos gente, humanos. Ao menos nas escolas, na EJA serão reconhecidos humanos ou condenados como indisciplinados, violentos, com problema de aprendizagem, sem racionalidade, sem moralidade, sem humanidade?

A pergunta de Primo Levi persiste: "É isto um homem", um ser humano? São esses milhões de oprimidos reconhecidos humanos? Uma pergunta obrigatória radical para os humanismos pedagógicos e para a pedagogia e à docência que se identificaram na história com a função de conduzir desde a infância os humanos para percursos de formação humana. Mas quando milhões não são reconhecidos humanos, quando os padrões de poder duvidam de que mereçam ser reconhecidos humanos, qual a função da pedagogia, da docência e dos humanismos pedagógicos?

Primo Levi nos coloca a pergunta primeira obrigatória à pedagogia, à docência: Mas que pedagogia, que percursos humanos acompanhar quando a sociedade, o necropoder, os padrões de poder não reconhecem milhões de humanos como humanos? Quando às escolas, à EJA, chegam milhões vivenciando, mas resistindo às vidas inumanas, indignas de seres humanos? Quando as estruturas sociais, econômicas, políticas condenam milhões, desde a infância à vida adulta, negados na sua condição de humanos, a pedagogia, a docência são obrigadas a redefinir sua função, a reinventar as identidades docentes/educadoras: reconhecer os outros como humanos.

Quando as políticas socioeducativas duvidam de os educandos serem humanos

Um tema gerador de estudo/formação inicial e continuada: As políticas socioeducativas têm se contraposto ou têm reforçado e legitimado essa dúvida dos Outros serem humanos, educáveis, humanizáveis? Os processos de avaliação, reprovação, retenção, até de condenação das infâncias pobres, dos adolescentes e jovens como violentos, indisciplinados, até expulsos do convívio social e escolar não repõem essa dúvida sobre se esses educandos são humanos, educáveis, humanizáveis? (ARROYO, 2015). Os humanismos pedagógicos, a pedagogia, a docência são obrigados a interpelar as políticas socioeducativas, as teorias de aprendizagem, as avaliações reprovadoras, condenatórias se não têm legitimado as dúvidas de esses educandos serem humanos, educáveis, humanizáveis? Como resistir a essas segregações?

Primo Levi nos sugere que a primeira pergunta obrigatória para a pedagogia será: "É isto um ser humano?" São esses educandos que chegam nas escolas públicas, à EJA reconhecidos pelos padrões de poder como humanos? Desde a colonização e até na república, as políticas educativas duvidaram de serem reconhecíveis como humanos, como cidadãos. Decretados com deficiência de humanidade e de valores de cidadania. Decretados subcidadãos, sub-humanos e educá-los para a cidadania, para a humanidade porque decretados ainda não cidadãos, não humanos.

Os coletivos de docentes educadores tentam superar esse persistente olhar segregador e veem os educandos e seus coletivos como resistentes e re-existindo, afirmando-se humanos. Como entender essas re-existências de milhões de humanos decretados deficientes em humanidade? Re-existências de crianças a adultos que chegam nas escolas, à EJA ainda não reconhecidos como humanos nos padrões de poder?

Para entender a radicalidade política, ética, pedagógica dessas re-existências afirmando-se humanos será necessário entender o saber-se decretados deficientes em humanidade pelos padrões segregadores de poder. Ao chegarem às escolas, à EJA, seus educadores, educadoras são obrigados a entender que ainda continuam os padrões de poder decretando-os não sendo reconhecidos como humanos, cidadãos, mas deficientes nos valores de cidadania e de humanidade. Como entender essas violências de desumanização no duvidar de que os educandos sejam humanos? Como entender as matrizes de desumanização que oprimem os Outros à diferença na nossa história desde a infância?

A pedagogia e a docência são desafiadas a dar centralidade à pergunta de Primo Levi, testemunha de uma das tantas barbáries históricas de não reconhecer seres humanos como humanos. Os milhões de educandos – da infância à vida adulta chegam às escolas, à EJA reconhecidos como humanos pelos padrões segregadores do poder? Não chegam submetidos a vivências de desumanização? Roubados em suas humanidades? A pedagogia, a docência desafiadas a se contraporem a todo padrão de humano segregador, desumanizante.

Resistentes a roubados de ser; proibidos de ser

Paulo Freire, em *Pedagogia do Oprimido*, destaca e critica repetidamente essa matriz desumanizadora: "A situação de opressão em que se formam, em que realizam sua existência [...] na qual se encontram proibidos de ser mais... é em si mesma uma violência [...] por que fere a ontológica e histórica vocação dos homens – a do ser mais" (p. 42). Paulo Freire insiste em que a vocação ontológica, histórica do ser humano é de ser e ser mais humano. Os oprimidos são negados nessa possibilidade de ser humanos e ser mais humanos porque decretados com diferença ôntica de humanidade.

Quem lhes nega essa possibilidade de ser e de ser mais? Paulo Freire responde: "Quem inaugura a negação dos homens não são os que tiveram a sua humanidade negada, mas os que a negaram [...]. Enquanto a violência dos opressores faz dos oprimidos homens proibidos de ser, a resposta à violência daqueles se encontra infundida na ânsia de busca do direito de ser" (p. 43). Decretar os Outros não sendo humanos, proibidos de ser e de se autorreconhecerem humanos tem sido na história a dialética matriz mais radical de desumanização/humanização. A dialética mais política, antiética, antipedagógica.

Violências de não reconhecer os Outros como humanos, sujeitos de humanidade, de identidades, saberes, valores culturais humanos que acompanham nossa história política desde a colonização. Os estudos decolonias têm destacado esse ser proibidos de ser porque decretados com deficiência originária de humanidade. Decretados selvagens, bárbaros, incultos, primitivos, irracionais, imorais, inumanos. Proibidos de ser, de viver porque não reconhecidos humanos. Quando um ser humano não é reconhecido humano lhe será negado seu primeiro direito humano: a vida humana. Calcula-se que milhões de indígenas foram exterminados na colonização das Américas e milhões de negros, escravizados resistentes.

Milhões proibidos de ser, de viver, escravizáveis, extermináveis porque vidas indígenas e negras não importam. Seus herdeiros, crianças, adolescentes, jovens não reconhecíveis com direito a um justo humano viver, submetidos ao mar da dor, tendo como horizonte o desemprego, a fome, a morte. Esses proibidos de ser decretados não sendo humanos teimam em resistir, lutar por direitos humanos. Até lutam pelo direito humano à educação como direito à vida humana.

A interrogação mais radical para a pedagogia e a docência: como acompanhar processos, percursos de humanização de infâncias, adolescentes, jovens, adultos roubados de ser mais, decretados e tratados pelos padrões de poder como não sendo? Como exceção do humano? Os profissionais de sua educação aprenderam que teriam de acompanhar processos de educandos roubados de ser mais, decretados e tratados pelos padrões de poder como não sendo? Como exceção dos humanos? Os profissionais da educação aprenderam nos cursos de formação que teriam de acompanhar percursos de educandos roubados e proibidos de ser não reconhecidos humanos?

Nos tempos de formação continuada essas questões são persistentes: Como entender processos, matrizes de desumanização que os educandos vivenciam? Como entender processos que roubam suas humanidades? Como recuperar humanidades dos educandos: Reconhecer os educandos herdeiros de coletivos em vidas re-existentes. Fortalecer suas vidas re-existentes aprofundando a que desumanizações re-existem. Que humanizações afirmam em seu persistente re-existir afirmando-se humanos. Que saberes, valores e identidades afirmativos de outra humanidade.

Re-existências às opressões desumanizantes

Os coletivos oprimidos resistentes aos processos de desumanização têm consciência e denunciam que a desumanização tem sido regra na história política e até na história cultural e pedagógica. Os docentes, educadoras, educadores das escolas públicas, da EJA sabem-se interrogados pelas vivências, consciências de desumanizações que os educandos levam às escolas, à EJA até as universidades. Como entender as desumanizações e as resistências sociais, políticas, humanizadoras, como regra na história do passado e do presente? Um tema urgente gerador de estudos, debates nos currículos de formação inicial e continuada dos educadores e nos currículos de formação dos educandos vivenciando tantas desumanizações na história. Um tema desafiante para a história da educação, para as teorias do desenvolvimento humano.

A história da condição humana, como uma persistente desumanização?

A história da condição humana tem sido narrada como uma história de humanização, mas as desumanizações persistem. As denúncias das desumanizações têm sido uma constante nas diversas ciências humanas, na história, na sociologia, na ciência política. O que aprender com essas análises denunciantes para entender os educandos, vítimas de desumanizações e fortalecer suas resistências? As artes na sua diversidade têm sido denunciantes das desumanizações e dos padrões de poder que as produzem. O que aprender dessas denúncias? Aprender com os oprimidos que as re-existências à desumanização têm sido regra na história, porque as desumanizações são persistentes na história.

Com que análises aprender a persistência da desumanização? Hannah Arendt se destaca como denunciante da desumanização, da trivialização do mal, na história. A produção da desumanização como uma imoralidade do poder, dos totalitarismos. A politização da produção da história de desumanizações como regra na produção da condição humana, inumana. Uma lição para superar a visão despolitizada das análises da história da educação, dos currículos e das políticas educativas que tendem a ignorar que os padrões de poder produzem processos desumanizantes e optam por destacar uma história do poder civilizatório humanizante. A história da educação conformante das tradições democráticas humanizantes do poder? Denunciante das tradições desumanizantes de poder.

Desocultar a história das desumanizações, dos persistentes totalitarismos do poder, nas tradições autoritárias, nos totalitarismos como fazem Hannah Arendt, Primo Levy, Walter Benjamim, Fanon, Paulo Freire. Uma politização do reconhecimento das desumanizações como padrões de poder, não como acidentes. Politizar o ocultamento dessas desumanizações no narrar a história política, econômica, cultural e educacional. Não têm faltado narrativas de nossa educação resistindo a esses ocultamentos da história de desumanizações, denunciando o persistente ocultamento das desumanizações como um mecanismo do poder totalitário, desumanizante.

Os humanismos pedagógicos vivem as tensões de reconhecer ou ignorar as desumanizações como regra na história e as tensões de ocultá-las ou denunciá-las. A função esperada de todos os humanismos pedagógicos, da pedagogia de entender e acompanhar os processos, percursos de humanização desde a infância exigem não ocultar, mas priorizar, entender, desocultar, acompanhar os processos sociais, políticos, econômicos, culturais de desumanização que vitimam os educandos, educadores e as famílias e seus coletivos sociais.

Da função da educação, da docência, dos currículos se exige manter uma postura ética, política desocultando as imoralidades dos padrões de poder produtores de desumanizações que os educandos e seus coletivos sociais levam às escolas, à EJA. Os diversos autores críticos dos padrões de poder produtores de antiéticas desumanizações destacam como desconstroem a condição humana, a formação humana, desumanizam. Destacam a que vivências de desumanizações resistem e que coletivos sociais vítimas re-existentes.

A que vivências de desumanizações re-existem?

Na diversidade de estudos que denunciam, criticam as desumanizações dos padrões de poder, que desumanizações destacam? Não são essas as históricas desumanizações que chegam às escolas, à EJA como vivências? Não são as desumanizações a que as vítimas resistem em seus movimentos sociais e ações coletivas? As resistências revelam as vivências desumanizantes de sem terra, sem território, sem teto, sem trabalho, sem renda... expropriados de suas culturas, saberes, valores, identidades coletivas. Roubados em suas humanidades.

Resistências à desumanização mais cruel, persistente em nossa história: saber-se decretados pelos padrões de poder, de pensar, de saber com deficiência originária de humanidade – subumanos. Logo decretados inumanizáveis (ARROYO, 2015). Cada uma dessas cruéis históricas desumanizações que persistem e chegam até às universidades, à EJA, às escolas exigem estudos sobre as vivências dos educandos, educadores e de seus coletivos. Como profissionais dos processos de humanização tentam entender as vivências concretas de desumanização não apenas como realidades históricas dos padrões de poder, mas como vivências históricas dos oprimidos. Entender que dimensões da formação humana destroem. Que limites impõem a construção de identidades positivas, individuais e coletivas? Com que vivências os educandos chegam de destruição de identidades coletivas positivas e de imposição de identidades negativas?

Tensões para a educação e a docência: Reforçar esses processos de desumanização? Ignorá-los e passar uma versão da história e até da história da educação, do desenvolvimento humano como uma história civilizatória humanizadora? Responsabilizar os coletivos vitimados pelas históricas desumanizações que os oprimem? Reforçar a versão/visão colonizadora de serem mesmo deficientes em humanidade? Coletivos de educadoras, educadores fazem opções éticas, políticas por entender, trabalhar educandos vivenciando históricos processos de desumanização exigem outros saberes, outras artes pedagógicas. Exigem outra humana docência (ARROYO, 2000) capaz de entender, acompanhar educandos vivenciando cruéis desumanizações.

Opções por outra ética política profissional para não condenar, mas reforçar as resistências dos educandos aos históricos imorais padrões de poder desumanizantes. Exige politizar os processos de desumanização, denunciá-los como produções históricas dos padrões de poder político, econômico, social, cultural, até do poder pedagógico. Todo poder totalitário é desumanizante. Se na história as desumanizações têm sido regra é porque os padrões, estruturas desumanizantes têm sido regra.

Que vítimas das desumanizações como regra na história?

As ciências sociais, humanas, as artes em sua rica diversidade não apenas denunciam as desumanizações como regra na história, mas mostram os opressores e as vítimas. Às escolas públicas, à EJA, às universidades, chegam essas vítimas, chegam os herdeiros, testemunhas dessa história de desumanizações, jovens, crianças, adolescentes, vítimas inocentes de injustiças e da crueldade dos padrões de poder e das estruturas desumanizantes.

Voltando a Hannah Arendt nas suas denúncias dos totalitarismos nos lembra que os padrões do poder não só utilizam o medo, a repressão para atemorizar, exterminar os oprimidos, mas também como instrumento pedagógico para dominá-los e torná-los obedientes, submissos. Os processos de repressão, ameaças, desumanizações como cruéis "pedagogias" do poder para manter os oprimidos obedientes, ordeiros, submissos.

Como educadoras, educadores obrigados a entender que vítimas da desumanização e entender as cruéis pedagogias do poder no exercício de manter os oprimidos submissos, não resistentes. Manter os coletivos populares em estado persistente de opressões, desumanizantes tem operado na história como a cruel pedagogia de torná-los submissos, obedientes aos padrões de poder. As teorias pedagógicas, a história da educação obrigadas a entender essas "pedagogias" antiéticas, políticas de manter os coletivos populares nos limites mais básicos, nos limites da desumanização.

Há outra história da educação anticivilizatória, anti-humanizante, desumanizadora de que os educandos que chegam às escolas, à EJA são testemunhas. Como entendê-los vitimados por essa história e como garantir seu direito a saber-se nessa história de cruéis antipedagogias do Estado, do poder? Autores como Hannah Arendt, Primo Levi, Walter Benjamim, Paulo Freire, Fanon nos lembram que os padrões totalitários do poder têm sido instrumentos pedagógicos de dominação política, cultural, educacional. Manter em permanente estado de um injusto, inumano sobreviver tem sido a "pedagogia" antipedagógica, antiética, política mais persistente dos padrões de poder e das suas estruturas desumanizantes, opressoras.

As ciências sociais e políticas politizam o poder, não apenas reconhecendo as políticas e estruturas educativas do poder, mas sobretudo politizando o próprio exercício, as funções "educadoras" desumanizadoras do exercício do poder nas cruéis pedagogias do controle, das ameaças, dos medos, das repressões e extermínios; no manter os coletivos populares desde a infância em estado permanente de vidas ameaçadas (ARROYO, 2019). Reconhecer que os educandos chegam de cruéis processos desumanizantes das estruturas e dos padrões de poder será uma exigência política, ética, pedagógica. Vítimas das desumanizações que continuam regra na história.

Mas também reconhecer os educandos e seus coletivos resistentes. Que resistências, matrizes de humanização, a que desumanizações, matrizes de desumanização? Uma interrogação que os oprimidos vítimas de persistentes desumanizações repõem para a história social, política, cultural, ética, pedagógica: Que respostas políticas a essas interrogações? Fortalecer o direito das vítimas, educandos e educadores a entender que estruturas as desumanizam e fortalecer suas históricas re-existências coletivas as desumanizações. Re-existências dos decretados com deficiências de humanidade, afirmando sua outra humanidade?

A destruição das condições de produção da vida, matriz de desumanização

Volta a pergunta: Vidas re-existentes afirmando-se humanas, a que desumanizações re-existem como regra na história? A negação da vida humana como cruel matriz de desumanização se perpetua na cruel negação de condições sociais, políticas, materiais de sobrevivência de uma vida humana. Exigência obrigatória para as teorias da formação e do desenvolvimento humano: Em que condições de vida humana ou inumana sobrevivem? Vidas submetidas à destruição das condições de produção da vida humana? Que exigências éticas da educação e da docência?

Não há vida sem condições sociais de vida

Judith Butler (2015) nos lembra a pergunta: O que é uma vida? O "ser" da vida é ele mesmo constituído por meios seletivos... das operações de poder...

Devemos nos perguntar em que condições torna-se possível uma vida... como garantir as condições para a sobrevivência... (p. 14). Judith Butler insiste em que não há vida sem condições de vida que sustentam a vida, e essas condições são predominantemente sociais reproduzíveis e mantenedoras... A questão não é saber se determinado ser é vivo ou não, nem se ele tem o estatuto de pessoa; trata-se de saber se as condições sociais de sobrevivência são ou não possíveis. Não pode haver nenhuma persistência na vida sem pelo menos algumas condições que tornam uma vida vivível... (p. 38).

Das teorias do desenvolvimento e da formação humana se exige reconhecer que as condições materiais de produzir uma vida como humana ou inumana são determinantes das possibilidades e limites da formação humana. Vimos que exterminar vidas tem sido a mais cruel matriz de desumanização persistente na história radicalizada no manter vidas ameaçadas em condições inumanas de reprodução da vida humana. Os padrões de poder sabem que os processos mais eficazes de ameaçar vidas como não vivíveis são pela destruição das condições de produção de vida. Desde a colonização o decretar os Outros, indígenas, negros, quilombolas... com deficiências de humanidade foi a cruel matriz legitimadora de destruição das condições de produção de suas vidas humanas.

A desumanização inseparável da destruição das vidas e da destruição das condições de vida. Uma pergunta obrigatória para as teorias pedagógicas, para a educação e a docência: Que matrizes de condições da produção da vida dos outros, os padrões de poder têm destruído em nossa história? A que cruéis condições de desumanização são submetidos? Vidas sem condições sociais, materiais de produção como vidas humanas?

Não há vida sem as condições políticas de vida

Judith Butler (2015) nos lembra de uma interrogação nuclear política que as vidas ameaçadas se colocam: O que é uma vida para as operações seletivas do poder que produzem vidas não vivíveis? Judith Butler acrescenta: "Não há vida sem as condições de vida que sustentam a vida e essas condições são predominantemente sociais, reproduzíveis e mantenedoras [...]. A questão não é saber se determinado ser é vivo ou não, nem se detém estatuto de 'pessoa', trata-se de saber-se as condições sociais de sobrevivência são ou não possíveis [...]" (p. 38).

Quando as condições políticas de vida são precarizadas, as vidas são precarizadas, sobretudo quando os padrões de poder decretam as vidas dos Outros, da diferença não vivíveis, o poder decreta a negação das condições de vida. O decretar vidas precarizadas, não vivíveis como vidas são decisões políticas do poder que decide decretar condições precárias de vida, de trabalho, renda, moradia, alimentação, saúde, educação. O ser da vida é seletivo para o poder que seleciona as condições de vidas vivíveis e não vivíveis.

Vidas re-existentes à radicalidade política, econômica de negação das condições de vida que tornam suas vidas precarizadas, não vivíveis. Re-existentes lutando por condições sociais, econômicas, políticas que tornem vidas vivíveis. Vidas re-existentes por sobreviver como vidas vivíveis, resistências políticas aos padrões de poder que os negam condições sociais, econômicas, de um justo humano viver. Vidas re-existentes às precarizações de seu viver impostas pelos padrões de poder pelas estruturas econômicas, sociais, políticas.

Re-existências por vida, por condições de vida repolitizadas pelos movimentos sociais por condições de vida: terra, teto, trabalho, renda, alimentação, saúde. São movimentos por vida, por condições de vida, movimentos re-existentes por condições de vida que politizam a vida. Responsabilizam o Estado, os poderes por condições sociais de vida que tornem a vida possível, vivível como vida humana. Responsabilização política, ética radical que os oprimidos repõem re-existindo por condições sociais de vida. Uma exigência política, ética, pedagógica para a educação e a docência como fortalecer essas re-existências por condições materiais de vida humana?

Os oprimidos em suas ações coletivas re-existentes articulam as lutas por educação a lutas por condições materiais de vida, conscientes de que não há educação se não há vida, se não há condições materiais de vida. Todas as lutas dos movimentos sociais por educação do campo, indígena, quilombola, educação das águas, das florestas, das periferias urbanas... inseparável das lutas políticas por condições materiais de direitos à terra, território, trabalho, identidades de etnia/raça, gênero, classe. Não há vida justa, humana, sem condições políticas materiais de vida justa, humana. Por quais condições de vida lutam? A que desumanizações têm resistido em nossa história social, econômica, política?

Re-existem à expropriação da terra, territórios: cruel matriz de desumanização

O grito colonizador: "Terra à vista" sintetiza a apropriação colonial da terra pelo padrão de poder. Sintetiza a expropriação das terras, territórios dos povos originários como cruel matriz de sua desumanização. Expropriação na colonialidade e no padrão de poder hoje hegemônico que persistiu em expropriar os camponeses, indígenas, quilombolas, das águas, das florestas, de suas terras, territórios, modos de produção de seu viver humano. Destruição das condições materiais de produção da vida, dos seus saberes, valores, culturas, identidades humanas.

Concentração das terras como política de dominação exigiu e continuou exigindo a expropriação dos territórios indígenas, quilombolas, camponeses, segregados às terras mais pobres e inóspitas. A concentração das terras exigiu a expropriação dos territórios que os povos originários habitavam e até seu extermínio. Matrizes cruéis de desumanização repostas como política econômica de desumanização.

Alfredo Bosi no seu trabalho clássico *Dialética da colonização* (1992) destaca a dialética terra, território, cultivo, cultura como matriz histórica de produção da cultura, dos valores, saberes, tradições, identidades. Terra matriz histórica central de humanização. Consequentemente a expropriação da terra, do território cruel matriz de desumanização. Os movimentos sociais em lutas por terra, território, teto, reafirmam essa dialética cultivo, cultura, humanização e resistem à expropriação de suas terras, territórios, teto como cruel matriz de destruição de suas culturas, de sua humanização. Exigências de reconhecer o teto, a terra, território matrizes de humanização, de afirmação humana.

Re-existem à expropriação, escravização do trabalho: cruel matriz de desumanização

A expropriação da terra, território se tornou mais cruel com a expropriação, escravização do trabalho dos coletivos étnicos, raciais. Cruéis matrizes de desumanização que os padrões de poder perpetuam como política econômica, social, cultural, pedagógica. O padrão racista, sexista, classista de trabalho sintetiza a dimensão material das relações sociais e intersubjetivas e das possibilidades e limites da vivência de uma vida humana e dos processos de humanização, de formação humana, de educação.

O pensamento pedagógico tem destacado o trabalho como princípio educativo, como matriz de formação humana, o movimento operário, o movimento docente, educadores em lutas pelos direitos do trabalho, por relações humanas de trabalho, reafirmam o trabalho como direito à vida humana, movimentos de resistências denunciantes dos padrões de trabalho desumanizantes.

Os estudos decoloniais vêm mostrando que o padrão de poder colonial impôs um *novo padrão de trabalho*, de apropriação da renda do trabalho: expropriação – concentração da propriedade das terras e relações escravizantes de trabalho. Novo padrão de poder e de trabalho dos recursos e produtos como matriz de desumanização que as relações capitalistas de trabalho perpetuam.

As identidades de etnia, raça, gênero foram e continuam associadas aos padrões de apropriação da terra e da escravização do trabalho. Etnia, raça, gênero, matrizes de desumanização reforçando as relações escravistas de trabalho matriz de desumanização. O novo padrão colonial de trabalho reforçado no padrão capitalista de trabalho. A dialética trabalho escravo, servil, explorado *versus* trabalho intelectual legitimado na dialética inumanos, humanos.

Uma polarização matricial persistente de humanos em trabalhos nobres intelectuais, de direção e progresso e de trabalhos manuais, serviçais, precários, informais, exercidos por coletivos sociais, raciais, de gênero, classe decretados com deficiências de racionalidade, moralidade, humanidade. A dialética matricial dominante nos padrões de poder, de humanidade referente nas dialéticas de segregação, hierarquização dos padrões de trabalho. Padrões de humanização/desumanização e padrões de trabalho humano, princípio de formação humana e de trabalho desumanizante que se articulam, se reforçam. Padrões que reforçam tensões na história da educação, da formação humana e que exigem centralidade na produção teórica e no recontar a história tensa de nossa educação.

Exigem centralidade no entender os coletivos sociais, étnico-raciais, de gênero, classe, que vivenciam históricos processos de desumanização. Mas também, e sobretudo, exigem centralidade no entender suas vivências históricas de vidas re-existentes e a que desumanização re-existem afirmando-se humanos: re-existências históricas à destruição das condições de produção de uma vida justa, humana. Têm direito a conhecimentos dessa história tão persistente de destruição das condições materiais de produção da vida. Mas também têm direito a ser reconhecidos re-existentes em movimentos sociais por condições materiais de vida justa, humana: por terra, trabalho, teto, renda, alimentação, saúde, educação. Matrizes de uma vida justa humana.

Re-existentes por condições sociais/materiais de vida humana

A prioridade dada no narrar a história hegemônica como uma história do progresso civilizatório, do espírito, do conhecimento, da educação, da cultura, das artes... terminou ocultando o reconhecer, narrar e priorizar a história da produção material das condições de vida humana – terra, trabalho, moradia, saúde, vida como centrais na história e como matrizes centrais dos processos de desumanização/humanização. Os coletivos sociais lutam por condições materiais de vida humana. A destruição das condições sociais de vida, matriz desumanizadora. As lutas por condições materiais, sociais de vida matriz de humanização. Que resistências coletivas?

Vidas re-existentes por condições materiais humanizantes

Os oprimidos em suas ações coletivas re-existentes lutam por condições materiais de vida, de um justo viver. Re-existem a ser submetidos pelas estruturas e padrões de poder a condições desumanizantes de viver, sobreviver e re--existem a essas condições materiais desumanizantes. Re-existem por condições sociais, materiais, de vida humana. Expõem uma história material tão determinante dos processos de desumanização, re-existência, humanização. Expõem que as condições materiais de vida são matrizes de humanização, se negadas são matrizes de desumanização.

Os oprimidos ao expor e re-existir às opressões que se materializam na pobreza, na fome, no sem terra, sem teto, sem trabalho, sem vida justa humana, mostram, denunciam, re-existem a essa narrativa única civilizatória educativa e expõem a outra história ocultada da materialização da barbárie, da destruição, precarização das condições materiais de produção da vida, do desenvolvimento humano. Essa história material tem tido centralidade no narrar a história das desumanizações e das resistências humanizadoras?

Os oprimidos re-existindo a essa materialidade opressora desumanizante revelam, expõem essa outra história de ser vitimados por estruturas materiais opressoras. Expõem serem sujeitos vitimados por essa história material ocultada, desumanizante, que desconstrói as narrativas de uma história de evolução progressiva do espírito, do progresso civilizatório, do otimismo do espírito cultivado, educado. Expõem a outra história ocultada material de desumanizações que os vitimam como regra na história.

Das vidas re-existentes a essas condições materiais desumanizantes vêm pressões para as teorias do desenvolvimento humano, da educação, da formação humana: reconhecerem essas estruturas materiais opressoras como matrizes de desumanização e reconhecerem as re-existências como matrizes de humanização? Dar centralidade a entender, reconstruir, narrar essa história persistente de padrões de poder, de submeter a condições materiais inumanas de produção da vida humana. História que os oprimidos denunciam porque a vivenciam e a ela re-existem.

Não vivenciam a história de progresso material nem de evolução do espírito humano que os padrões de poder narram como a história única civilizatória, humanizante. Não vivenciam nas estruturas sociais, econômicas, políticas uma história de progresso material, nem civilizatório, nem de progresso moral e cultural, mas vivenciam como oprimidos a materialização da barbárie, das desumanizações, da pobreza, do desemprego, trabalho opressor, fome, sem terra, sem teto, sem saúde, sem vida justa humana. Sabendo-se oprimidos vivenciam e resistem ao que Walter Benjamim lembrava: "jamais se tem dado um documento cultural que não tenha sido ao mesmo tempo de barbárie". Barbáries opressoras materiais que vivenciam como radicais, matrizes desumanizadoras e a que re-existem, que denunciam como regra na história material e até na história civilizatória, cultural educativa.

Movimentos sociais por condições sociais, materiais de um justo humano viver

As re-existências dos oprimidos em ações coletivas, em lutas por condições materiais de vida justa, humana mostram às teorias pedagógicas as teorias do desenvolvimento e da formação humana que essa negação das condições materiais de vida humana tem sido regra na história e exigem ser centrais no narrar, desocultar a história da educação, da formação/desumanização/humanização. Sobretudo reconhecer que a negação das condições sociais materiais de vida humana vem produzindo uma persistente história das desumanizações que os vitimam. Reconhecer ainda que sua longa história de re-existências a essas barbáries desumanizantes exige ser reconhecida como outra história da formação humana. Outra história da educação, outra matriz material de formação, humanização.

Os oprimidos ao desocultar na história da educação essa outra história menos épica da educação, que a história oficial, hegemônica tanto cultua questionam o cultivar desde a infância apenas o cultivo do espírito, do atrever-se a pensar, o cultivo do saber e da cultura letrada, questionam que apenas o conhecimento nos fará livres para a formação e o desenvolvimento humano pleno. Uma história épica, salvadora. Tão cultuada que tem ocultado a outra história cruel de desumanizações sociais, materiais, opressoras. Os oprimidos carregam memórias de condições materiais de sobreviver, vivências e consciência de cruéis inumanas opressões que contestam tão repetidas e cultuadas visões épicas salvadoras da educação civilizatória.

As teorias pedagógicas e a história da educação têm dado centralidade aos fenômenos socioculturais, à história das artes, do pensamento, da cultura letrada, do atrever-se a pensar certo, verdadeiro para atrever-se a agir com retidão moral... Matrizes priorizadas, únicas orientadoras das políticas educativas e das teorias da formação, educação e dos parâmetros de avaliação. Educar nos domínios, competências dessas matrizes socioculturais sobretudo os Outros, a diferença decretada em estado de natureza, não de cultura, não de racionalidade, não de moralidade. Não de humanidade.

As teorias pedagógicas não deram importância ou deram uma importância secundária aos fenômenos materiais, às condições materiais de um inumano viver, sobreviver a que os padrões, estruturas sociais, econômicas, políticas, submetem os oprimidos. As diretrizes curriculares do que aprender, de que processos de educação priorizar têm dado centralidade única ao domínio das competências socioculturais, cognitivas, racionalizantes/moralizantes ignorando a materialidade das condições do viver, sobreviver inumano a que os padrões de poder submetem milhões de seres humanos até de infâncias, adolescentes, jovens, adultos a serem educados humanizados.

As diretrizes e políticas educativas, os tempos de formação inicial e continuada dos docentes, educadoras, educadores desses milhões de humanos reconhecem essas matrizes sociais, materiais desumanizantes do sobreviver a que são condenados? Reconhecem a negação das condições materiais do viver como matriz radical de desumanização? Reconhecem a centralidade que os movimentos sociais dão as lutas por condições materiais de um justo humano viver?

Deficiências de humanidade provocam deficiências de condições materiais de vida humana?

Os humanismos pedagógicos não têm ignorado as condições sociais materiais do viver, sobreviver dos coletivos humanos, sobretudo dos coletivos diferentes. Foram e continuam decretados deficientes em racionalidade, moralidade, humanidade responsabilizados pelas condições materiais precárias, inumanas de seu viver, sobreviver. As deficiências de cultura, saberes, valores, do padrão do Nós civilizado, culto, racional, ético têm servido de padrão do Nós para decretar os Outros a diferença responsáveis de seu precário sobreviver porque incivilizados, bárbaros, primitivos, incultos. In-humanos.

O humanismo pedagógico colonial, imperial e republicano decretam os outros culpados das condições materiais inumanas de sobreviver porque selvagens, bárbaros, primitivos, incultos, sem valores de trabalho, de ordem, de progresso. Com deficiências originárias de humanidade, em estado de natureza, logo responsabilizados das condições sociais materiais desumanas de seu viver, sobreviver. À educação colonial e republicano-democrática é encomendada a função política de suprir as deficiências de racionalidade, moralidade, cultura, humanidade pelo acesso à cultura, à civilização, à racionalidade, moralidade do Nós-humanos para superar as condições materiais de seu inumano viver, sobreviver.

O padrão de civilização, de cultura, de racionalidade, moralidade, humanidade é o Nós civilizados, racionais, com valores de ordem, de progresso, de trabalho, de empreendedorismo. As condições materiais, de um viver, sobreviver precário são atribuídas a deficiências desses atributos de racionalidade, moralidade, humanidade, civilidade de que os Outros a diferença carecem. Um padrão hegemônico de legitimar, de responsabilizar as vítimas pela negação de condições sociais materiais de vida humana: ser decretados com deficiências de humanidade. Um padrão que legitima o Nós nas condições materiais de um viver humano, porque o Nós se afirmam possuidores dos padrões de civilidade, racionalidade, moralidade, trabalho, progresso, humanidade.

A dialética humanos/inumanos possuidores ou carentes do padrão de humanidade legitimadora do Nós possuidores de bens, de condições do bem-viver e os Outros, a diferença, condenados a condições materiais, precárias de sobreviver, malviver, expropriados de suas terras, cultivos, culturas porque improdutivos, sem valores de trabalho. Às políticas educativas é encomendado corrigir, minorar as deficiências de racionalidade, moralidade, cultura, superar a condição de incivilidade, incultura, barbárie dos Outros e as condições materiais de seu inumano sobreviver serão superadas.

Uma dialética que tem legitimado a centralidade dada à civilização, moralização, racionalização, humanização pela educação na promessa/certeza de que corrigiremos as radicais, históricas desigualdades de condições sociais, materiais de sobreviver dos Outros. Promessas de políticas pela educação, pelo cultivo do espírito, da mente, superar as radicais desigualdades de condições materiais de viver, sobreviver pela correção das deficiências de humanidade que a diferença carrega como deficiência de origem.

A história de nossa educação desde a colonização se legitimou no decretar os Outros, a diferença sem condições sociais, materiais, porque sem moralidade, humanidade sem atrever-se a pensar, sem domínio das letras. Sem educação escolar. Decretados culpados dessas deficiências humanas, logo culpados de um sobreviver em condições materiais sub-humanas. A essas desumanizações re-existem: vidas re-existentes por condições sociais, materiais de um justo, humano viver. Vidas re-existentes aos padrões in-humanos, políticos, injustos do poder. Resistências por condições sociais, de vida, repolitizadas, matriz de humanização. Com que saberes, valores, pedagogias, reconhecer, fortalecer seus coletivos tão re-existentes por condições materiais de vida humana? Exigências de políticas públicas que articulem as lutas por educação e as lutas por condições sociais, materiais de vida humana.

Capítulo 3

Vidas re-existentes às desumanizações, afirmando-se humanos

As vidas re-existentes politizam suas resistências a uma persistente história de desumanizações que não passou. Um mal político radical na história, Paulo Freire nos lembrava que a desumanização é uma realidade histórica. Autores como Arendt, Walter Benjamim, Primo Levi, destacam que os tratos inumanos dos seres humanos pelos padrões de poder têm sido um mal radical na história. A diversidade de humanismos pedagógicos tem optado por se propor humanizar, educar, formação humana. Tem destacado as desumanizações como um mal radical na história? Como um acidente passageiro? Às teorias da formação humana à pedagogia e à docência chega uma interrogação: Como tem sido pensadas as desumanizações como realidade histórica? Que coletivos sociais as produzem? Culpar as vítimas por suas imoralidades, por sua propensão ao mal? Reconhecer as persistentes resistências às desumanizações como matriz histórica de humanização?

Re-existências denunciantes das desumanizações como produção histórica, política dos padrões de poder

Vidas re-existentes politizando que poderes produzem as opressões. Politizando as resistências afirmativas de humanos. Os oprimidos denunciam que as desumanizações que os vitimam têm sido uma realidade persistente na história. Uma realidade que os poderes tentam ocultar. O mal não visto como produção política dos padrões de poder, mas uma produção individual de alguns coletivos propensos ao mal, porque irracionais. A tradição filosófica e pedagógica se atreveu a pensar a origem política das desumanizações como o mal radical na história? Tem sido mais fácil a explicação de que são as vítimas das desumanizações radicais que produzem o mal por sua tendência ao mal. Por sua deficiência de valores, deficiência de humanidade, racionalidade, moralidade. Uma tendência natural dos coletivos incivilizados, selvagens, corrompidos.

As desumanizações, até denunciadas como opressões, sofrimentos como um mal humano, reconhecidas como uma produção histórica, mas quem as produz? Não os padrões de poder, mas os coletivos inumanos que têm etnia, raça, classe, culpados dos males que sofrem de que são seus produtores. Uma culpabilização antiética política das vítimas para inocentar os padrões de poder como os reais produtores dos males sociais, das desumanizações.

Os coletivos vitimados resistem denunciantes dos males que sofrem e denunciantes dos padrões de poder, das estruturas econômicas, sociais, políticas. Deslocam ser culpabilizados pelos males que sofrem e culpam as estruturas políticas que os produzem. Culpam o Estado, a justiça justiceira que os criminaliza nos pacotes anticrime, que os exterminam nas intervenções das Unidades Policiais Pacificadoras.

Os coletivos vitimados resistem a um sistema legal que os criminaliza, os recluem no sistema prisional, os decreta desde a adolescência em conflito com a lei. Resistências políticas e até denunciantes das injustiças da ordem e da própria justiça que extrapola os limites da lei, do sistema penal, de justiça. Resistências dos oprimidos que exigem recontar a história das desumanizações, repolitizar os opressores, não culpar os coletivos oprimidos, denunciar os reais produtores das desumanizações da história.

Reconhecer com Paulo Freire que a desumanização é uma realidade histórica nos obriga a aprender com ele e com tantos educadores e analistas políticos que essa produção histórica persistente de tantas desumanizações tem sujeitos, tem padrões de poder a ser responsabilizados, não ocultados. Diante dessas desumanizações tão radicais, as vítimas respondem com análises políticas resistentes denunciantes. Que exigências, que respostas políticas, éticas pedagógicas da educação e da docência? Reconhecer nos currículos que as desumanizações têm sido regra na história. As vítimas que chegam à educação e seus educadores também negados em seus direitos têm direito a entender-se vítimas de padrões políticos que os vitimam.

Resistências humanizantes: as radicalidades políticas das desumanizações

As vítimas têm direito a saber-se sujeitos de históricas resistências políticas, as desumanizações. Que pedagogias radicais de humanização afirmam as vítimas capazes de se contrapor às radicais desumanizações? Impasses para o pensamento pedagógico, para os profissionais de educandos vítimas de radicais desumanizações. Reconhecer que somente as humanizações que os oprimidos afirmam em suas resistências carregam a força pedagógica radical a ser reconhecida e fortalecida. A radicalidade humanizadora de suas resistências vem da coragem humana de se contrapor às desumanizações políticas, antiéticas dos padrões de poder. Contrapor-se a processos históricos estruturantes das relações inumanas de etnia, raça, gênero, classe é político, é pedagógico, é ético. É matriz de humanização.

Resistir a estruturas e padrões históricos de poder que os têm desumanizado como regra na história confere a essas resistências coletivas radicalidades únicas da humanização. Com Paulo Freire, Fanon, Walter Benjamim somos obrigados a reconhecer a radicalidade humanizadora das resistências como pedagogias dos coletivos resistentes. A desumanização mais radical de nossa história tem sido persistir em decretar esses coletivos com deficiência de humanidade, logo a resistência mais radical em nossa história tem sido a persistente re-existência afirmando-se humanos.

A declaração dos outros com deficiência originária de humanidade está na origem inaugural da desumanização mais radical como realidade histórica. Também estão na origem inaugural de nossa história política ética, pedagógica humanizadora as re-existências afirmativas dos povos indígenas, negros, quilombolas trabalhadores como humanos, sujeitos de culturas, saberes, valores, tradições, identidades coletivas humanas. Resistiram em nossa história a essa desumanização de origem com que foram decretados.

Resistências que perduram porque continuam decretadas com deficiência originária de humanidade. Uma radical desumanização a que resistem expondo sua radical afirmação de humanidade lutando por condições materiais, sociais, culturais de uma vida justa humana.

Uma história política de re-existências coletivas afirmantes de humanidades coletivas

Vidas re-existentes de coletivos históricos persistentes em resistir desde as origens de nossa história social e política. A radicalidade das desumanizações de origem acresce em radicalidade se lembramos que os decretados com deficiência originária de humanidade foram enquanto coletivos étnicos, raciais, sociais, culturais, coletivos humanos decretados com deficiência originária de humanidade na condição de suas identidades, culturas, valores coletivos. Segregações desumanizantes como coletivos que persistem.

São os herdeiros membros desses coletivos segregados como humanos que chegam às escolas, à EJA sabendo-se, vivenciando-se segregados como membros de coletivos segregados. Quando as desumanizações do poder são de coletivos de humanos porque diferentes em etnia, raça, gênero, classe adquirem radicalidades políticas extremas. *Desumanizações coletivas.* As re-existências dos coletivos afirmativos da condição de humanos como diferentes adquirem também radicalidades políticas, éticas, humanas extremas. Os padrões de poder reprimem essas resistências com violências extremas por serem resistências coletivas. As desumanizações como realidade histórica têm sido seletivas não contra indivíduos, mas contra os decretados com deficiências de humanidade como coletivos. Desses coletivos, vivenciando-se decretados segregados como inumanos, veem radicais interrogações para os humanismos pedagógicos.

Seletivas desumanizações de coletivos porque decretadas raças, etnias inferiores, deficientes em humanidade, em racionalidade, valores, culturas. *Coletivas re-existências* em que se revelam vítimas denunciantes de terem consciências de que as desumanizações na história, na nossa história carregam crueldades extremas. Não foram nem continuam sendo desumanizações superficiais, nem individuais, mas coletivas. Revelando um mal, barbárie de coletivos opressores sobre coletivos oprimidos. Se há na história coletivos oprimidos é porque há coletivos opressores.

Resistências históricas aos padrões racistas, sexistas, afirmantes de identidades humanas coletivas

Continuemos com a pergunta obrigatória como tema gerador de formação: Que padrões de poder, que estruturas produzem as desumanizações na história? Em suas resistências às desumanizações os coletivos denunciam os padrões, estruturas de poder como racistas, sexistas, etnicistas, classistas. A essa radicalidade racista, etnicista, sexista, classista resistem os coletivos reafirmando suas humanidades, saberes, valores, culturas, identidades coletivas. Ao afirmarem o caráter racista, etnicista, sexista, classista das desumanizações que sofrem estão expondo os opressores como outros coletivos de classe, raça, gênero no poder desumanizante.

As vítimas resistentes às opressões expõem que as estruturas, padrões de poder que produzem as desumanizações na história, têm como opressores sujeitos, coletivos racistas, etnicistas, sexistas, classistas. Suas resistências de coletivos que se sabem oprimidos como coletivos, porque diferentes em etnia, raça, gênero, classe expõem que a produção histórica das desumanizações é de coletivos que se afirmam como o protótipo único de humano porque diferentes em gênero, raça, classe.

As resistências às desumanizações carregam, expõem essas radicalidades políticas, éticas, pedagógicas de revelar, desocultar que as desumanizações na história, em nossa história, foram e continuam sendo classistas, etnicistas, racistas, sexistas. Foram e continuam sendo desumanizações somatórias interseccionais, que ao reforçar-se conferem uma radicalidade política desumanizante extrema.

A coragem de resistir, denunciar essas desumanizações confere também às resistências humanizadoras uma radicalidade humanizante somatória, interseccional, por serem resistências de coletivos de etnia, raça, gênero, classe que se reforçam conferindo uma radicalidade política humanizante extrema às resistências. Desde a infância os educandos aprendem essa radicalidade somatória das desumanizações que sofrem como coletivos, mas também desde crianças, adolescentes aprendem a radicalidade humanizadora somatória intersetorial das resistências de seus coletivos. Chegam à EJA, às escolas vivenciando essas radicalidades interseccionais, somatórias, reforçadas de desumanizações e de resistências humanizantes.

Que exigências, respostas políticas, éticas, pedagógicas da educação e da docência e das teorias pedagógicas e dos tempos de formação inicial e continuada? Entender que a história de desumanizações e de resistências humanizadoras deixa exposto: que o mal, a barbárie, as opressões desumanizantes na nossa história têm sido mais radicais, mais desumanizantes do que a história oficial e do que até a história da educação tem reconhecido. Reconhecer essa outra história que desoculta que os culturicídios, os extermínios de coletivos, a destruição de suas culturas, crenças, saberes, valores, identidades porque coletivos étnicos, raciais, diferentes têm sido males – barbáries muito mais radicais do que a história oficial, até da educação tem reconhecido.

Os educandos de crianças/adultos que lutam por escola têm direito a saber, entender e entender-se vitimados como coletivos por essas barbáries muito mais desumanizantes do que a história tem contado. Os conhecimentos da BNCC revelam essas verdades? As ocultam? Não têm faltado tentativas de coletivos docentes/educadores de revelar essas verdades fortalecendo as resistências humanizadas dos coletivos sociais, étnicos, raciais, de gênero, classe. Fortalecendo as próprias identidades docentes/educadoras resistentes.

Outra história de resistências políticas, éticas, pedagógicas que exigem ser reconhecida, narrada, politizada. Uma história política que tem sujeitos atores coletivos, os oprimidos e os docentes educadores em seus movimentos políticos, sociais, éticos-raciais, de gênero, classe resistindo às desumanizações como um mal político radical na história. Afirmando outras humanidades.

Re-existentes afirmando outra humanização

Paulo Freire destaca a dialética de vivenciar e reconhecer a desumanização como realidade histórica e a partir dessa dolorosa constatação os oprimidos se perguntam sobre a outra viabilidade – a de sua humanização. A luta pela humanização somente é possível porque a desumanização mesmo como fato concreto na história não é, porém, destino dado, mas resultado de uma "ordem" injusta que gera a violência dos opressores e insta o ser menos (p. 30). As desumanizações vividas pelos oprimidos, impostas pelos opressores, têm sido uma cruel realidade histórica que tem autores: os opressores. As re-existências por humanização também têm sido uma constante histórica que tem sujeitos: os oprimidos.

Por que humanização os oprimidos resistem, lutam?

A dialética desumanização/humanização para Paulo Freire parte da vivência dos oprimidos da dolorosa constatação de serem vítimas de históricas desumanizações, o que os leva a ter consciência e se perguntar, lutar pela outra habilidade – a de sua humanização. Mas por que humanização lutam como viabilidade? Uma interpelação radical para a história da pedagogia e da docência. Os oprimidos não lutam pelo padrão de humano dos opressores. Para Paulo Freire os opressores não são a síntese do humano. Não será por essa viabilidade de humano que o padrão de humano único, hegemônico com que opressores se afirmam a síntese, mas por outro padrão de humano. Por afirmar sua outra humanidade.

A dialética desumanização/humanização sintetiza um padrão de humano antiético, anti-humano. Não será por esse padrão hegemônico de humano do Nós que os oprimidos lutam em suas resistências à desumanização, re-existindo em ações afirmativas de humanos, afirmam outra matriz de humanização. Essa é a radicalidade política, ética que Paulo Freire descobre em *Pedagogia do Oprimido*.

As ações afirmativas dos oprimidos resistindo às desumanizações históricas que os vitimam e re-existindo afirmantes de serem humanos tensionam o paradigma de humano único, hegemônico da diversidade dos humanos mesmos pedagógicos. Denunciam, desconstroem não apenas o mito ôntico da sua deficiência de humanidade que os segregou e segrega porque diferentes, mas denunciam e desconstroem o mito do padrão de humano hegemônico do Nós humanos que os segregou como o Outro – não humano.

Desconstroem o mito do padrão político do Nós único, de humano que serviu e serve de padrão de humano para decretá-los com deficiência de humanidade. Suas re-existências afirmativas de serem humanos não são por que esse padrão de humano hegemônico os reconheça também humanos, nem que pela educação sejam incluídos nesse padrão hegemônico de humano. Suas re-existências afirmativas são de outro padrão de humano. São resistências de disputas de padrões de humano.

As re-existências políticas emancipadoras dos oprimidos, destruidoras do padrão hegemônico de humano. Não resistências pedindo os opressores a serem incluídos no padrão único de humano hegemônico, nas resistências a razão hegemônica de humanidade, de racionalidade, de moralidade. A diferença afirmativa de outro paradigma de humanidade. A diferença afirmativa de outras possibilidades de ser humanos. Resistências criadoras, afirmantes de que outro padrão de humanidade não só é possível, mas tem sido realidade na história. Afirmantes de outra história da educação, da humanização. Afirmantes de outras pedagogias de humano, de humanização.

Vidas re-existentes ao padrão de poder que os decreta com deficiências de humanidade

Os estudos decoloniais vêm criticando o padrão de poder, de saber, de ser que decretam e persistem em decretar os indígenas, os trabalhadores negros com deficiências de humanidade, não sendo humanos. Paulo Freire destaca que o padrão de opressão decreta os Outros como "não sendo" "proibidos de ser" reconhecidos e de se reconhecer como sendo humanos. As vítimas têm consciência dessa radical desumanização e re-existem na história. As re-existências dos Outros, da diferença decretada com deficiência de racionalidade, de moralidade, de cultura, de consciência, de humanidade, têm sido re-existências históricas persistentes às desumanizações que vivenciam, de que têm consciência. Têm sido re-existências afirmativas de outra racionalidade, outra moralidade, outra consciência, outras identidades culturais. Outras pedagogias.

Re-existências afirmativas de outro padrão de humanidade, de outra dialética afirmativa de sua capacidade nas vivências da opressão ser capazes de pensar, de atrever-se a pensar, de ser capazes de ser sujeitos de valores, de moralidade, de ser capazes de ser sujeitos de identidades culturais, outra dialética afirmativa de sua condição humana, de não estarem em estado de natureza. Re-existências ao mito ôntico que os decreta em estado de natureza, não de cultura; logo, incapazes de auto-humanização.

As vítimas dessa dialética-desumanização: impossibilidade de auto-humanização tão persistente no padrão hegemônico de poder, de saber, de decretar os outros não sendo humanos, re-existiram na história afirmando-se humanos. No olhar de Paulo Freire em *Pedagogia do Oprimido*: "o problema de sua humanização foi sempre um problema central. Constatar essa preocupação implica indiscutivelmente reconhecer a desumanização não apenas como uma viabilidade ontológica, mas como uma realidade histórica". Para Paulo Freire implica ir além: a partir dessa dolorosa constatação da desumanização como realidade histórica, os oprimidos se perguntam sobre a outra viabilidade, a de sua humanização (p. 30).

As vítimas das desumanizações, sujeitos de autoconsciência re-existente

O padrão político hegemônico de humano único do Nós conscientes decreta os outros a diferença sem consciência das opressões que sofrem e se propõem conscientizar as vítimas. Paulo Freire reconhece a desumanização como realidade histórica da qual os oprimidos têm consciência: os homens, os oprimidos desaliados pela dramaticidade de suas vivências de opressão, se propõem a si mesmos como problema, se inquietam e querem saber mais, o saber mais de si, razão de sua procura de descoberta de si no mundo. Como oprimidos, as vítimas das opressões se fazem problema de si mesmas. São sujeitos da autoconsciência de se autossaber, sujeitos de re-existências afirmativas de humanidade. Re-existências afirmativas de outra dialética: desumanização/resistências/humanização.

Para a dialética dos padrões de poder, de saber, de ser as vivências da desumanização são vivências de deficiências originárias da humanidade dos próprios oprimidos. São uma condição ôntica de não ser em estado de humanidade, de persistir sendo em estado de natureza, logo de incapacidade originária até de saber-se de ter consciência de sua inumanidade. Incapazes de propor a si mesmos como problema, incapazes de autoconsciência, de se autoatrever a pensar, incapazes de automoralidade e de formação, de autocultivo, cultura. Uma dialética abissal, sacrificial que transpassa os diversos humanismos. Dialética a que os oprimidos vêm resistindo.

Os oprimidos sujeitos de outras pedagogias – Pedagogia do Oprimido – afirmando-se Sujeitos de processos de humanização, educação, de saberes, racionalidades, moralidades, culturas, consciências outras, desconstroem o padrão de poder antiético hegemônico dialético de dominação, desumanização; reafirmam sua contradialética de oprimidos silenciada, ignorada no padrão hegemônico que se autoproclama único de decretar os Outros, a diferença com deficiência absoluta, originária de humanidade, racionalidade, moralidade. As vítimas afirmam-se sujeitos de autoconsciência re-existente, matriz de outra humanização.

Vidas re-existentes afirmativas de autoemancipação

O padrão hegemônico de humano único decreta a diferença em estado de natureza, não de cultura, não de humanidade, logo incapazes de autoemancipação. Os movimentos de rebelião dos oprimidos revelam que lutam, resistem, se contrapõem a essa dialética fechada que decreta a diferença em estado permanente de inumanidade, de deficiências, irracionalidades, imoralidades, inculturas, inconsciências, incapacidades de se libertar, de se emancipar à espera de quem de fora os liberte, conscientize, emancipe, humanize.

Paulo Freire (1987), reconhece nos movimentos sociais de seu tempo "movimentos de rebelião", sobretudo de jovens que revelam peculiaridades da preocupação do homem e dos homens como seres no mundo e com o mundo em torno do que e do como estão sendo... buscando a afirmação como sujeitos de decisão... (p. 29).

Movimentos de rebelião que expõem sua consciência do que e do como estão sendo no mundo nos movimentos agrários, contra as formas escravizantes do trabalho camponês, oprimidos – "caras para matar" por resistir porque re-existindo às desumanizações como realidade histórica, persistente na nossa história de escravidão, de trabalhos desumanizantes.

A constatação da desumanização como realidade histórica, persistente em nossa história é uma constante nas vivências e na consciência dos oprimidos. Mas a dialética que Paulo Freire descobre nas lutas dos oprimidos – resistências/desumanização/opressão/humanização – se distancia da dialética do padrão hegemônico colonial e republicano de poder, de saber, de ter, que enclausura os Outros, a diferença como incapazes de reagir, de resistir, de ter consciência de ser oprimidos e lutar por sua libertação.

As vítimas das opressões desconstroem essa dialética hegemônica que enclausura os Outros em um permanente estado de inconsciência passiva à espera de serem conscientizados por intelectuais, educadores conscientes. Paulo Freire aprende com as vítimas que em suas resistências históricas desconstroem essa dialética hegemônica que as enclausura em uma condição de alienadas, inconscientes, incapazes de re-existir à desumanização como regra na história.

Paulo Freire reconhece os oprimidos sujeitos de outra dialética: desumanização/conscientização/resistências/humanização. Vidas oprimidas re-existentes pela viabilidade de outra humanização. Com que ética, com que pedagogias fortalecer as vidas re-existentes de educandos, educandas, de educadoras, educadores re-existentes pela viabilidade de outra história de humanização? Que saberes, valores, aprendem nesses processos, pedagogias de re-existências? Que outra humanidade afirmam?

Re-existentes afirmantes de outra história de formação humana

Paulo Freire aprende com os oprimidos re-existentes afirmando-se humanos que a história da pedagogia, da educação tem sido tensa, que houve sempre e há outra história de outras pedagogias, outros processos/percursos de humanização, de formação humana. Uma outra história da educação que tem outros sujeitos, de outros processos de humanização, educação. Sujeitos outros de outras pedagogias: Pedagogia *do* Oprimido. Pedagogia *da* Libertação. Pedagogia *da* Indignação. Paulo Freire nos instiga a nos deixar interrogar, desestruturar pelos oprimidos, por suas pedagogias resistentes, afirmando-se humanos em outra história de outro paradigma de humano.

Outra história de outras pedagogias de outros sujeitos?

Que outra história, de outras pedagogias, de outros paradigmas, concepções de educação e de formação humana? Quem são esses sujeitos de outras pedagogias, de outros processos/percursos de humanização, de formação humana? Que outra humanidade repõem na história? São os oprimidos aqueles com quem aprende a existência de outra história de humanização. Os oprimidos aos que dedica seu livro *Pedagogia do Oprimido*: "aos esfarrapados do mundo e os que neles se descobrem e, assim descobrindo-se, com eles sofrem, mas, sobretudo, com eles lutam". Os sujeitos dessas outras pedagogias são os oprimidos, os que sofrem, mas sobretudo os que lutam, resistem e lutando re-existem afirmando-se humanos, sujeitos de humanização. Mas também para Paulo Freire são sujeitos de outras pedagogias, tantas educadoras e tantos educadores que com eles se identificam, com os oprimidos sofrem e, sobretudo, com eles lutam. Sujeitos de outra história.

Pedagogias dos oprimidos resistentes: "reações de proletários, camponeses ou urbanos", radicais de uma radicalidade criadora, libertadora. Pedagogias radicais dos que não podem ficar passivos diante da violência do dominador. Pedagogias dos oprimidos lutando e aprendendo, uns com os outros, a edificar outro futuro, que ainda não está dado. A Pedagogia do Oprimido implica uma tarefa radical de vidas re-existentes. Outros sujeitos de outra história de humanização reafirmando sua outra humanidade na história.

Os oprimidos se afirmam sujeitos de outras pedagogias, de outra história pedagógica, educadora, humanizadora. Uma história que contesta a história única social, política, cultural, pedagógica feita e narrada pelos opressores como uma história civilizatória, de progresso científico, humano, de progresso tecnológico e de progresso da humanidade toda. Os oprimidos na pobreza, no desemprego, subemprego em persistentes processos, estruturas, padrões de opressão desmentem essa narrativa de história de progresso de toda humanidade.

As barbáries que os vitimam desconstroem a visão da história narrada, cultuada como história civilizatória, cultural, humanizadora. Os oprimidos desconstroem essa concepção hegemônica, única, de história social, política, cultural, pedagógica. Não só a denunciam e desconstroem, mas ousam em suas re-existências afirmar outra história pedagógica-humanizadora. De outros sujeitos humanos, os oprimidos.

Outra história da educação, da afirmação/formação humana?

Os oprimidos se afirmam sujeitos de outra história da educação, da afirmação/formação humana revertendo a narrativa única, hegemônica da história da educação, da formação humana cultuada como a história única do progresso do espírito, da cultura, das ideias, das artes, das ciências, do conhecimento. Educação, pedagogia como as artes de incluir os coletivos decretados à margem dessa história, de produção espiritual, científica, cultural. Uma história da educação, de políticas e de pedagogias para os coletivos à margem, decretados na incultura, irracionalidade, imoralidade, inumanidade. Uma visão única, hegemônica de história do Nós sujeitos cultos, racionais, morais, humanos, produtores dessa visão civilizatória da história.

A história da educação atrelada a essa versão única, hegemônica de história, abissal, sacrificial do Nós nos poderes, que tem decretado os Outros, a diferença, à margem dessa história de evolução do espírito, do conhecimento, da cultura, dos valores. A margem da humanidade. A diferença à margem dessa história cultural, civilizatória de formação humana, porque decretada com deficiências de humanidade, em estado de natureza não de cultura, logo incapazes de participar na produção intelectual, moral, cultural, humana. Incapazes de participar, de ser sujeitos da própria educação/humanização.

A própria história única hegemônica de educação reproduz a história única hegemônica, abissal de história civilizatória. Uma história que se legitima em continuar decretando a diferença com deficiência de civilidade, de racionalidade, moralidade, humanidade. Sobretudo se legitima nas políticas educativas benevolentes que prometem incluir na história civilizatória, cultural, os Outros, a diferença que os padrões hegemônicos decretam com deficiências.

Paulo Freire reconhece os oprimidos sujeitos de outras pedagogias, sujeitos de outra história de afirmação, formação humana. Sujeitos de outra humanidade.

Das vítimas re-existentes a ser decretados com deficiências de humanidade, logo incapazes de serem sujeitos de pedagogias de humanização, vêm a afirmação de serem sujeitos de outra educação, de outras pedagogias ao afirmar-se vidas re-existentes afirmando-se humanos. Afirmam suas re-existências como matrizes de outra humanização. Os oprimidos instam as teorias pedagógicas a reconhecê-los sujeitos de outros processos pedagógicos de humanização. Instam as teorias de desenvolvimento humano a reconhecer e tentar entender essa outra história de humanização de que os Outros, a diferença decretada com deficiência de humanidade, é sujeito.

Uma interrogação nuclear para a pedagogia: os oprimidos em vidas re-existentes afirmando-se humanos que paradigma de humano afirmam? Que outra história de humanização, educação afirmam? Exigências teóricas, éticas, políticas para a história das teorias de desenvolvimento, de formação humana. Para o paradigma de humano, único, hegemônico de história e de humano?

Vidas re-existentes afirmando outro paradigma de humano

Vimos que os diversos humanismos pedagógicos se legitimam em um paradigma único, dual, abissal, sacrificial de Nós humanos e os Outros, a diferença in-humanos. Os oprimidos re-existentes a essa história abissal, sacrificial, civilizatória e educativa afirmam outra história de humanização, de formação humana de outro paradigma de humano. Os oprimidos re-existindo, afirmando-se humanos, pressionam as teorias pedagógicas, de desenvolvimento, de formação humana a reconhecer essa outra história, esses outros processos, outras matrizes, outras pedagogias de humanização, reconhecer outro paradigma de humano.

Em suas vidas re-existentes afirmando sua outra humanidade se contrapõem aos diversos humanismos pedagógicos que se legitimam em um paradigma abissal de humano único, do *Nós* que decreta a diferença como o outro do humanismo. Paulo Freire descobre nos oprimidos outro paradigma de humano. Pedagogias *dos* oprimidos, questionando, alargando a história única de pedagogias *para* os oprimidos *para* a diferença decretada com deficiência de humanidade, logo decretada incapaz de pedagogias de auto-humanização.

Nos oprimidos Paulo Freire descobre não apenas serem sujeitos de outras pedagogias, de outra história da educação, reconhece serem sujeitos de outro paradigma de humano (ARROYO, 2019). O reconhecer os oprimidos sujeitos de pedagogias, de processos de humanização não significa reconhecer que os oprimidos *também* são pedagogos no paradigma hegemônico único de formação humana, de educação. Vivenciam, têm consciência que em nome desse paradigma, único, hegemônico de humano, os oprimidos foram roubados de sua humanidade. Sua desumanização é resultado de uma ordem injusta, que gera a violência dos opressores, que gera a persistência em roubar sua humanidade, decretando-os com deficiência originária de humanidade.

Paulo Freire não se compadece dos oprimidos nem inventa suas pedagogias para conscientizá-los, incluí-los no paradigma único, hegemônico de humano. Reconhece nos oprimidos, sujeitos coletivos de re-existências afirmativas ao paradigma hegemônico de humano. Re-existem ao paradigma hegemônico de pensar, de decretar os Outros, a diferença não sendo humanos. Re-existências políticas, éticas, pedagógicas afirmando-se humanos em outro paradigma de humano. Pedagogias dos oprimidos afirmantes de outro paradigma contra-hegemônico de humano. Re-existências da diferença, dos Outros, dos oprimidos afirmantes de processos, matrizes, pedagogias de formação humana em outro paradigma de humano.

Que exigências teóricas, pedagógicas, éticas, políticas para a educação e a docência? Para renarrar a história da educação, do desenvolvimento, da afirmação, formação humana? Reconhecer com Paulo Freire que os oprimidos re-existentes ao padrão de poder único de humano afirmam outro padrão, paradigma de humano (ARROYO, 2019).

A diversidade humana sujeito de uma história de humanização mais diversa, mais plural

Que exigências veem para as teorias/paradigmas de humano para a história da educação, para as identidades docentes, educadoras de reconhecer a diferença afirmante de outra identidade? Tantos oprimidos, da infância à vida adulta nas escolas, na EJA e tantas educadoras, educadores que "neles se descobrem, com eles sofrem, mas, sobretudo, com eles lutam" (Paulo Freire). Tantas vidas re-existentes afirmando-se humanos, reafirmando sua outra humanidade na história afirmam outro paradigma de humano. Que exigências políticas, éticas?

Reconhecer e fortalecer nos educandos, educadoras e educadores vidas re-existentes afirmantes de outra história de outras matrizes pedagógicas de humanização. Abrir as fronteiras fechadas da história única hegemônica e reconhecer nos educandos e educadores sujeitos de humanidade, sujeitos de outra história de afirmação e de formação humana.

Das vidas re-existentes afirmantes de outro paradigma de humano, reafirmando sua outra humanidade na história, chegam para a história política, ética, pedagógica esperanças de abrir a história única, hegemônica para o reconhecimento de que dos Outros, da diferença vêm outra história mais aberta, mais plural. O reconhecimento de que a diversidade humana é sujeito de uma história humana mais diversa. Mais rica em matrizes de humanização porque re-existentes à complexidade segregadora das matrizes de desumanização. A história social, política, econômica, cultural e pedagógica tem sido seletiva, empobrecedora, não reconhecendo os Outros, a diferença como sujeitos de humanidade, de matrizes de humanização. Vidas re-existentes reafirmando sua outra humanidade na história alargam, complexificam a história da formação humana.

Que re-existências afirmativas, de que formação humana?

Em nossa história social, política, cultural, os coletivos decretados subalternos pela matriz subalternizadora, desumanizadora do poder não aceitaram passivos esses padrões de poder e resistiram a essa matriz política antipedagógica, subalternizadora. Uma tensa história de resistências éticas políticas, culturais. A história da nossa educação não reproduz e reforça essa história política? Os padrões de poder não reproduzem essa história de subalternizações? Os coletivos vitimados não têm resistido a essa história e afirmado outras matrizes de humanização?

Re-existentes a uma matriz única de formação/afirmação humana

Os oprimidos lutam e afirmam a viabilidade de outra humanização em outra matriz de formação humana. Volta a exigência que os Outros trazem para a educação e a docência, para as teorias pedagógicas e para a história da educação: reconhecer que os Outros questionam a pretensão de um paradigma único de humano, uma matriz única de formação humana. Nos cursos de formação, nas teorias pedagógicas e na história da educação, educadores e educandos aprendem, reconhecem que não houve na história um paradigma único de humano? Que não existiu uma matriz única de formação humana?

Será necessário avançar e reconhecer os Outros como sujeitos de pedagogias, matrizes de outra formação humana. De outro humano. Recontar a história de nossa educação, reconhecendo que os povos originários foram sujeitos de processos de humanização, de aprendizados de saberes, valores, culturas, identidades, memórias que transmitem aos filhos, que cultuam em suas culturas, seus cultos, suas memórias, seus saberes da terra, das tradições. Fazer o mesmo reconhecimento dos processos de formação que os povos escravizados traziam e acumularam nas suas culturas, saberes, valores, tradições, memórias ancestrais. Reconhecer os Outros, a diferença na história, em nossa história, sujeitos de outros processos, matrizes de afirmação humana.

Reconhecer essa outra história ocultada, desprezada pelo padrão de subalternização que os decretou e persiste em decretar com deficiência originária de humanidade, logo não humanos. Não sujeitos de sua história de formação humana. Os docentes/educadores dos herdeiros dessas histórias, de formação humana, formados desde crianças nessas matrizes não têm direito a conhecê-las para entender essas infâncias ou adultos? Os próprios educandos não têm direito a conhecer essa rica história dos seus coletivos de produzir-se como sujeitos de saberes, valores, culturas, identidades? Sujeitos de outras matrizes de formação humana?

Os estudos decoloniais nos ajudam a entender as dimensões políticas imorais dos padrões de poder, de saber, de ser que legitimaram esse decretar os Outros deficientes em humanidade, logo incapazes de ser sujeitos de uma história intelectual, cultural, moral, humana. O mito ôntico de decretá-los em estado de natureza, não sendo humanos, está na raiz do não reconhecimento nem da possibilidade de serem sujeitos de uma história de humanização. Logo, decretados nem na pré-história da educação, decretados incapazes de ser sujeitos de humanidade; logo, não sujeitos de educação.

Quando se continua narrando a história de nossa educação a partir da empreitada catequética/educadora/humanizadora colonial está se reafirmando esse padrão de poder, de saber, de ser, de não reconhecimento dos povos originários e dos trabalhadores escravizados como capazes de produção de saberes, valores, culturas. Humanidades. Estratégias políticas, antiéticas, antipedagógicas de reafirmar a deficiência de humanidade, de reafirmar a matriz colonizadora como matriz única de humano persistente no império, na república democrática.

Um tema gerador de pesquisa, teses, de formação de docentes/gestores/educadores, de recontar a história da educação: as políticas, os currículos, a Base Nacional... têm conseguido se libertar desse padrão colonizador sobre os Outros como incapazes de produção intelectual, moral, cultural? Essa visão deficiente não persiste nas infâncias ou adultos dos Outros coletivos que chegam às escolas, à EJA até às universidades?

Que avanços vêm acontecendo para reconhecer os outros sujeitos de história, de culturas, de pedagogias e matrizes de formação humana? No campo da educação avança a consciência crítica a esse padrão colonizador inferiorizante que persiste nas nossas relações sociais, políticas. Avançam, sobretudo, as resistências dos coletivos subalternizados, afirmando outra matriz de afirmação humana – as resistências como matriz humanizadora. Os coletivos docentes/educadores têm direito a entender-se nessas tensões de matrizes: entender a matriz de desumanização que rouba as humanidades dos educandos e dos próprios docentes/educadores e entender a matriz de resistências que os educandos e seus coletivos e os próprios docentes/educadores afirmam como matriz de afirmação, formação humana.

Em que resistências os Outros se afirmam sujeitos de outra afirmação, formação humana?

Lembrávamos que os humanismos pedagógicos se afirmam instituindo padrões de humano, de formação humana, instituindo matrizes de humanização, processos, pedagogias de formar e acompanhar a constituição de humano desde a infância. Padrões, matrizes seletivas que em cada humanismo tiveram como referente o Nós no poder autodecretados síntese do humano. Esses padrões de Nós humanos foram abissais e sacrificiais, configurando um abismo entre o Nós humanos e os Outros não humanos, contrapondo aos padrões, matrizes de humanização os contrapadrões, matrizes de desumanização. Paradigmas, matrizes únicas de formar o Nós como humanos e matrizes outras de decretar os Outros o outro do humano único: não educáveis, não humanizáveis. Re-existir a essas matrizes/padrões hegemônicos, históricos do poder tem sido a matriz de sua humanização, de sua afirmação/formação como humanos.

Desde os inícios de nossa história colonizadora os Outros, indígenas, negros, quilombolas, trabalhadores dos campos, das periferias... sabem-se segregados por essas matrizes que os decretaram deficientes em humanidade. Uma matriz que persiste produzindo nos Outros identidades negativas. A história da nossa educação não tem dado a devida centralidade a essas matrizes desumanizantes tão persistentes na destruição, roubo das possibilidades dos Outros afirmar-se humanos. Paulo Freire deu toda centralidade aos processos de desumanização como centrais na história de nossa educação. Os movimentos sociais destacam esses processos que roubam suas humanidades e re-existem afirmando-se humanos.

Lembrávamos que a produção, imposição desses padrões matrizes de deformação, formação humana foram tensos, imposições políticas de dominação/subalternização. Tensões políticas que provocaram resistências afirmativas dos decretados in-humanos. Resistências políticas afirmativas de outras matrizes/padrões de humanização. As resistências dos coletivos étnicos, raciais, de gênero, classe a esse padrão, matriz única de formação humana têm se constituído na nossa história social, política uma das matrizes políticas mais radicais de formação humana. Resistindo não apenas se libertam da condição de in-

-humanos, mas se afirmam humanos em um *paradigma outro de humano*. Desconstroem a pretensão do Nós de ser o referente do padrão de humano único e mostram outras matrizes de formação, de humanização. Destacando as resistências coletivas como a matriz central de humanização. Indagações que sempre chegaram às teorias pedagógicas e ao narrar a história da educação: Por que não reconhecer esse outro paradigma de humano?

Resistentes à dialética que exalta o Nós e inferioriza os Outros como humanos

Os coletivos sociais em seus movimentos resistem a ser segregados como humanos, também os docentes/gestores/educadores das outras infâncias se sabem segregados em seu trabalho profissional pelos donos do poder que se afirmam síntese do Nós humanos e inferiorizam os Outros como deficientes em humanidade. Aprendem que a desvalorização de seu trabalho é determinada pela subalternização histórica dos Outros e das suas infâncias com que trabalham. Essa consciência profissional os leva a resistir e questionar o paradigma pedagógico de humano – o Nós – e in-humanos – os Outros com que trabalham.

Que dimensões configurantes do paradigma pedagógico hegemônico exigem uma postura crítica, ética, política e pedagógica? Uma dimensão dessa construção a exigir uma crítica política: o referente nessa construção de humano, in-humanos é o Nós no poder. O Nós e as dimensões de humano que exalta são dimensões do poder, políticas: proclamam-se donos das terras, da renda, do espaço porque racionais, morais, civilizados, cultos, conquistadores, colonizadores, empreendedores do progresso.

Afirmar o Nós, síntese do paradigma, padrão único de humano tem sido abissal, sacrificial, decretando os Outros, a diferença, como a síntese do in-humano, decretados deficientes, irracionais, imorais, incultos, incivilizados, improdutivos, selvagens. Essa dialética que exalta o Nós e segrega, inferioriza, subalterniza os Outros tem sido uma dialética do opressor/oprimido, do senhor/escravo, do capital/trabalho. Da classe dominante/dominada. Dialética ou razão do branco/negro/indígena. Do homem. Patriarca-mulher. É a lógica da relação classista, etnicista, racista, sexista. Os movimentos sociais operário, feminista, negro, indígena, quilombola resistem a essa dialética opressora. Resistências presentes no próprio movimento docente/educador. Sabem-se segregados no seu trabalho profissional porque trabalham com os coletivos que o poder segrega. Somam com as resistências do movimento operário pelos direitos do trabalho. Somam político humano, com as resistências da diversidade de movimentos sociais em lutas por reconhecimento.

Como educadores e como coletivos segregados com essa radicalidade política, in-humana, resistem a esse padrão do Nós humanos e dos Outros in-humanos, e ao resistir em ações coletivas e como movimento docente se afirmam humanos, estão afirmando outro paradigma de humanismo pedagógico, tendo como referente os Outros. Afirmando as resistências à desumanização/inferiorização como matriz de formação humana. Acompanha-nos a certeza de que as resistências a todo tipo de opressão social, étnica, racial, de gênero, classe, trabalho têm sido em nossa história a matriz política, pedagógica de formação humana. Os movimentos sociais vêm sendo os educadores de si mesmos e da sociedade, da política e da educação. O movimento docente vem sendo educador dos trabalhadores na educação; vem sendo educador da política e da própria educação.

Os Outros afirmando-se humanos revelam o paradigma de humano único, como uma produção política opressora

As vidas re-existentes afirmando-se humanos repolitizam os processos históricos de desumanização/humanização. Reconhecer esses outros coletivos e suas outras infâncias, jovens, sendo, afirmando-se humanos redefine os processos políticos de construção dos humanismos pedagógicos. Desde a Paideia todos os humanismos pedagógicos se configuram pondo o olhar primeiro no Nós sendo, afirmando-se o protótipo de humanismo único, universal. O olhar os Outros vem depois para reconhecê-los ou não sendo humanos no paradigma de humano único do Nós. Dos Outros resistindo a ser decretados com deficiência de humanidade para afirmar o Nós síntese do humano vêm interpelações políticas que invertem esses processos de construir o paradigma de humano.

Os coletivos subalternizados em suas ações de resistências emancipatórias, advertem a pedagogia e esses humanismos pedagógicos que autoafirmam o Nós como o referente de humano único de que essa construção obedece a condições sociais de sua dominação e hegemonia. Todo paradigma de humano/in-humano é uma produção social, política que revela um padrão de poder, de pensar, de ser. Um padrão social, político de poder com que o Nós se decretou sendo a síntese do humano e decretou os Outros com deficiência de humanidade. O Nós não estiveram à margem da construção dessa matriz de humano com que os Outros foram decretados à margem do poder, decretados in-humanos. O Nós se autodefinir a síntese do humano tem sido um ato de poder segregador dos Outros como não humanos. Uma produção política, tensa, antiética que acompanha a produção histórica de todos os humanismos pedagógicos traspassados pela dicotomia, política abissal e sacrificial de Nós humanos e os Outros in-humanos.

Nos cursos de formação os formandos como profissionais da formação humana têm direito a entender esses processos tensos, políticos, éticos ou antiéticos da configuração dos humanismos pedagógicos de que serão profissionais. Faltam indagações sociais, políticas e éticas sobre as condições políticas, os padrões de poder, dominação, subalternização inerentes à conformação desses humanismos pedagógicos. A educação, a docência, a pedagogia não têm apenas funções sociais, políticas, éticas, mas vão além: a construção histórica dessa tarefa social, política, ética sempre foi um produto de relações políticas, de poder, de dominação do Nós – autodecretados síntese do humano único e relações de subalternização dos Outros como não humanos. Entender essas interpelações políticas, éticas ou antiéticas é um direito dos profissionais dessa tarefa de educar, sobretudo os coletivos decretados in-humanos.

Um tema gerador de formação inicial e continuada: as diretrizes nacionais de formação docente têm garantido aos docentes/educadores o direito a entender-se nessas tensões políticas, éticas, pedagógicas? Os diversos movimentos docentes/educadores vêm resistindo aos padrões de poder, subalternizadores do trabalho na educação. Vêm afirmando outra matriz de compreensão política da história da construção de suas identidades docentes/educadoras. À matriz das resistências e lutas emancipatórias pelos direitos do trabalho, somam com os decretados inumanos re-existentes afirmando-se humanos, movimentos sociais, educandos e educadores, re-existindo afirmando-se humanos, repolitizando o paradigma de humano único e repolitizando a afirmação de outro paradigma de humano. Exigências políticas para as teorias de desenvolvimento, formação humana: desconstruir a matriz única, hegemônica de humano e afirmar outro paradigma político de humano. Outra história de re-existências humanizadoras.

Capítulo 4

Vidas re-existentes ao paradigma de humano único?

Vidas re-existentes afirmam-se humanas, mas em que padrão/paradigma de humano? Politizam os embates na produção, imposição de paradigmas de humano? Na afirmação de outros paradigmas de humano?

A história da educação é mais do que a história da escolarização. A educação como processo dos seres humanos aprenderem as artes de tornar-se humanos acompanha a história da formação humana. A história da pedagogia. A história da educação tenta entender essa história de humanização, entender os diversos humanismos pedagógicos, os diversos paradigmas de humano que na história foram o referente da história da formação humana. A história da educação e da docência escolar é marcada por essa rica e tensa diversidade de paradigmas de humano, de formação humana. Não há como entender a função da escola e da docência sem entender essa construção histórica do padrão de humano/inumano dos diversos padrões de humano. As construções dos paradigmas hegemônicos de humanos únicos têm sido construções políticas de dominação. As vidas re-existentes afirmando-se humanas repõem outro padrão político de humano?

Entender a construção política dos diversos humanismos

Os diversos humanismos pedagógicos se constituem e legitimam em um paradigma de humano a reconhecer quem são humanos e a formar desde a infância como humanos. A questão nuclear para as teorias pedagógicas, para as políticas e parâmetros educativos e docentes é entender esses parâmetros de humano em cada um dos humanismos políticos, pedagógicos. Que questões se tornam nucleares no reconstruir a história do pensamento pedagógico, da formação de docentes/educadores, tendo como referente esses humanismos pedagógicos como uma classificação de humano?

Os estudos têm mostrado a construção dos diversos humanismos pedagógicos. A Paideia, o humanismo cristão, o humanismo renascentista, o ilustrado, o humanismo colonial, republicano, o humanismo democrático, igualitário... Que concepção, que atributos de humanos configuram, são destacados nessa diversidade histórica de humanismos? A racionalidade, moralidade política, para a participação na *polis*, na república, na democracia? Os valores de cidadania, ordem, trabalho, progresso? Os valores/crenças religiosas de Deus acima de tudo? Os valores da nação acima de todos? Os valores de igualdade, justiça, pluralidade democrática? O atrever-se a pensar racional para um agir ético?

Essa diversidade de traços configurantes do humano desde a infância tem configurado as diversas concepções de humano a formar, tem configurado a diversidade de teorias e parâmetros pedagógicos. Tem pensado e reconstruído a história da educação como uma história progressiva dos próprios humanos constituir-se e afirmar-se humanos e a formar desde a infância os novos humanos. Uma pluralidade de dimensões configurantes do humano a formar. Configurantes das diversas teorias pedagógicas. Configurantes de que coletivos serão ou não reconhecidos sendo humanos, formados no domínio, aprendizado desse conjunto de dimensões configurantes do humano.

Nessa história de constituição dos padrões de humano se foram constituindo parâmetros de humano, referentes para avaliar, reconhecer que coletivos merecedores de reconhecimento como humanos, mas também foram se configurando os parâmetros, índices de não reconhecimento de outros coletivos como humanos. Padrões, parâmetros seletivos, dicotômicos de uns coletivos síntese do humano e segregadores de outros coletivos sociais, étnicos, sociais, de gêneros, classe como não humanos.

Os humanismos pedagógicos diversos não operaram apenas como processos de definir parâmetros de humanos nem apenas de construir práticas pedagógicas de formar, humanizar, educar para ser humanos desde a infância. Operaram, sobretudo, como referentes de avaliação, reconhecimento ou não de que coletivos merecedores, prontos como humanos, humanizados, educados e que outros coletivos não prontos, não merecedores de ser reconhecidos humanos, porque ainda não humanizados. Não educados (ARROYO, 2015).

O Nós referente do humano único, hegemônico

Aproximando-nos da história da constituição dos diversos humanismos surge uma outra interrogação: Que coletivos sociais, étnicos, raciais, de gênero, de classe têm conformado os parâmetros, paradigma de humano? Desde a Paideia, reconhecido como o paradigma clássico, quem define os atributos de humano a formar desde a infância pela pedagogia são os membros da *polis*, os 10% partícipes na construção do modelo de *polis*, de participação, de racionalidade política para definir que organização política, quem merecedor de participar, em que saberes, racionalidade, valores, moralidade educar para ser membro político na *polis*. Desde a Paideia um paradigma seletivo, segregador de que coletivos sociais, merecem ou não ser reconhecidos, educáveis, humanizáveis, como membros da *polis*. Os 90% escravos, mulheres, em trabalhos servis, serviçais nem foram cogitados passíveis de ser educados para participar na *polis*. O Nós membros da *polis*, portadores do poder, da racionalidade, moralidade, ética, política, autodefinidos o referente de humanidade, de valores, racionalidade para a participação na construção da *polis*. O mesmo referente – o Nós humanos, síntese do Humano único se repete na constituição dos diversos humanismos pedagógicos.

No humanismo bíblico, cristão, os parâmetros de humanidade vêm de Deus, que define os mandamentos, critérios éticos, políticos de quem será ou não reconhecível e educável como humano. Os líderes, profetas, letrados, políticos se autodefinem intérpretes desses parâmetros vindos de Deus serão os que se julgam capazes de interpretar esses padrões divinos de humano. O humanismo pedagógico renascentista tenta resistir a esses padrões do humano definidos por Deus e defende o próprio ser humano como definidor de sua condição de humano, mas não supera a dicotomia entre humanos e in-humanos. O Nós no poder religioso, intelectual, de bens se autodefinem humanos e os outros trabalhadores nos campos, nas vilas decretados in-humanos.

O humanismo político, pedagógico, colonial radicaliza essa dicotomia, decretando os povos originários como deficientes em humanidade e os trabalhadores negros escravizados porque também deficientes em humanidade. O paradigma ilustrado não se libera dessa visão abissal e sacrificial de humanos: os que se atrevem a pensar sendo racionais para guiados pela verdade fazer escolhas éticas, humanas, e os que não se atrevem a pensar, irracionais, inconscientes, imorais, incultos. In-humanos. O paradigma abissal, sacrificial, colonial e ilustrado persistem na história política, estruturantes do nosso sistema dual, abissal, de educação, escolarização.

Parâmetros de humano/in-humano, produções políticas do poder

Os paradigmas pedagógicos, os parâmetros que definem que coletivos merecem ser/não ser reconhecidos humanos, humanizáveis/educáveis são produções políticas, sociais, culturais. Reproduções das relações de poder. As teorias sociais, pedagógicas sobre a que coletivos educar/não educar e com que educação reproduzem esses parâmetros de humano. Reproduzem o poder. Todo humanismo pedagógico e todos os parâmetros de humano a formar têm sido padrões políticos, sociais, culturais, pedagógicos de reconhecimento pelo poder de uns coletivos e de não reconhecimento de outros como humanos. Uma constante histórica que o próprio sistema escolar reproduz em sua história. O próprio recontar a história da educação com políticas, diretrizes, avaliações, planos de educação, LDBs, Bases, Parâmetros Nacionais ou Índices de Desenvolvimento da Educação, de Desenvolvimento Humano reconhecem e reafirmam que a história da educação reproduz os parâmetros de humano, definidos pelo poder.

Nesse sentido é um contar uma história de nossa educação e de toda educação politizada. Como história do poder que define os parâmetros de que coletivos são/não são educáveis porque decretados pelo próprio poder como humanizáveis/não humanizáveis. Desde a Paideia a história da educação carrega essa condição política: o poder politiza quem merece ou não ser membro da *polis*, que coletivos são educáveis. Nossa história da educação republicana nasce inseparável do poder que define quem merece ser cidadão e quem é decretado na condição de subcidadão. O poder político, religioso, intelectual não renuncia a seu poder de definir quem é, não é educável, quem será capaz de se converter ou não aos padrões de virtude, humanidade ou que outros coletivos permanecem na condição originária de in-humanidade. Os parâmetros de educação operam como parâmetros de avaliação, de decretar que coletivos sociais estão ainda na condição originária de subcidadania, de in-humanidade e de que coletivos se educados poderão passar, converter-se para a condição de humanidade, cidadania. Educação inclusiva dos decretados excluídos, à margem do padrão hegemônico de humano.

A pedagogia colonial, política, religiosa opera nessa classificação dos povos originários como ainda não humanos, mas convertíveis à condição de humanos. Ainda selvagens não convertíveis à condição de civilizados. A mesma lógica persiste na educação dos coletivos populares: pela educação a promessa de passagem, percurso de uma condição de in-humanidade para a humanidade se aprenderem, se converterem, incorporarem os atributos, parâmetros de humanos pela educação, pelo letramento, pelo catecismo. Pela conversão.

No humanismo religioso, que o governo atual retoma: Deus acima de tudo, parâmetro de tudo, e o poder de Deus reforçando o poder político da nação, seus mandamentos, sua palavra e seus legítimos intérpretes são quem definem o paradigma de humano, a racionalidade, moralidade, educação a ser exigidas para se converter humanos. Uma lógica que o sonho da educação republicana e democrática laica não consegue superar porque foi incorporada ao paradigma pedagógico republicano e democrático que se julga secularizado, mas decretando o paradigma de Deus e a nação se reforçando e acima de todos e de tudo.

Essa velha lógica de decretar uns – Nós – como síntese do humano único, cristão ou secular, republicano ou democrático persiste como constituinte de compreensão do *Nós* coletivo, autodefinidos humanos, cidadãos, e os Outros, o Outro do humano, da cidadania, os outros não humanos. Não cidadãos. Não convertíveis nem pela educação cívica, laica para merecer o reconhecimento como humanos, ou cidadãos de direitos humanos. Na diversidade de humanismos clássicos pedagógicos tem sido o Nós no poder quem se autodefine a síntese dos atributos de humanidade, de cidadania e segregam os Outros como fora desse padrão único de humano que o Nós proclama sintetizar. Que coletivos têm se autodefinidos como o Nós, síntese do humano único? Um padrão político de poder que tem cor, gênero, classe, etnia, raça.

Os paradigmas pedagógicos sintetizam poderes de gênero, etnia, raça, classe

Os coletivos diferentes em gênero, etnia, raça, classe lutam por educação não racista, não sexista, não classista. Por uma educação que os reconheça iguais em humanidade e diferentes em identidades, valores, saberes, culturas. Diferentes em matrizes de humanização, educação. Lutam por afirma-se humanos em um Outro paradigma de humano. Dos coletivos diferentes/re-existentes afirmando-se humanos vêm as críticas políticas mais radicais à imposição de um paradigma de humano que os segrega como in-humanos. Uma segregação política, antiética, antipedagógica.

O Nós poder secular ou religioso, o Nós gênero *homem* patriarcado/poder: síntese do humano. Não mulheres reconhecidas síntese do humano, nem da cidadania na *polis* e nas repúblicas. Não os indígenas, negros, trabalhadores em trabalhos braçais tidos como trabalhos servis de servos, escravos, não trabalhos humanizáveis... O proclamar-se o Nós no poder como a síntese do humano único conferiu à construção dos humanismos pedagógicos radicalidades racistas, sexistas, classistas; radicalidades políticas e antiéticas, antipedagógicas inerentes à sua constituição e persistentes em sua história.

Radicalidades políticas, antiéticas que configuraram a construção dos sistemas escolares de educação, incorporando na sua organização e função definir que coletivos étnicos, raciais, de gênero, classe são merecedores de atestados de humanidade e que outros coletivos não são merecedores. Reprovados como humanos. Funções históricas políticas, antiéticas, classificatórias, segregadoras dos Outros como não prontos, não merecedores de reconhecimento como humanos, porque distantes do Nós autodecretados o protótipo único de humanos. As reprovações escolares são mais do que reprovações de percursos de aprendizagem. São reprovações de percursos humanos. Reproduzem o paradigma segregador de humano único.

Na formação de identidades, funções docentes, essas lógicas são passadas como inerentes à educação. Como educadores têm direito a entender com uma análise crítica a construção política, ética dessas lógicas racistas, sexistas, classistas. Não são os docentes que reprovam, é o paradigma hegemônico de humano único que reprova.

Como profissionais da educação desses coletivos étnicos, de gênero, raça, classe segregados pelo poder até na definição dos parâmetros de humanidade, de educabilidade têm direito a entender-se nesses parâmetros classistas, sexistas, racistas. O deixar por conta da mulher o trabalho de cuidar, educar das infâncias e o desqualificar esse trabalho são indicadores do caráter sexista inerente ao paradigma pedagógico. Como profissionais têm direito a saber-se para resistir e entender, fortalecer as resistências antirracistas, antissexistas, anticlassistas que os Outros levam ao lutarem por outra escola. Por outras políticas, outras diretrizes curriculares de educação do campo, indígenas, quilombolas. Diretrizes, educação que lhes garantam o direito às diferenças, aos seus saberes, valores, culturas, identidades. Direito a serem reconhecidos sujeitos coletivos de outras matrizes de educação, humanização. Sujeitos de outros parâmetros de humano.

O Nós humanos no poder definem os critérios de humanidade

O paradigma humanista renascentista reage aos humanismos pedagógicos que predefinam o humano de Deus, do poder religioso, da *polis*, da nação... e autodefinem o Nós humanos como conformantes dos atributos de humanidade. A Renascença coloca o ser humano como autor do parâmetro de humano. Um humanismo que resiste a parâmetros de humanos vindos dos deuses, das religiões. Radicaliza o humanismo ao radicalizar a conformação dos atributos de humano pelos próprios humanos. Um avanço de extrema radicalidade política, ética, pedagógica: o próprio ser humano se afirma à medida de si mesmo como humano. Não a *polis*, a nação, Deus acima de tudo e de todos a definir os atributos de humano como vinham sendo definidos desde a Antiguidade e no medievo cristão.

A definição de que parâmetros de humano tendo como referente que humanos passa a ser a questão nuclear no humanismo renascentista. Mas que humanos definem o padrão referente de humano, de atributos humanos será o *Nós* humanos cultos, no poder. Não os camponeses, trabalhadores, pobres, nem as mulheres... Que os próprios humanos se assumam como referente de humano, dos atributos humanos a formar será um avanço, mas não isento das estruturas de poder, de etnia, raça, gênero, classe. O Nós no poder político, intelectual, cultural, religioso se autodefine o parâmetro de humano no humanismo renascentista, que termina não isento das funções políticas, éticas e antiéticas, racistas, sexistas classistas dos diversos humanismos pedagógicos.

Resistir às imposições externas – políticas, religiosas do paradigma de humano – representou um avanço político, mas em uma sociedade tão desigual como a renascentista e capitalista, classista, as estruturas políticas de poder se impõem politizando a própria definição política de humanos, de que atributos humanos e de que humanos. O Nós se outorgam essa função política de definir quem é, que coletivos são capazes de definir os critérios de humano e que Outros não serão nem reconhecidos capazes porque in-humanos.

O humanismo colonizador e suas persistentes tensões políticas

A colonização das Américas se faz nessa lógica de humanismo renascentista, dos atributos de humanidade, definidos, impostos pelo poder político e religioso. Com esses atributos definidos pelo Nós no poder autorreconhecidos humanos, racionais, cultos, civilizados, éticos são julgados e classificados os povos originários e os negros escravizados como não humanos, sem racionalidade, moralidade, culturas, crenças humanas. Com deficiência originária de humanidade, em estado de natureza, inferiores em humanidade, incapazes de participar na produção intelectual, moral, cultural, política, civilizatória da humanidade, dos humanos (QUIJANO, 2005).

O humanismo renascentista que pretendia reconhecer os próprios humanos sujeitos da definição do paradigma de humano se revela não imune às tensões políticas, sociais, econômicas, sexistas, étnico-racistas que sempre marcaram o Nós como humanos e os Outros como o Outro de humano único, hegemônico. O Nós colonizadores humanos, julgando, segregando os povos originários como o Outro não incluível no paradigma do Nós humano único. Decretados não humanos. Destruindo suas culturas – culturicídios – em nome de não reconhecidas culturas, valores, saberes, no parâmetro único de saber, racionalidade, valores, culturas, de humanos.

O paradigma colonizador leva ao extremo a dicotomia abissal, sacrificial dos diversos humanismos pedagógicos, religiosos e políticos. A empreitada catequética, política, educadora, colonizadora é a síntese desse paradigma político, pedagógico, religioso que legitima o decretar os povos originários e os povos escravizados negros como deficientes em humanidade. O paradigma humanista colonial, apesar de renascentista, se revela tão segregador o mais dos Outros como com deficiência originária de humanidade. Nem inferiores em humanidade, mas em estado de natureza, não de humanidade. Uma visão segregadora com que serão inferiorizados como não humanos os escravizados, trabalhadores, as mulheres, infâncias, os quilombolas, camponeses, ribeirinhos, das florestas e das periferias urbanas.

Paradigma colonial que persiste no império e na república, e nas relações capitalistas, sociais, econômicas, políticas, culturais e pedagógicas. Persiste nas políticas socioeducativas e na estrutura dual, abissal, de nosso sistema escolar, de aprovações, reprovações. Educadores e educandos têm direito a saber-se vítimas desse paradigma de humano hegemônico, dual, abissal, segregador. Têm direito a valorizar e fortalecer suas resistências a esse paradigma hegemônico de humano único. Têm direito a saber-se re-existentes afirmando-se humanos em outro paradigma de humano.

Os Outros, a diferença, o Outro do humano único, hegemônico?

Quando o Nós no poder se afirma o protótipo de humano único a formar desde a infância como função da pedagogia e da docência, a pergunta que se impõe: E os Outros? Podem os Outros ser referente de um sujeito reconhecível como humano? Os Outros passíveis de ser referente de que reconhecimento como humanos? Os diversos humanismos pedagógicos, educação e a docência se defrontam com essas tensões éticas, políticas, humanas e pedagógicas. Tensões que exigem centralidade nos currículos de formação de docentes/educadores e nas teorias de formação humana.

Os Outros decretados o Outro do humano único hegemônico

O Nós autodefinindo-se a síntese do humano único foi acompanhado de um olhar para os Outros, para decretá-los in-humanos. Esse olhar para os Outros, subalternizá-los, sempre acompanhou o autodefinir-se o Nós como humanos únicos. O Nós como a síntese de humano. O mesmo padrão de poder que autodefiniu o Nós como racionais, cultos, éticos, decretou os Outros como irracionais, incultos, selvagens. O olhar e como olhar os Outros acompanha a história da pedagogia, da educação. Quando na Paideia o Nós homens construtores pensantes da *polis* se autodefinem os humanos o fizeram perguntando-se donde colocar ou nem colocar os Outros, as mulheres, servos, escravos na construção da *polis*. Quando o humanismo cristão define os santos como síntese do humano se perguntaram pelos Outros, os decretaram como pecadores, in-humanos. Quando no humanismo colonial o Nós colonizadores se autodecretam os humanos se perguntaram pelos Outros, os povos originários, os negros escravizáveis e os decretaram com deficiência originária de humanidade. Quando o humanismo ilustrado proclama como existentes, racionais os que se atreveram a pensar no "regime da verdade" decretaram os Outros no regime da ignorância, das inverdades, irracionais, in-humanos. Dicotomias de humanos/in-humanos que as relações capitalistas de trabalho, da apropriação da terra, da renda, incorporam.

A história dos diversos humanismos pedagógicos até nas pedagogias humanistas, críticas, conscientizadoras definiram normas, padrões de humano com o poder de estabelecerem que sujeitos reconhecíveis ou não como humano, humanizáveis, educáveis ou não. Todo processo social, político, pedagógico de definir-se o Nós classe, etnia, raça, gênero como humanos se fez no definir os Outros, a diferença, como não humanos. O definir os padrões de autorreconhecimento como humanos, racionais, éticos, civilizados, cultos... sempre foi um processo político de olhar para os Outros, não reconhecê-los ou decretá-los alienados, inconscientes, irracionais, imorais, incultos, selvagens, violentos. Não humanos.

Processos políticos de poder, dominação, subalternização que acompanharam e acompanham a construção histórica dos diversos humanismos pedagógicos. Reconhecer essas tensões políticas, éticas na construção histórica dos humanismos pedagógicos é uma precondição para entender a história da pedagogia, da educação, da docência. Para entender as tensões políticas, éticas, inerentes às teorias pedagógicas, às identidades docentes/educadoras e à história de nossa educação.

A afirmação do humanismo único, hegemônico, um processo político abissal e sacrificial

A definição política de que padrões para o autorreconhecimento como o Nós humanos exigiu sempre o olhar os Outros e decretá-los como o Outro do humano. Todo autorreconhecimento do poder, dos padrões de humano se fez olhando e condenando os Outros como não humanos. Um processo político abissal e sacrificial em que o Nós se afirma sacrificando, inferiorizando, subalternizando os Outros. O Nós se destaca como a síntese do padrão de humano, de racional, ético, civilizado no decretar os Outros como irracionais, imorais, selvagens, alienados, inconscientes. Não sendo humanos.

Uma pergunta obrigatória: À pedagogia, à docência, às teorias pedagógicas, às políticas, aos parâmetros curriculares foi-lhes encomendado como sua função política, ética reproduzir esse caráter abissal e sacrificial? Foi-lhes encomendado decretar os Outros como deficientes em humanidade para reafirmar o Nós síntese da humanidade, da moralidade, racionalidade da consciência crítica? Toda definição de que educação, que formação humana têm como referente a definição prévia de que matrizes de formação humana. Uma tensa história de reconhecimento de que matrizes formam o Nós como humanos e que outras matrizes deformam os Outros como in-humanos.

Uma hipótese fecunda para reconstruir a história tensa entre matrizes de formação/deformação humana. Quando se reconhece o conhecimento, o atrever-se a pensar, a verdade como matriz de formação humana se está decretando a ignorância, as inverdades como matrizes de deformação humana. Toda matriz de formação humana é celebrada destacando, sacrificando a sua negação como matriz de deformação humana. Não há como entender a construção histórica dos paradigmas pedagógicos, nem a história da pedagogia, da educação e da docência sem entender essas tensões políticas, éticas na construção das matrizes tanto de formação como de deformação humana.

Decretar os Outros como in-humanos foi uma precondição para autorreconhecimento do Nós como a síntese do humano. O olhar inferiorizante dos Outros como deficientes em humanidade precede e é precondição do autorreconhecimento do Nós como os humanos únicos. Uma lógica política, etnicista, racista, sexista, classista, antiética, antipedagógica que tensiona a história da pedagogia e da produção dos diversos humanismos pedagógicos. Uma lógica sacrificial e abissal persistente na história da produção das matrizes de humano único e nas dicotomias abissais de etnia, raça, gênero, classe.

A educação chamada a reforçar esses processos abissais/sacrificiais?

Boaventura de Sousa Santos (2010) nos lembra que a produção das ciências tem reproduzido esses processos abissais e sacrificiais: a verdade, o conhecimento do lado de cá e as inverdades e as ignorâncias do lado de lá. Sacrificar os Outros como atolados nas inverdades, na ignorância para destacar o Nós produtores de verdades. A educação, os humanismos pedagógicos vivem as tensões de resistir um reproduzir essas dicotomias abissais/sacrificiais. A história da educação e a produção pedagógica têm sido chamadas a reforçar esses processos políticos. Mas têm priorizado entender e resistir aos padrões que o poder, o Nós definem como matriz única de formação humana. Não há como ignorar essa tensa história política da construção das matrizes de formação humana como uma história inseparável do decretar os Outros como in-humanos, incapazes de processos, matrizes de formação humana.

A radicalidade política, ética, teórica, pedagógica de cada matriz de formação humana só é compreensível na radicalidade política antiética, antipedagógica de decretar os Outros submetidos a processos/matrizes de deformação humana. A história dos significados de cada matriz de formação humana se radicaliza se for dado destaque à história dos significados de cada matriz de deformação dos Outros decretados in-humanos. Em que matrizes desumanizantes? Entender essas matrizes decretadas como desumanizantes será uma exigência ética, política, até teórica para entender as cultuadas matrizes de formação humana do Nós. Será uma exigência para um repensar crítico da nossa história da educação.

Desde nossas origens a história da educação colonial, imperial, republicana e democrática carrega essas dicotomias abissais, sacrificiais de humanos/in-humanos. Uma função histórica classificatória, hierárquica, seletiva e segregadora de que coletivos merecem ou não o reconhecimento como humanos a exigir análises mais aprofundadas na história da educação, na história dos diversos humanismos pedagógicos. A exigir análises políticas, éticas. Na história da construção das identidades docentes/educadoras e das identidades de que educandos.

Que funções políticas segregadoras têm cumprido na história os humanismos pedagógicos, os parâmetros de humano classificatórios, hierarquizantes, segregadores? Têm legitimado critérios de reconhecimento de uns coletivos sociais, étnicos, raciais, de gênero, classe como humanos e de não reconhecimento de outros coletivos na condição de humanos, de sujeitos da *polis*, da república, da democracia? Essa função classificatória dos coletivos como reconhecíveis ou não como humanos não tem reforçado os padrões políticos, sociais, econômicos de poder, de etnia, raça, gênero, classe? Não continua reforçando os padrões de subalternização, de trabalho, de renda, de direitos humanos, sociais, políticos?

Função política radical dos humanismos pedagógicos classificatórios a merecer maior destaque na história política da educação. Educadores e educandos têm direito a entender e a entender-se nessa história. A história da construção das identidades docentes/educadoras é inseparável dessa história da educação ter sido chamada a reforçar esses processos abissais de humanos/in-humanos. Aos educadores das infâncias dos coletivos decretados in-humanos não lhes será dado o mesmo valor dado aos docentes/educadores das infâncias/jovens dos coletivos autodecretados humanos porque detentores do poder. Não existiu uma história única da construção, valorização/desvalorização das identidades docentes/educadoras como não existiu uma história única da educação, do Nós e dos Outros.

Os Outros resistem e se afirmam humanos em outro padrão de humano

Os Outros decretados o Outro do humano único ficaram passivos, inconscientes, alienados? Re-existiram afirmando-se humanos? Essa vem sendo a pergunta que são obrigados a se fazer os docentes/gestores, educadoras, educadores diante da chegada das outras infâncias ou jovens/adultos nas escolas, na EJA e nas universidades. Reconhecê-los Outros, sendo, pensando-se, sabendo-se Outros. O referente para a história da educação e para a história do reconhecimento político das matrizes da formação humana tem sido o Nós autorrepresentados humanos. A história se tem perguntado quem são esses coletivos Nós e em que processos de afirmação racionais, éticos, civilizados? A história da educação tem se perguntado pelos Outros, quem são, como pensam, se sabem humanizando-se, em que matrizes de formação humana? Que radicalidades traz reconhecer os Outros como referente? Tentemos destacar as tensões políticas, éticas, pedagógicas que advêm de reconhecer os Outros também como referente central na história da formação humana. Os Outros repolitizam as tensões na história da formação humana. Que tensões políticas, éticas, pedagógicas, identitárias vêm dos Outros re-existentes afirmando-se humanos?

Afirmando-se outros humanos, humanizando-se em outras matrizes de formação humana, os movimentos sociais repolitizam e radicalizam essas tensões políticas, éticas, pedagógicas que têm acompanhado o autorreconhecimento do Nós como humanos e o decretar os Outros como o Outro desse humano único. Repolitizam e radicalizam o caráter abissal, sacrificial inerente à história da pedagogia e da docência no padrão de humano único.

Que exigências vêm desse afirmar-se os Outros como humanos? Obrigam os docentes/educadoras/educadores e os currículos de formação inicial e continuada, os currículos de pedagogia da terra, indígenas, quilombola, negra a reconhecer esses coletivos não como o Outro do humano único, mas como outros humanos formados em outros paradigmas, outras matrizes de formação humana. Desconstruindo o paradigma de humano único os Outros enriquecem, alargam as matrizes de formação humana.

Os Outros afirmando-se sujeitos de humanidade mostram que a história da pedagogia tem sido mais tensa, mais complexa a exigir ser recontada. Reconhecer quem são os Outros, como se pensam, se sabem sujeitos de processos, *matrizes outras* de outro ser humano exigem teorias de humanização mais complexas. Mais diversas. Exige análises, narrativas dessa história menos linear, mais politizadas. Reconhecer que a produção dessas matrizes tem sido transpassada pelo poder, pelas relações sociais, étnicas, raciais, de gênero, classe que estabeleceram que coletivos são ou não reconhecíveis como humanos. Decretaram que matrizes humanizam e que outras desumanizam.

A imagem que por vezes prevalece na história da pedagogia é ser acumulativa, linear, obedecendo à visão que prevalece da história social, cultural acumulativa, civilizatória: as gerações no poder decretando que avanços intelectuais, morais, culturais, civilizatórios, humanizadores merecem reconhecimento e devem ser guardados como o conhecimento legítimo a ser ensinado pela educação desde a infância às novas gerações. Função encomendada em todas as culturas à educação, à pedagogia. O Nós autodecretados produtores, sintetizadores dos conhecimentos legítimos a serem ensinados e aprendidos pelos Outros, para merecerem ser incluídos no humano único, moral, racional.

Reduzir a história da pedagogia às políticas, diretrizes, PNE do Nós no poder, aos processos, matrizes do Nós se afirmar humanizados tem sido um dos processos mais empobrecedores da pedagogia, da história da educação, mais empobrecedores das teorias pedagógicas e das políticas de formação de docentes/educadores. O decretar os Outros in-humanos ou o Outro do humano único tem empobrecido a função dos profissionais da educação, sobretudo das outras infâncias/adolescências, jovens-adultos, função reduzida a suprir carências, a incluí-las no humano único do Nós. Não tem sido essa uma das tensões políticas, éticas, pedagógicas mais persistentes na história da pedagogia, na história das teorias pedagógicas e na história da docência?

Quando os Outros resistem aos padrões de pensá-los, subalternizá-los expõem essas tensões históricas nas matrizes de formação humana. As resistências dos coletivos étnicos, raciais, de gênero, classe a ser decretados com deficiência de humanidade têm sido em nossa história as resistências políticas, éticas, pedagógicas mais radicais, mais afirmativas de sua humanização. Das teorias pedagógicas da história da nossa educação se exige reconhecer essas resistências como as matrizes mais radicais de humanização. De educação. Reconhecer os Outros sujeitos de outras pedagogias de outro paradigma de humano.

Re-existentes à dialética binária, abissal, sacrificial dos humanismos pedagógicos

Lembrávamos que os oprimidos re-existem ao paradigma de Nós humanos e os Outros, a diferença in-humana, incapaz de auto-humanização. Uma dialética binária, abissal, sacrificial, persistente nos diversos humanismos pedagógicos? A diferença em vidas re-existentes afirmando-se humanos repõem outro humanismo, outra dialética.

Os diversos humanismos pedagógicos, a pedagogia desde a Paideia se pensam como pensam os humanos em seus processos de humanização. A Paideia encomenda à pedagogia formar desde a infância o cidadão da *polis*. A nossa pedagogia republicana propõe à educação formar dos subcidadãos para a cidadania. Os humanismos pedagógicos se pensam sobretudo como pensam os Outros, a diferença, em estado, condição de carências, deficiências de racionalidade, moralidade, humanidade. À pedagogia é encomendada a função política de minimizar as deficiências com que os Outros, a diferença, são pensados, decretados. Uma dialética binária, abissal, sacrificial de pensar os Outros e da pedagogia.

Decretar a diferença com deficiências de humanidade; educar para suprir deficiências de humanidade

O nosso humanismo pedagógico colonial, imperial e republicano sintetiza essa dialética persistente: decretar o Nós, síntese do humano, e decretar a diferença com deficiências de humanidade para prometer inclusão pela educação. Uma dialética que parte de uma condição de carência, de não sendo cidadãos, humanos, não tendo aprendido os valores, saberes, condutas humanas para aprender, fazer os percursos de aprendizagem, saberes, valores, condutas requeridos para serem membros da *polis*, da república. Da humanidade.

Uma dialética, de um percurso de saída, de superação de uma condição de ainda não sendo para ser *formado* para merecer ser reconhecido sendo humanos, cidadãos. Os termos infância, educar as infâncias, *infans* não falantes, porque não pensantes, não racionais, não morais, não humanos, não cidadãos ou o termo alunos, sem luz, sem as iluminações do saber, do atrever-se a pensar, ou o termo analfabeto, iletrado, sem o domínio da fala, das letras, são termos persistentes na pedagogia e nos diversos humanismos pedagógicos. Termos de nomeação, segregação, hierarquização que revelam essa dialética persistente no pensar-se a pedagogia hegemônica, a docência hegemônica com a função histórica de livrar os humanos do polo negativo, da condição de não sendo humanos, cidadãos para ser educados, merecer ser incluídos na condição de pensantes, falantes, racionais, morais, cidadãos, Humanos.

A história da pedagogia oficial reproduz essa dialética: decretar os Outros no polo negativo, nas carências de fala, de letramento, de saberes, de racionalidade e na carência de valores, de cultura, de moralidade para, pela educação, no atrever-se a pensar, falar, raciocinar, serem reconhecíveis sujeitos de valores, de culturas, de moralidade, de humanidade.

A história da formação das identidades docentes educadoras, do ofício de mestres reproduz essa dialética. Que artes, saberes, valores, pedagogias do ofício de mestres dominar e exercer? As artes de entender os educandos nesse polo negativo de carências de letramentos, de conhecimentos, de carências de valores, de culturas, de racionalidade, moralidade, humanidade para ensiná-los a pensar, a ler e aprender os conhecimentos acumulados para que se atrevam a pensar racionalmente e a ser sujeitos éticos de valores.

Como os decretados inumanos aprendem as difíceis artes, saberes, valores, culturas de ser humanos? Falamos em educação como humanização dos ainda não humanos, de formação racional, moral dos ainda não pensantes, *infans*, dos ainda sem valores, violentos, indisciplinados. Formação humana cidadã dos decretados subcidadãos para o convívio social, cidadão, humano. A dialética abissal de humanos/inumanos tem sido estruturante dos diversos humanismos pedagógicos e da história da educação dos coletivos diferentes. Determinante da função político-pedagógica esperada, exigida das identidades docentes/educadoras de educação pública, popular sobretudo.

A diferença decretada com deficiência de humanidade incapaz de pedagogias de auto-humanização

Lembrávamos que a dialética abissal que decreta a diferença com deficiência de humanidade é sacrificial, sacrifica a diferença não apenas com deficiência de humanidade, mas incapaz de pedagogias de sua auto-humanização. Uma racionalidade abissal e que sacrifica os Outros como sem consciência das desumanizações, logo incapazes de resistir por se libertar, humanizar. Somente humanos, racionais, morais, conscientes, capazes de educar, humanizar, conscientizar os deficientes em humanidade decretados incapazes de se autoeducar, humanizar, conscientizar, incapazes de passar de senso comum, da inconsciência a-crítica, pré-humana para a consciência crítica humana. Para se reafirmar, formar como humanos.

A diversidade dos humanismos pedagógicos destaca que diante da condição de desumanização ôntica e desse estar atolados no senso comum, na irracionalidade, imoralidade, incultura, inumanidade, a educação, humanização dos oprimidos, da diferença desumanizada de origem, somente pedagogias críticas conscientizadoras, libertadoras serão capazes de educar, libertar, conscientizar, humanizar os coletivos com deficiências originárias de humanidade. Uma dialética abissal, que sacrifica a diferença, como incapaz de pedagogias de autoeducação, auto-humanização. De conscientização.

A diversidade de humanismos pedagógicos se legitima na afirmação de pedagogias de fortalecimento dos coletivos reconhecidos como humanos, racionais, morais, cultos: pedagogias de acompanhar, fortalecer seus percursos de humanização. Daí a centralidade dada às teorias do desenvolvimento humano, às pedagogias de formação humana dos reconhecidos educáveis, humanizáveis. As teorias do desenvolvimento humano, dos processos de humanização, de formação humana não têm dado a mesma centralidade a entender, acompanhar, criticar os brutais processos de desumanização que vitimam, oprimem os outros, a diferença. Por quê?

Responsabilizam os oprimidos pelas suas deficiências de humanidade, de irracionalidade, de imoralidade. Decretam, autorresponsabilizam a diferença pelas deficiências originárias ônticas de humanidade. Decretando a diferença com deficiências ônticas de humanidade não há como pensar a diferença capaz de pedagogias de autoconscientização, autoeducação, formação humana. Nem como transferir pedagogias de humanização do Nós humanos para humanizar a diferença deficiente em humanidade. O decretar os Outros com deficiências de humanidade é cruelmente inumano. Antiético, antipedagógico.

A diferença, os Outros do humano único, hegemônico decretados na diversidade de humanismos pedagógicos como ineducáveis, inumanizáveis (ARROYO, 2015). Decretados sobretudo incapazes de tomar consciência crítica de sua condição de deficientes em humanidade. Decretados incapazes de inventar pedagogias de conscientização, de humanização. A diferença à espera de pedagogias dos conscientes, dos já humanos. Uma dialética abissal, sacrificial do Nós para reproduzir sua dominação sobre os Outros.

Na história da educação não tem faltado pedagogias alternativas, utopias de minorar as deficiências de racionalidade, de moralidade, de humanidade da diferença étnica, racial, de gênero, classe. Pedagogias de inclusão, de conscientização, de libertação das deficiências originárias de humanidade. Pedagogias dos humanos, racionais, conscientes, críticos, para suprir deficiências originárias de consciência da diferença de sua condição de inumanos, tirando-os do senso comum inumano para a consciência crítica humana. Pedagogias de educação crítica, conscientizadora que repõem, reforçam a dialética binária, abissal, sacrificial, persistente dos diversos humanismos pedagógicos hegemônicos.

Afirmando-se humanos re-existem à dialética abissal, sacrificial de inumano, humano

Paulo Freire reconhece os oprimidos resistentes a essa dialética abissal, sacrificial. Reconhece que têm consciência, carregam memórias de saber-se segregados nessa dialética política, abissal, sacrificial que os decretam e persiste em decretá-los o Outro do paradigma de humano hegemônico. Resistiram e persistem em re-existir afirmando-se humanos em outro paradigma de humano. Resistem ao padrão do Nós de autoproclamando síntese da positividade humana decretando-os síntese da negatividade humana. Resistem à dialética conformante da desumanização/humanização. Que pedagogias, que humanidade afirmam re-existentes à negatividade, carência, deficiência de humanidade, racionalidade, moralidade, negatividade de saberes, valores, culturas, consciência? Uma interrogação dos oprimidos, sem respostas na história dos diversos humanismos hegemônicos.

Os oprimidos resistem a essas negatividades da dialética abissal, sacrificial, resistem a políticas de uma educação supletiva, corretiva das negatividades, inconsciências, de valores, saberes, culturas, para tentar incluir os decretados pelos padrões de poder como deficientes de humanidade, na condição originária de desumanização, para prometer incluí-los no seletivo Nós conscientes, humanos. Resistem à dialética abissal, polarizante de coletivos que se autodefinem síntese da positividade humana, educadores, conscientizadores, moralizadores, humanizadores dos Outros decretados na desumanidade, irracionalidade do senso comum, da inconsciência.

Os coletivos sociais em suas históricas resistências resistem à dialética abissal, sacrificial que decreta as diferenças étnicas/raciais, de gênero, classe, na condição de deficientes em humanidade. Essa dialética do Nós nos poderes, síntese da positividade humana capaz de educar, tirar os Outros, a diferença da negatividade humana, da condição de inumanos tem conformado a diversidade de humanismos pedagógicos, de pedagogias conscientizadoras, humanizadoras dos Outros decretados inconscientes, inumanos. Uma dialética racista, sexista de humano/inumanos, antiética, antipedagógica. In-humana.

Os movimentos sociais dos coletivos étnicos, raciais, de gênero, classe, resistem a essa dialética de inumano/humano, abissal, sacrificial. Re-existiram na história, no passado e no presente. Vidas re-existentes às desumanizações, à condição de deficientes em humanidade e re-existentes afirmando-se humanos, sujeitos de saberes, consciências, valores, culturas, identidades humanas. Vidas re-existentes que negam destroem a dialética hegemônica de inumano/humano, re-existentes aos humanismos pedagógicos hegemônicos e suas dialéticas de inumano/humanos, re-existentes ao paradigma de humano único, hegemônico, abissal, sacrificial. Afirmantes de outro paradigma de humano.

Radicalidades dos coletivos em vidas re-existentes que se atrevem a desconstruir a dialética, abissal, sacrificial de Nós humanos e os Outros o outro do humano único hegemônico. Que interpelações radicais vêm da ousadia dos coletivos em vidas re-existentes para os humanismos pedagógicos, para a história da educação que se estrutura e conforma na afirmação da dialética Nós, síntese do humano único, e os Outros, síntese do inumano?

A interpelação política, ética, pedagógica: desconstruir esse paradigma único de humano, assumir a radicalidade político-ética, pedagógica de desconstruir a dialética inumano/humano, desumanização/humanização e avançar para outra dialética não abissal, não sacrificial que reconheça os Outros oprimidos a diferença afirmante de outra dialética de outros paradigmas de humanização, de formação humana. Re-existir afirmando-se humanos desconstrói a dialética binária, abissal, sacrificial tão persistente na diversidade de humanismos pedagógicos, vai além: reconhecer, fortalecer o outro paradigma de humano que os oprimidos afirmam em suas re-existências afirmativas de humanos. Coletivos de docentes, educadoras, educadores, somam, fortalecem essas re-existências dos educandos a serem segregados como não humanos e os reconhecem humanos. Somam em fortalecer um outro paradigma de humano não abissal, sacrificial fortalecendo outras identidades docentes educadoras não abissais, não sacrificiais dos Outros, da diferença.

Re-existentes ao paradigma hegemônico segregador de humano

Na diversidade de ações e de movimentos sociais, os Outros, a diferença, não lutam por serem incluídos no padrão único de humano, os coletivos sociais vivenciando-se oprimidos, sabendo-se vítimas dos paradigmas segregadores de humano único, religioso, filosófico, político, resistem às vivências de segregações. Porque vitimados por esse caráter segregador do padrão único de humano que os decreta inumanos oprimidos extermináveis, resistem aos padrões de poder que os têm condenado na história a condição de oprimidos porque segregados como não humanos. Porque vitimados até pelo paradigma laico, secularizado de humanos, resistem a esse padrão de Nós humanos direitos e a diferença não reconhecida humana, porque se sabem violentados na própria condição de decretados não humanos. Paradigma de Nós humanos, os Outros in-humanos que legitimam os diversos humanismos pedagógicos que exigem centralidade política, crítica no narrar a história da educação.

As vítimas segregadas denunciam o inumano do paradigma hegemônico de humano

Os Outros, a diferença, resistiram na história ao paradigma hegemônico de humano religioso, político e até secular, laico de que se sabem oprimidos. Em vidas re-existentes se afirmam sujeitos de pedagogias, de saberes resistentes, de vivências humanas, que saberes resistentes revelam? Sabem que as opressões desumanizantes têm sido regra na história. Aprenderam por vivências históricas que nem Deus, nem a nação, o Estado, os padrões de poder renunciarão a decretá-los com deficiências de humanidade, se há oprimidos é porque há opressores. Nem o Nós nos poderes de classe, raça, gênero renunciarão a persistir oprimindo, segregando a diferença. O humanismo laico, secularizado também reforça a natureza inumana de Deus, do Estado, da nação. Do próprio Nós humanos. Sempre que o padrão de poder decreta o Nós humanos únicos e os Outros, a diferença inumana, reafirma o caráter segregador de paradigma único do humanismo político, religioso, filosófico, pedagógico, laico.

A essa diversidade de humanismos inumanos têm resistido na história as vítimas, os decretados com deficiências inatas, ônticas de humanidade. Que radicais resistências? Resistências denunciantes que as desumanizações têm sido uma realidade histórica permanente. Os oprimidos por essas vivências cruéis de saber-se decretados não reconhecíveis como humanos denunciaram sempre na história ter sido e persistir sendo decretados à morte pela desumanização, condenados a sem terra, sem teto, sem cultura, sem identidades étnicas/raciais de gênero como coletivos pelo ser decretados na condição de não humanos. Na condição de desumanização como realidade histórica, política, antiética.

Se esse saber-se, vivenciar-se decretados à desumanização tem sido regra na história, também resistir a essa desumanização e re-existir afirmando-se humanos tem sido uma regra política, ética, pedagógica radical a essa diversidade de paradigmas de humanismos anti-humanos. Uma crítica resistente, persistente que não tem conseguido acabar com a desumanização, nem com o fim dessas polaridades de desumanos de humanização. As desumanizações injustas não têm sido um acidente, mas uma constante obrigando as vítimas a um permanente estado de re-existências.

As vítimas, os Outros em suas resistências não desistem de denunciar a desumanização que persiste na diversidade de humanismos, mas concentram suas re-existências em afirmar-se humanos em outro paradigma de humano. Disputas de paradigmas de humano, não tanto disputas por ser incluídos nos padrões únicos, hegemônicos de humano desumanizante. Que outro paradigma de humano afirmam em suas persistentes re-existências afirmando-se humanos? Paulo Freire, ao reconhecer os oprimidos sujeitos de pedagogias, está reconhecendo que os oprimidos re-existindo afirmando-se humanos trazem para as teorias pedagógicas um outro paradigma de humano. Um outro paradigma pedagógico (ARROYO, 2019).

Re-existentes afirmando-se humanos em outro paradigma de humano

Paulo Freire ao reconhecer os oprimidos sujeitos de outras pedagogias vai além: os reconhece sujeitos de outros processos de humanização. Sujeitos de outra humanidade, de outra formação humana, outras dimensões de humanidade: a justiça, a verdade, o valor da vida, as lutas por condições materiais de um justo humano viver só possível em um outro paradigma de humano. As resistências dos oprimidos, as desumanizações e as injustiças afirmantes de outras matrizes de humanização, de outras pedagogias de oprimidos.

As resistências às matrizes de desumanização com que o padrão único hegemônico os desumaniza como realidade histórica, os oprimidos convertem em outras matrizes resistentes de humanização. As resistências a decretados sem terra, sem território, sem cultura, sem saberes, sem valores, sem tradições identitárias, os coletivos outros convertem em outras matrizes de outro padrão de humano, de humanização. Para os oprimidos, a natureza da condição humana que os humanismos hegemônicos proclamam para segregá-los perde validade não apenas de critério de segregação, mas perde validade como critério de humano.

Os oprimidos instauravam na história dos humanismos pedagógicos a crítica mais radical, política, ética, pedagógica ao resistir a validade de humano único, a validade da natureza da condição humana hegemônica em que pretendem se legitimar os diversos humanismos religiosos, políticos, filosóficos e até laicos humanistas. As vítimas revelam que a privatização da condição humana tem sido inumana. A matriz única, hegemônica, segregadora de humanos tem sido inumana.

As vivências históricas de vítimas dessa concepção única, hegemônica de humanidade, de condição humana têm significado na história experiências de culturicídios, genocídios, de escravização, de expropriação dos territórios, das tradições, das memórias e identidades coletivas ancestrais. Essas vivências desumanizadoras os tornaram conscientes: "Quem melhor do que os oprimidos se encontrará preparado para entender o significado terrível de uma sociedade opressora? Quem mais do que eles para ir compreendendo a necessidade da libertação? (FREIRE, 1987, p. 31).

Experiências de paradigmas/matrizes de humano inumanos de que as vítimas têm consciência que os leva a se libertar desses padrões de humano anti-humanos, antiéticos que os leva a resistir afirmando outra condição, outra matriz de humanidade, outro padrão de humano. Os oprimidos reafirmando, repolitizando os históricos confrontos de padrões de matrizes de humanização. As vítimas re-existentes afirmando-se humanos trazem para os embates históricos outra humanidade, outra condição humana, outras matrizes, processos pedagógicos de humanização quebrando a concepção hegemônica, religiosa, política, filosófica, laica de humano hegemônico único, de matriz única de humanização/formação humana.

As vítimas repolitizam a condição humana; repolitizam as teorias pedagógicas

Lembrávamos que o padrão, matriz única, hegemônica de humano sempre foi uma construção dos padrões decoloniais, republicanos de poder, político, religioso, secular, afirmando-se o Nós nos poderes, síntese do humano único e os Outros, a diferença, síntese do inumano.

Os oprimidos re-existentes aos paradigmas únicos, hegemônicos de humano que os decretaram na história com deficiências de humanidade, ineducáveis, inumanizáveis, não renunciam à condição humana, mas afirmam outra humanidade, outra condição humana. Os oprimidos sujeitos de outras pedagogias, de outras matrizes de humanização, não renunciam ao humanismo, mas repolitizam, radicalizam as disputas políticas, filosóficas, religiosas, laicas, por que condição humana, que teorias de desenvolvimento, de formação humana. Vivenciando a desumanização como imposição histórica dos padrões diversos de poder expõem que os paradigmas de humano sempre foram padrões políticos, produções do Nós autodecretados síntese do humanismo e os Outros, a diferença, síntese da inumanidade.

Os persistentes movimentos de resistências sociais, étnicos, raciais, de gênero, classe revelam que os oprimidos vivenciando-se vítimas desses paradigmas hegemônicos de humano vão além e vivenciando a desumanização como imposição dos padrões de poder, de saber, de ser afirmam outro paradigma de humano, outras matrizes de afirmação, formação humana, outro humanismo, outras matrizes, pedagogias de humanização: re-existências políticas éticas em que se afirmam humanos. Não reivindicam ser incluídos no padrão único, hegemônico de humano dos diversos humanismo hegemônicos que os decretaram carentes de humanidade.

Re-existentes como humanos afirmam que outro paradigma de humano e possível tem sido uma realidade histórica ocultada, negada, não reconhecida na história política, ética, pedagógica. Afirmando-se humanos politizam os humanismos hegemônicos e as teorias do humano, da formação humana. Politizam as teorias pedagógicas expondo tensões de teorias e de paradigmas de humanidade. Interrogam, politizam as teorias pedagógicas e a história da educação. Uma história e umas teorias fechadas no legitimar e no narrar uma história do padrão, da matriz única, hegemônica de humano, ignorando, ocultando a existência histórica de vidas re-existentes, afirmantes de outras matrizes.

Re-existindo, afirmando-se já humanos, humanizando-se no re-existir, não se pensam nem afirmam um humano por fazer, por ser educado, humanizado pelas pedagogias do Nós humanos, mas afirmam outras pedagogias de outra humanização de que têm sido sujeitos na tensa história de re-existências, políticas, éticas, pedagógicas. Uma outra história da educação, de humanização, das re-existências às desumanizações como realidade histórica persistente. Uma outra história ocultada, ignorada que exige ser reconhecida: outra história de outras pedagogias dos oprimidos. Reconhecer os Outros, a diferença, sujeitos de vidas re-existentes afirmantes de outra história de humanização. Que outra história?

Outra dialética anti-hegemônica de desumanização, re-existência, humanização

Fanon, Walter Benjamin, Paulo Freire, reconhecendo os oprimidos sujeitos de outras pedagogias, de outros processos de humanização, reconhecem que as vítimas desistem e desconstroem a dialética hegemônica. Os cativos da terra, os oprimidos, as vítimas não ignoram as opressões, as desumanizações como realidade histórica a que o padrão hegemônico de poder os condena como oprimidos, mas sua dialética opressão/desumanização é outra. "É também, e talvez sobretudo, a partir dessa dolorosa constatação que os homens se perguntam sobre a outra viabilidade – a de sua humanização" (p. 30). Lutam pela viabilidade de sua humanização. A dialética que Paulo Freire reconhece nos oprimidos é entre a realidade histórica da opressão, desumanizações que os vitimam e a outra viabilidade de sua humanização. Reconhecer que lutam pela outra viabilidade, possibilidade de sua humanização desconstrói a dialética fechada do decretar a diferença na inumanidade, sem viabilidade de humanização.

Paulo Freire resiste a decretar a diferença com a deficiência mais radical de incapacidade de saber-se, de ter consciência de sua inumanidade, logo incapaz de se perguntar pela outra viabilidade de sua humanização. "Quem melhor que os oprimidos se encontrará preparado para entender o significado terrível de uma sociedade opressora? Quem sentirá melhor do que eles, os efeitos da opressão? Quem, mais do que eles, para ir compreendendo a necessidade da libertação?" (p. 31).

A dialética desumanização/humanização que Paulo Freire descobre nos movimentos de rebelião dos oprimidos se contrapõe à dialética fechada do padrão hegemônico de poder, de saber, de ser. Uma dialética fechada na opressão, na condição de desumanização como realidade histórica, como regra sem saída, sem outra viabilidade de resistências conscientes porque atoladas nas desumanizações mais radicais de inconscientes, irracionais, imorais, inumanos.

A dialética que os oprimidos afirmam é uma dialética aberta: opressão como vivência cruel histórica, como constatação dolorosa de que os oprimidos têm consciência e os leva a se perguntar, lutar pela outra viabilidade de sua humanização. A desumanização/humanização como realidade histórica que insta os oprimidos a um permanente movimento de busca resistente da humanização.

Re-existências afirmativas de serem sujeitos de outra viabilidade de humanização

Paulo Freire reconhece as re-existências conscientes a essa dialética fechada dos padrões de poder. Reconhece os oprimidos afirmando outra viabilidade, desconstrói a matriz hegemônica, segregadora de humanos. Abre para outras matrizes. A dialética desumanização/humanização no padrão de poder, de saber, de ser hegemônico fecha qualquer possibilidade dos Outros, das vítimas das desumanizações de se perguntarem sobre a outra viabilidade de sua humanização, nem sequer a viabilidade de terem consciência das desumanizações que os vitimam, nem consciência de que estruturas os oprimem.

Paulo Freire reconhece os oprimidos conscientes das desumanizações a que são decretados e denuncia as deficiências de humanidade com que são pensados, mas resistem conscientes das desumanizações que sofrem e se perguntam sobre qual outra viabilidade para além da desumanização de que são culpabilizados. Conscientes se perguntam sobre quem, que opressores, que estruturas sociais, políticas, que padrões de poder os desumanizam. Não se repensam condenados a uma persistente desumanização à espera de intelectuais orgânicos do poder que se dignem conscientizá-los para se libertar, emancipar.

O padrão hegemônico, segregador, único de humanos tem operado como um círculo fechado a que os padrões de poder, de saber, de ser condenam os Outros, a diferença, nessa dialética hegemônica fechada. A dialética opressão, desumanização, re-existência, humanização que os Outros, a diferença, afirmam na história de seus movimentos de rebelião é outra. Paulo Freire aprende, reconhece nos movimentos de rebelião dos oprimidos a outra dialética que afirmam, os reconhece sujeitos de outras pedagogias de oprimidos. Um outro paradigma pedagógico que os oprimidos afirmam. Uma outra matriz anti-hegemônica de formação/afirmação humana que as re-existências afirmativas repõem na história da educação e das teorias pedagógicas.

Os humanos oprimidos re-existentes redefinem o padrão de humano único

Os oprimidos em vidas re-existentes afirmando-se humanos resistem aos padrões políticos, religiosos que decretam o Nós humanos e os outros inumanos. Tencionam a história da educação e dos diversos humanismos pedagógicos a reconhecer suas resistências a ser classificados por padrões de poder com a margem do padrão único, hegemônico de humanos. As diversas ciências humanas vêm disputando esses padrões de humano seletivos, abissais, sacrificiais que impõem de fora, dos padrões de poder um paradigma único de humano. Um padrão legitimante de uma história de decretar a diferença à margem da condição humana. A esse padrão de humano segregador, os oprimidos resistem afirmando-se humanos em outro padrão de humano.

Por uma humanização dos padrões de humano

As ciências humanas vêm defendendo e reconhecendo os próprios humanos como legítimos definidores dos padrões de humano. Os próprios coletivos humanos em sua diversidade autodecretando-se definidores de sua condição humana, produtores de sua condição humana, produtores de sua humanização. Pedagogos de si mesmos, sujeitos das verdades, valores, culturas, identidades humanas. Definidores de padrões outros de humano não impostos como referente de fora, dos deuses, do Estado, da nação, dos padrões de poder religioso ou político.

As ciências humanas defendem e mostram como na história os diferentes coletivos humanos vêm afirmando padrões diversos de humanidade que têm como referente os próprios coletivos diversos na concretude dos seus processos do viver, reinventar a condição humana, no pensar-se, fazer humanos. O humanismo renascentista se contrapõe à diversidade de humanismos que empenham de fora padrões únicos de humano. Reconhecendo os próprios humanos se definindo em relação a si mesmos como sujeitos de história não obrigados a se adaptar a um padrão de humano transcendente religioso ou político.

Outro padrão antropológico de humano, de que os próprios humanos se afirmam construtores, educadores, formadores, humanizadores, que os próprios humanos assumam serem sujeitos do padrão de humano politiza, radicaliza as disputas pelo paradigma padrão de humano. Uma politização dos coletivos humanos, diversos autodecretando-se definidores do padrão de humano. Re-existindo a padrões únicos, hegemônicos dos padrões de poder político ou religioso.

Que os próprios humanos se atrevam a ser sujeitos da produção de um novo padrão de humano tem significado uma politização do padrão de humano, politização da educação e dos diversos humanismos pedagógicos. Significa um gesto político resistente a ter de se ajustar no ser, fazer-se, formar-se como humanos a um protótipo de humano predefinido de fora, de Deus, da nação, do Estado.

Uma resistência política, humana afirmativa de se reconhecer autores da produção de outro protótipo de humano. Autores sujeito produtores, formadores de outros valores, saberes, de outras culturas, identidades, coletivos sujeitos de humanidade, de processos e pedagogias de auto-humanização, não cópias imagens de Deus, nem da nação, nem dos poderes do Estado, mas sujeitos da produção de si mesmos, de suas pedagogias. Não moldados de fora, não destinatários de pedagogias, políticas, educadores de fora, à imagem de padrões de fora na condição humana, da história humana.

Essa ousadia resistente dos próprios coletivos humanos a se afirmar em outro padrão de humano trouxe para os humanismos pedagógicos, para a história da pedagogia, do desenvolvimento e formação humana, trouxe tensões políticas, éticas, pedagógicas radicais. Tensões que exigem ser reconhecidas em sua centralidade no entender a história da educação, e dos diversos humanismos pedagógicos.

O padrão secularizado de humano supera a dicotomia de Nós humanos, a diferença inumana?

Reconhecer a diversidade de coletivos humanos sujeitos de auto-humanização, de autodefinição do padrão de humano politiza a produção dos padrões de humano, expõe tensões de que padrão de humanos, não humanos que poderes os definem tem perpassado a história da educação, politiza que coletivos sociais no poder religioso, político se autodecretam humanos, humanizáveis, educáveis e que outros coletivos são decretados não humanos, com deficiências de humanidade, logo decretados nem humanizáveis nem educáveis. A história da educação e a história dos diversos humanismos pedagógicos se tornam incompreensíveis sem dar centralidade a essa história de quem definiu que padrão de humanos, não humanos.

Uma história central na história da educação e das identidades docentes/educadoras: continuar impondo, aderindo ao padrão religioso – Deus acima de tudo, ao padrão político – a nação, o Estado acima de todos, ou desconstruir esses padrões e avançar para um padrão de humano secularizado, que prioriza os próprios humanos autodefinidores de sua humanidade. Disputa de humanismos que ainda persiste na história.

As ciências humanas priorizam o padrão de humano autodefinido pelos coletivos humanos. As ciências humanas atacadas por reconhecer, fortalecer os próprios coletivos humanos se autoafirmando, definidores do outro padrão de humano. As ciências humanas são atacadas pelos padrões autoritários que continuam defendendo Deus acima de tudo e a nação acima de todos. Afirmar um padrão secularizado de humano tenciona a história de que padrões de humano e de que poderes os definem e impõem como únicos, hegemônicos.

Uma interrogação político-ética: O padrão de humano definido pelos próprios humanos será mais humano, menos segregador, menos abissal ou persiste abissal? Os próprios humanos segregando, decretando os outros humanos como inumanos? Todo humanismo segregador é obra dos próprios humanos. Os humanismos pedagógicos pretendem ser laicos dos próprios humanos, mas de que humanos? Exigem uma autocrítica de continuarem reproduzindo as dicotomias abissais políticas, religiosas da cruz, da coroa, de Deus, da nação, acima de tudo e de todos. A história persistente das religiões, da política, dos padrões de poder político-religioso de impor um padrão de humano abissal, segregador não tem sido superada com a autodefinição dos humanos como referente de ou padrão secular, laico de humano.

Que os próprios seres humanos tenham se afirmado sujeitos do padrão de humano tem significado um movimento político de autonomia resistente que as diversas ciências humanas vêm reforçando. Mas na sociedade de classes o padrão de humano, laico, secularizado que os próprios humanos afirmam termina carregando as diferenças abissais de classe, de etnia, raça, gênero. Diferenças abissais incorporadas no padrão de humano dos diversos humanismos, até no humanismo definido pelos próprios humanos.

O caráter sacrificial, abissal, segregador dos humanismos políticos, nação-Estado acima de tudo. Deus, religião acima de todos não foi superado, persiste nos humanismos pedagógicos, ditos renascentistas, que os humanos dcfincm scu o padrão dc humano/não humano. Todo padrão definidor de que coletivos sociais merecem ser ou não ser reconhecidos sujeitos humanos, dos direitos humanos, sociais, econômicos, políticos, culturais estiveram na história marcados pelos padrões de poder, de saber que predefinem, se apropriam, segregam que coletivos reconhecidos como humanos e que outros decretados não humanos.

Um padrão de humano igualitário ou hierárquico segregador

A disputa de um padrão de humano secularizado laico persiste mas não vem significando a substituição do padrão político/religioso/Deus/nação/Estado como padrões de que coletivos reconhecer, não reconhecer como humanos.

O proclamado padrão secularizado laico não vem significando uma ruptura, uma destruição dos padrões políticos, religiosos segregadores da diferença, dos outros, o padrão de humano secularizado que prometia a igualdade de todos perante a lei, perante o Estado e suas políticas de igualdade republicana, não tornou igual o reconhecimento da diferença como igual na própria condição humana nem na condição cidadã.

As vidas humanas não tiveram o mesmo valor no padrão político-religioso de humano, e continua não tendo o mesmo valor no humanismo secularizado laico definido pelos próprios humanos. Os padrões político-religiosos de humano sempre segregaram os outros, a diferença, decretados com deficiências de humanidade. O padrão secularizado continuou segregando a diferença com deficiência de humanidade, de moralidade, de racionalidade.

Todo padrão de humano na história – padrão religioso ou laico, político, filosófico, secularizado – carregara as dicotomias, hierarquias de classe, etnia, raça, gênero tão inumanos, na história dos padrões religioso, político ou secular de humano. As divisões, hierarquias de classe, etnia, raça, gênero definidoras das hierarquias de humano/inumano na diversidade de padrões religioso, político, secularizado.

Uma lição histórica: não é a educação e os padrões de humano que produzem as desigualdades sociais, étnicas, raciais, mas são os padrões, estruturas de poder, de classe, de raça, etnia, gênero que produzem, legitimam, impõem os padrões segregadores, abissais de humano/inumano. Podemos avançar na substituição de Deus pelo Estado ou até substituição dos padrões religiosos, políticos por um padrão secularizado, laico de humano, mas persistindo as estruturas, padrões de poder, de classe, raça, etnia, gênero os padrões de Nós humanos, os outros, a diferença com deficiências de humanidade persistirão tratando os decretados sub-humanos como coisas.

Que o padrão de humano/não humano seja decretado por Deus e seus partidos religiosos, pela nação, pelo Estado, pelos próprios humanos autoafirmando sua humanidade, a função segregadora será reprodutora das hierarquias de classe, etnia, raça, gênero. Reconhecer essas tensões nos padrões, dicotomias segregadores de humano radicaliza a história da educação e da função das identidades docentes/educadoras; reconhecer, adaptar-se, reproduzir ou resistir a essas hierarquias de classe, etnia, raça, gênero que a diversidade de padrões de humanos/inumanos persistem na história social, política, econômica, cultural e pedagógica.

Os Outros, a diferença re-existente afirmantes de outro padrão de humano

As tensões e disputas de que padrão de humano/inumano e que coletivos políticos, religiosos, humanos o definem tencionaram na história os diversos humanismos pedagógicos, tencionaram a história da educação, das teorias pedagógicas de formação humana. Cada padrão de humano único/hegemônico teve e tem a função política de legitimar os autorreconhecidos, decretados humanos, sujeitos de direitos humanos, do direito à educação, à formação humana. Cada padrão de humano único hegemônico tem a função de predefinir os outros, a diferença inumana com deficiências de humanidade. Decretados porque diferentes em etnia, raça, gênero, classe, o Outro do humano único: inumano.

A essa função segregadora de todo padrão único, hegemônico de humano resistiram os Outros, a diferença, decretados com deficiência de humanidade. Resistiram no ser excluídos no padrão único/hegemônico, religioso, político ou laico de humano, mas re-existiram afirmando-se humanos, afirmando outro padrão de humano. Não pediram para ser incluídos no padrão de humano que vem segregando na história política, religiosa ou laica de humano único. Ao resistirem afirmam serem humanos em outro padrão de humanos. Não disputam ser incluíveis no padrão único, hegemônico dos diversos humanismos pedagógicos, mas afirmam-se humanos em outra humanidade, outra racionalidade, outra moralidade, outras identidades éticas, culturais, intelectuais/humanas.

Paulo Freire sintetizou essa disputa de padrões de humanidade, de cultura, de racionalidade, de moralidade. Disputas de processos, pedagogias de humanização: pedagogias dos oprimidos. Sujeitos de outros processos, pedagogias de outra humanização, sujeitos de outro padrão de humano. Reconhecendo os oprimidos sujeitos de outras pedagogias, Paulo Freire afirma outro paradigma de humano (ARROYO, 2019). Reconhece a diferença oprimida sujeito de outro padrão de humano.

A diversidade de coletivos segregados como deficientes em humanidade, os oprimidos em suas lutas por emancipação reafirmam ser sujeitos de pedagogias, de formação humana. Sujeitos re-existentes afirmando-se humanos em outro padrão de humano. Dos oprimidos re-existentes afirmando outro padrão de humano vem à politização ética, pedagógica para a história dos diversos humanismos pedagógicos: reconhecer e fortalecer os oprimidos re-existentes a ser decretados com deficiências de humanidade, afirmando-se humanos em outro paradigma de humanidade.

Disputas de paradigmas de humano que transpassam a história da educação, da formação humana a exigir centralidade na história da educação e nos tempos de formação inicial e continuada de educadoras, educadores: aprender com os humanos oprimidos, re-existentes, redefinindo o padrão de humano único. Aprender outro padrão de humano. Reconhecer a história da educação como uma tensa história política por padrões de humano.

Vidas re-existentes afirmantes de outro paradigma de humano

Os oprimidos em suas vidas re-existentes se revelam sabendo-se vítimas do paradigma segregador de humano único, religioso, filosófico, político, resistem a vivências de segregações. Porque vitimados por esse caráter segregador de humano único que os decreta inumanos oprimidos extermináveis, resistem aos padrões de poder que os têm condenado na história à condição de oprimidos porque segregados como não humanos. Porque vitimados até pelo paradigma laico, secularizado de humanos, resistem a esse padrão de poder que decreta o Nós humanos direitos e a diferença não reconhecida humana. Padrões de poder de humanos de que se sabem violentados na própria condição de decretados não humanos. O que aprender dos oprimidos em vidas re-existentes ao paradigma hegemônico, segregador de humanos? Aprender que em suas re-existências, afirmando-se humanos, afirmam outro paradigma humano.

As vítimas segregadas denunciam o inumano dos paradigmas hegemônicos de humano

Vimos que os oprimidos vivenciam as tensões políticas, éticas, pedagógicas entre desumanização/humanização, vimos que os oprimidos re-existem a essa dialética. Que resistência? Na diversidade de ações e de movimentos sociais os Outros, a diferença, não lutam por serem incluídos no padrão único de humano do Nós. Os outros, a diferença, resistiram na história ao paradigma hegemônico de humano religioso, político e até secular, laico de que se sabem oprimidos. Afirmam-se humanos, conscientes, sujeitos de pedagogias de saberes resistentes por vida justa, humana. Que saberes resistentes revelam? Que humanidades revelam?

Aprenderam por vivências históricas que nem Deus, nem a nação, o Estado, nem os padrões de poder renunciarão a decretá-los com deficiências de humanidade. Aprenderam por vivências históricas que se há oprimidos é porque há opressores. Nem o Nós nos poderes de classe, raça, gênero renunciarão a persistir oprimindo, segregando a diferença como inumana. O humanismo laico, secularizado também reforça Deus, o Estado, a nação. O próprio Nós como a síntese do humano. Sempre que o padrão de poder de humano/não humano decreta o Nós humanos únicos e os Outros, a diferença inumana, reafirma o caráter segregador de humanismo político, religioso, filosófico, pedagógico, laico.

A essa diversidade de humanismos/inumanos têm resistido na história as vítimas, os decretados com deficiências inatas, ônticas de humanidade. Que radicais resistências? Paulo Freire reconhece que as desumanizações têm sido uma realidade histórica permanente, mas os oprimidos por essas vivências cruéis de saber-se decretados não reconhecíveis como humanos denunciaram sempre na história ter sido e persistir sendo decretados à morte pela desumanização, condenados a sem terra, sem teto, sem cultura, sem identidades étnicas/raciais de gênero como coletivos pelo ser decretados na condição de não humanos. Na condição de desumanização como realidade histórica.

Se esse saber-se, vivenciar-se decretados a desumanização tem sido regra na história, também resistir a essa desumanização e re-existir afirmando-

-se humanos tem sido uma regra histórica política, ética, pedagógica radical a essa diversidade de padrões de humanismos anti-humanos. Uma crítica resistente, persistente que não tem conseguido acabar com a desumanização, nem com o fim desses padrões políticos desumanos de humanização que continuam regra na história, provocando as resistências também regra na história.

As vítimas, os Outros em suas resistências não desistem de denunciar a desumanização que persiste na diversidade de humanismos, mas concentram suas re-existências em afirmar-se humanos em outro paradigma de humano. Disputas de paradigma de humano, não tanto disputas por ser incluídos nos padrões únicos, hegemônicos de humano desumanizante. Que outro paradigma de humano afirmam em suas persistentes re-existências afirmando-se humanos? Paulo Freire ao reconhecer os oprimidos sujeitos de pedagogias está reconhecendo que os oprimidos re-existindo afirmando-se humanos trazem para as teorias pedagógicas um outro paradigma de humano. Um outro paradigma pedagógico (ARROYO, 2019).

Re-existentes afirmando-se humanos em outro paradigma de humano

Paulo Freire ao reconhecer os oprimidos sujeitos de outras pedagogias vai além: os reconhece sujeitos de outros processos de humanização. Sujeitos de outro paradigma de humano, de outra formação humana, outras dimensões de humanidade: a justiça, a verdade, o valor da vida, as lutas por condições materiais de um justo humano viver, dimensões de humanidade só possível em um outro paradigma de humano.

As resistências dos oprimidos, às desumanizações e às injustiças afirmantes de outras matrizes de humanização. As resistências às matrizes de desumanização com que o paradigma único hegemônico os desumaniza como realidade histórica, os oprimidos convertem em outras matrizes resistentes de humanização. As resistências a decretados sem terra, sem território, sem cultura, sem saberes, sem valores, sem tradições identitárias, os coletivos outros convertem em outras matrizes de outro paradigma de humano, de humanização. Para os oprimidos a natureza da condição humana que os humanismos hegemônicos proclamam para segregá-los perde validade não apenas de critério de segregação, mas perde validade como critério de humano.

Os oprimidos instauraram na história dos humanismos pedagógicos a crítica mais radical, política, ética, pedagógica ao resistirem à validade de humano único, à validade da natureza da condição humana hegemônica em que pretendem se legitimar os diversos humanismos religiosos, políticos, filosóficos e até laicos humanistas. As vítimas revelam que a privatização da condição humana pelo Nós no poder tem sido inumana.

As vivências históricas de vítimas dessa concepção única, hegemônica de humanidade, de condição humana tem significado na história experiências de culturicídios, genocídios, de escravização, de expropriação dos territórios, das tradições, das memórias e identidades coletivas ancestrais, mas essas vivências desumanizadoras os tornaram conscientes: "Quem melhor do que os oprimidos se encontrará preparado para entender o significado terrível de uma sociedade opressora? Quem mais do que eles para ir compreendendo a necessidade da libertação?" (FREIRE, 1987, p. 31).

Experiências de paradigmas de humano/inumanos de que as vítimas têm consciência que as leva a se libertar desses padrões políticos de humano anti--humanos, antiéticos que os leva a resistir afirmando outra condição, outra humanidade, outro paradigma de humano. Outro humanismo. As vítimas re--existentes, afirmando-se humanos, trazem para os embates históricos que humanidade, que condição humana, que processos pedagógicos de humanização outra, quebrando a hegemonia da concepção hegemônica, religiosa, política, filosófica, laica de humano hegemônico único.

As vítimas repolitizam a condição humana; repolitizam as teorias pedagógicas

Os oprimidos em vidas re-existentes repolitizam as teorias pedagógicas reafirmando sua condição humana. Os oprimidos re-existentes ao paradigma único, hegemônico de humano que os decretaram na história com deficiências de humanidade, ineducáveis, inumanizáveis, não renunciam à condição humana, mas afirmam outra humanidade, outra condição humana. Os oprimidos sujeitos de outras pedagogias, de outras matrizes de humanização, não renunciam ao humanismo, mas repolitizam, radicalizam as disputas políticas, filosóficas, religiosas, laicas, por que condição humana, que teorias de desenvolvimento, de formação humana, que humanismos outros.

Vivenciando a desumanização como imposição histórica dos padrões diversos de poder expõem que os padrões de humano sempre foram padrões políticos, produções do Nós autodecretados síntese do humanismo e os Outros, a diferença, síntese da inumanidade. Todo paradigma de humano único tem sido uma produção política. Toda resistência a esse paradigma único tem sido política. Os coletivos oprimidos em vidas re-existentes politizam os padrões de inumano/humano, os desconstroem e politizam as teorias pedagógicas.

Os oprimidos vivenciando-se vítimas desses padrões políticos hegemônicos de humano/inumano vão além e vivenciando a desumanização como imposição dos padrões de poder, de saber, de ser afirmam outro paradigma de humano, outras matrizes de formação humana, outro humanismo, outras matrizes, pedagogias de humanização: re-existências políticas éticas em que se afirmam humanos. Não reivindicam ser incluídos no padrão político único, hegemônico de humano dos diversos humanismos hegemônicos que os decretaram carentes de humanidade.

Re-existentes como humanos afirmam que outro paradigma de humano e possível tem sido uma realidade histórica ocultada, negada, não reconhecida na história, política, ética, pedagogia. Afirmando-se humanos politizam os humanismos hegemônicos e as teorias do humano, da formação humana. Politizam as teorias pedagógicas expondo tensões políticas de teorias e de paradigmas de humanidade.

Re-existindo afirmando-se já humanos, humanizando-se no re-existir, não se pensam nem afirmam um humano por fazer, por ser educado, humanizado pelas pedagogias do Nós humanos, mas afirmam outras pedagogias de outra humanização de que tem sido sujeitos na tensa história de re-existências, políticas éticas pedagógicas. Uma outra história da educação, de humanização, das re-existências às desumanizações como realidade histórica persistente. Uma outra história ocultada, ignorada que exige ser reconhecida como Paulo Freire reconheceu: outra história de outras pedagogias dos oprimidos. Outra história, de outro paradigma de humano que os oprimidos afirmam e Paulo Freire reconhece (ARROYO, 2019).

Outra dialética anti-hegemônica de desumanização, re-existência, humanização

Paulo Freire, Walter Benjamin, Fanon, reconhecendo os oprimidos sujeitos de outras pedagogias, de outros processos de humanização, reconhecem que as vítimas desconstroem a dialética hegemônica. As vítimas, os coletivos da terra, não ignoram as opressões, as desumanizações como realidade histórica a que o padrão hegemônico de poder os condena como oprimidos, mas sua dialética/opressão/desumanização é outra. "É também, e talvez sobretudo, a partir dessa dolorosa constatação que os homens se perguntam sobre a outra viabilidade – a de sua humanização" (p. 30). Fazendo-se problema, conscientes das opressões, desumanizações que sofrem, resistem e lutam pela viabilidade de sua humanização.

A dialética que Paulo Freire reconhece nos oprimidos é a tensão entre a realidade histórica das opressões, desumanizações que os vitimam e a outra viabilidade de sua humanização. Reconhecer que lutam pela outra viabilidade, possibilidade de sua humanização desconstrói a dialética fechada do decretar a diferença na inumanidade, sem viabilidade de auto-humanização. Paulo Freire resiste a decretar a diferença com a deficiência mais radical de incapacidade de saber-se, de ter consciência de sua inumanidade, logo incapaz de se perguntar pela outra viabilidade de sua humanização.

A dialética desumanização/humanização que Paulo Freire descobre nos movimentos de rebelião dos oprimidos se contrapõe à dialética fechada do padrão hegemônico de poder, de saber, de ser. Uma dialética fechada na opressão, na condição de desumanização como realidade histórica, como regra sem saída, sem outra viabilidade de resistências conscientes porque atolados nas desumanizações mais radicais de alienados, inconscientes, irracionais, imorais, inumanos.

A dialética que os oprimidos afirmam é uma dialética aberta: opressão como vivência cruel histórica, como constatação dolorosa de que os oprimidos têm consciência e os leva a se perguntar, lutar pela outra viabilidade de sua humanização. A desumanização/humanização como realidade histórica que insta os oprimidos a um permanente movimento de busca resistente da humanização.

Re-existências afirmativas de serem sujeitos de outra viabilidade de humanização

Nas re-existências conscientes a essa dialética fechada dos padrões de poder, os oprimidos afirmam outra viabilidade política, ética, pedagógica. Outra dialética, outra viabilidade de humanização. A dialética desumanização/humanização no padrão de poder, de saber, de ser hegemônico fecha qualquer possibilidade dos Outros, das vítimas das desumanizações de se perguntarem sobre a outra viabilidade de sua humanização, nem sequer a viabilidade de terem consciência das desumanizações que os vitimam, nem consciência de que estruturas os oprimem.

Paulo Freire reconhece os oprimidos conscientes das desumanizações a que são decretados e denuncia as deficiências de humanidade com que são pensados, oprimidos; mas vai além, reconhece que os oprimidos resistem conscientes das desumanizações que sofrem e se perguntam sobre qual outra viabilidade para além da desumanização de que são culpabilizados. Conscientes se perguntam sobre quem, que opressores, que estruturas sociais, políticas, que padrões os desumanizam. Não se pensam condenados a uma persistente desumanização à espera de intelectuais orgânicos que se dignem conscientizá-los para se libertar, emancipar.

Um círculo fechado a que os padrões de poder, de saber, de ser condenam os Outros, a diferença, nessa dialética hegemônica fechada. A dialética opressão, desumanização, re-existência, humanização que os Outros afirmam na história de seus movimentos de rebelião é outra: re-existentes às desumanizações do poder como coletivos éticos, raciais, de gênero, classe, em movimentos de rebelião de oprimidos contra as estruturas opressoras afirmam outra dialética. Afirmam-se sujeitos de outras pedagogias de oprimidos. Um outro paradigma pedagógico? (ARROYO, 2019).

Exigências políticas, éticas, para a educação e a docência para as teorias de formação humana, para a história da educação: reconhecer nas vidas re--existentes dos oprimidos afirmantes de outro paradigma humano. Que outro paradigma de que outro humano afirmam? Que outras identidades docentes, educadoras, afirmativas de outra viabilidade de humanização?

Capítulo 5

Vidas re-existentes que afirmam outras matrizes de outros humanismos pedagógicos

Acompanha-nos a hipótese de que para entender as vidas re-existentes afirmando-se humanos é necessário entender a que padrão dos humanismos pedagógicos resistem.

A pedagogia, a docência, a educação sabem que têm sido legitimadas em sua função social, política, ética, cultural no paradigma de humano hegemônico, na diversidade de humanismos pedagógicos: clássico – Paideia, cristão, renascentista, ilustrado, colonial, republicano. Humanismos que se legitimam em uma concepção bipolar de humano/in-humano, de humanos a educar porque pensados humanizáveis e de in-humanos, não educáveis porque decretados com deficiência originária de humanidade. Tensão persistente ao longo da história da educação tão marcada por esse humanismo dicotômico, abissal e sacrificial que lhes é inerente.

As vítimas re-existem à matriz única, abissal, de humano

Dos coletivos decretados com deficiências originárias de humanidade, veem radicais re-existências afirmando-se humanos. Re-existências políticas. As ciências sociais e humanas vêm mostrando que essas dicotomias no paradigma de humano reproduzem as polaridades de classe, raça, gênero, mostrando a função reprodutora da educação. O humanismo socialista tem destacado que o decretar uns como humanos, educáveis, humanizáveis e os Outros como in-humanos, in-educáveis porque deficientes em humanidade repõe as polaridades de classe e tenta legitimá-las.

Os movimentos sociais de classe, gênero, etnia, raça repõem essa crítica política aos humanismos que os decretaram com deficiência originária não só por classe, mas por etnia, raça, gênero, mas vão além e, afirmando-se humanos, não se reconhecendo com deficiência originária de humanidade, afirmam um Outro paradigma de humano. Outros humanismos pedagógicos. A tendência do humanismo hegemônico único é prometer ser inclusivo, prometendo políticas, programas de inclusão dos Outros. As políticas sociais/educacionais reafirmam sua função de incluir os excluídos: toda criança na escola, mais tempo de escola, reforços para regularizar o fluxo escolar. Base Nacional Comum para incluir todos na mesma qualidade de domínios de competências e aprendizagens. Nos valores da nação e de Deus acima de tudo e de todos os outros valores.

Todas essas promessas de inclusão no paradigma pedagógico único de igualdade persistem em fechar-se a reconhecer que os Outros criticam esse paradigma de humano segregador e afirmam um outro paradigma. Lutam contra esse paradigma de humano/in-humano em nome do qual foram decretados in-humanos e até convidados a ser reconhecidos humanos desde que fizerem o percurso de humanização/educação. Uma inclusão condicionada. Excludente a que os segregados resistem.

Não tem sido fácil aos humanismos pedagógicos reconhecer que os Outros, rejeitando ser decretados in-humanos e carentes de humanidade porque diferentes em gênero, etnia, raça, classe, desconstroem esse paradigma abissal, sacrificial de humano/in-humano. Desconstroem as benevolentes políticas inclusivas, igualitaristas. A teoria pedagógica, a função social, política, cultural, ética das escolas, dos seus profissionais são desafiadas a superar essa histórica imposição de um padrão único, inclusivo dos humanismos pedagógicos. Coletivos de educadores e educandos assumem esses desafios e somam com os oprimidos afirmando outros humanismos.

O desafio vai além: que novas alternativas, que pressupostos outros de educação, que pedagogias outras vêm dessa ousadia dos movimentos sociais atrever-se a afirmar-se humanos e afirmar outro paradigma de humano? Essa ousadia dos Outros obriga o pensamento pedagógico único – até inclusivo, igualitário – a reconhecer que não tem sido único e a repensar as pedagogias tradicionais do humanismo ilustrado; por exemplo, tão incrustado no sistema escolar e na formação de identidades docentes: o progresso da humanidade, da cultura, da racionalidade, pelo uso bem orientado da razão, da racionalidade científica, para a orientação ética e para a perfectibilidade do homem. O atrever-se a pensar como matriz única de formação humana: penso com racionalidade única, logo existo com humanidade única.

Uma tensão de paradigmas, de matrizes de formação/afirmação humana

Cada um dos humanismos pedagógicos tem destacado uma ou outra matriz de formação/afirmação humana. A história das ideias pedagógicas tenta mostrar essa diversidade de concepções de educação e de processos, percursos de formação/afirmação humana. Uma história marcada por escolhas, por opções por uns processos e marginalização de outros. Uma história marcada pelo ideal de humanos a formar nos ideais de gênero, raça, classe do Nós dirigentes, racionais, cultos, letrados, bem-pensantes.

A afirmação re-existente dos Outros como humanos nos obriga a reconhecer a aprender com seus percursos de humanização, com suas pedagogias – pedagogias dos oprimidos. Obriga-nos a perguntar-nos em que outras matrizes pedagógicas se formam e afirmam humanos: no trabalho, na luta pela terra, pelo território, por preservar suas memórias e identidades, na pluralidade de formas de resistências por emancipação, por recuperar as humanidades roubadas. Reconhecer essas outras matrizes históricas de afirmação/formação humana esquecidas, secundarizadas nos humanismos pedagógicos hegemônicos.

Com as pedagogias outras dos movimentos sociais vem uma radical crítica aos humanismos hegemônicos de não ter reconhecido ou secundarizado essas matrizes estruturantes, históricas da formação dos sujeitos e dos coletivos humanos. O decretar os Outros em classe, etnia, raça, gênero, trabalhadores com carência originária de humanidade levou a decretar como matrizes desumanizantes o trabalho, a terra, a produção da existência, as lutas por um justo, humano viver. Ser humanos. Até decretar como desumanizante o re-existir afirmando-se humanos.

Os movimentos sociais, reafirmando essas matrizes como estruturantes de suas lutas por vida justa, humana, não apenas enriquecem o humanismo pedagógico hegemônico que marginalizou essas matrizes, mas trazem outro paradigma de formação humana que é inerente a essas matrizes de formação. Os movimentos sociais ao afirmar-se humanizados em processos sociais de viver, sobreviver nos limites, de resistir a ser expropriados da terra e lutar por terra, de resistir a ser jogados na sobrevivência e pobreza extrema, de resistir a sobreviver, condenados à mortandade de suas infâncias e ao extermínio de seus adolescentes e jovens, de lutar por vida, saúde, educação, trabalho, renda, moradia, terra e território, por identidades de gênero, orientação sexual, raça, recuperam a centralidade e radicalidade desumanizadora e humanizadora dessas matrizes pedagógicas e autopedagógicas.

Vidas re-existentes afirmantes de outro paradigma de humano

Os movimentos sociais, reafirmando essas matrizes, proclamam que os humanismos hegemônicos se empobreceram ao esquecer, silenciar esses Outros em suas vivências resistentes como matrizes da formação humana. Apontam para um outro projeto pedagógico na radicalidade das matrizes pedagógicas que afirmam e põem em movimento. Nada fácil ao pensamento pedagógico hegemônico que decretou esses Outros como deficientes em humanidade, em racionalidade, moralidade e cultura reconhecê-los afirmativos de outras pedagogias porque contestam não apenas as matrizes pedagógicas de formação hegemônica, mas porque contestam o paradigma de sujeito unitário, único, universal em que se legitimam.

A proclamação de um paradigma de sujeito unitário a formar se legitima na tentativa política, cultural de limitar o parâmetro de humano a uma classe, uma etnia, raça, um gênero, deixando à margem da formação humana, cultural, ética desse sujeito unitário de humano, os Outros não reconhecidos humanos. Segregação política e pedagógica que representou um paradigma que privilegia uns processos unitários de formação humana, umas matrizes, marginalizando outras. Os movimentos sociais afirmando-se sujeitos humanos repõem a crise do sujeito unitário do humanismo tão caro à pedagogia hegemônica. Radicalizam a pedagogia até crítica. Da afirmação dessas outras matrizes, outras pedagogias em movimento, vem a afirmação de outras bases epistemológicas, políticas, éticas, na medida em que trazem, afirmam outras concepções de humano, desconstruindo a dicotomia humano/in-humano que os decretou carentes de humanidade, de educabilidade.

Os outros sujeitos de outras matrizes de humanidade são educados com suas próprias pedagogias. Trazendo as matrizes mais radicais de constituir-se humanos mostram outros paradigmas alternativos do sujeito humano plural. Por que o pensamento pedagógico hegemônico resiste e insiste em ignorar essas outras pedagogias em movimento? Porque descentralizam o humano da dicotomia humano/in-humano e obrigam o pensamento pedagógico a reconhecer os Outros, a diferença, como sujeitos de processos, pedagogias outras de formação humana. Os movimentos sociais ousam afirmar-se humanizados, pondo em ação essas outras matrizes, outras pedagogias. Vidas re-existentes afirmando as existências de outras matrizes de humanização.

A desumanização, matriz deformadora; as resistências, matriz humanizadora

Lembrávamos que, para entender a radicalidade das vidas re-existentes afirmando-se humanas, é necessário entender a radicalidade política das desumanizações na história. As interrogações mais desestruturantes postas pelos Outros ao pensamento pedagógico foi ter esquecido, marginalizado a centralidade histórica dos processos de desumanização a que tantos humanos são condenados. Os Outros, ao lutarem por se libertar dos processos de desumanização que padecem, mostram que a desumanização tem sido uma matriz persistente. Paulo Freire e Walter Benjamin destacam que para os oprimidos as desumanizações têm sido regra, realidade persistente na história. De onde vêm os significados mais radicais do paradigma pedagógico a que os segregados resistem? Vêm das vivências de desumanização como regra na história a que os condenam as estruturas opressoras. Vêm de saber-se vítimas de pedagogias/

antipedagogias de desumanização e sujeitos de resistência por recuperar as humanidades que a opressão lhes tem roubado em nossa história. Outras matrizes deformadoras e formadoras marginalizadas que os oprimidos repõem, desocultam como realidade na história.

Os movimentos sociais como movimentos de coletivos oprimidos em classe, raça, etnia, gênero têm consciência do que Paulo Freire nos lembra: "o problema de sua humanização, apesar de sempre dever haver sido o problema central, assume, hoje, caráter de preocupação iniludível. Constatar esta preocupação implica, indiscutivelmente, reconhecer a desumanização, não apenas como viabilidade ontológica, mas como realidade histórica" (FREIRE, 1987, p. 29-30).

A marca política, ética, pedagógica primeira das pedagogias dos movimentos sociais é denunciar e resistir aos brutais processos de desumanização de que têm sido e continuam vítimas ao longo da história. Desafiam o paradigma pedagógico hegemônico de não reconhecer a desumanização, não apenas como viabilidade ôntica, mas como realidade histórica. Se a desumanização que padecem é uma realidade histórica, obrigam a pedagogia a reconhecer que a opressão, desumanização têm sujeitos – os opressores, as estruturas de classe, raça, etnia, gênero, até de educação opressora.

As vítimas de tantas desumanizações advertem a pedagogia hegemônica que não há como entender e reconstruir a história da própria educação como história da formação humana sem reconstruir e entender a história da desumanização. Sem entender suas resistências de vítimas a tantos processos sociais, políticos, de classe, gênero, etnia, raça tão desumanizantes (ARROYO, 2019).

Das pedagogias dos oprimidos, dos roubados em suas humanidades vem uma crítica radical aos humanismos pedagógicos: se a desumanização é uma realidade histórica, desde a pedagogia primeira – a Paideia – por que não reconhecer com prioridade os processos de desumanização e seu efeito tão radical: roubar de milhões de oprimidos suas humanidades? Foi mais fácil aos humanismos pedagógicos responsabilizar os próprios coletivos oprimidos roubados em suas humanidades como carregando por natureza uma "deficiência" originária de humanidade, do que aprofundar e denunciar as estruturas desumanizantes de classe, etnia, raça, gênero. Uma forma antiética, antipedagógica de responsabilizar os oprimidos pela desumanização que padecem e de desresponsabilizar os opressores, as estruturas de classe, etnia, raça, gênero pela opressão. Por roubar humanidades.

É compreensível que os humanismos pedagógicos hegemônicos que se fecham a reconhecer a opressão como realidade histórica e a reconhecer os opressores e as estruturas opressoras de classe, etnia, raça, gênero que roubam humanidades de milhões, é compreensível que se fechem às denúncias políticas, éticas, pedagógicas que vêm dos oprimidos, vítimas de históricas e persistentes opressões desumanizadoras. É compreensível que o pensamento pedagógico oficial, as políticas, diretrizes se fechem às pedagogias que vêm dos oprimidos em seus movimentos de denúncia/anúncio de outro paradigma de humano. Uma cegueira empobrecedora da pedagogia, das matrizes da formação a que educadores e educandos vêm resistindo afirmando outras matrizes humanizadoras.

Os profissionais educadores nos movimentos sociais, em seus cursos e em sua produção pedagógica, vêm avançando, teorizando, inventando alternativas de outra educação, tendo como referentes as matrizes pedagógicas que os movimentos sociais repõem nos seus re-existentes processos de humanização. As mesmas posturas e pedagogias que vêm adotando tantos coletivos de docentes/educadores, educadoras com as infâncias/adolescências nas escolas públicas e com os jovens/adultos na EJA. Não culpá-los por serem vítimas roubadas em sua humanidade, mas aprender em coletivo a recuperá-los, re-existindo por se libertar. Humanizar. Reconhecer e fortalecer os oprimidos re-existentes, e o movimento docente sujeitos de outras pedagogias, de outros humanismos pedagógicos, de outros paradigmas de humano, de outras matrizes de humanização.

As opressões matrizes de desumanização; as resistências matrizes de humanização

A persistente história de violências dos opressores, do poder, das estruturas sociais, políticas, econômicas, culturais têm provocado, nos oprimidos, resistências, configurando outra história, outros saberes feitos de experiências/

vivências coletivas de resistir. Uma dialética de opressões, resistências que alimenta uma dialética de histórias opostas de opressões e de resistências. Histórias da opressão como matriz de desumanização e histórias da resistência como matriz de humanização.

Histórias de matrizes de educação que se reforçam

Lembramos que os oprimidos resistindo se reafirmam. Re-existindo, re-existentes. As lutas pela libertação, emancipação das opressões têm sido permanentes na história e com traços persistentes em nossa história colonial, imperial e republicano-democrática. Lutas políticas, éticas, pedagógicas que não só fazem parte de uma história política, pedagógica, mas que afirmam como um constante confronto de histórias na nossa história política e também na nossa história pedagógica, educativa, cultural.

A história política dos vencedores foi persistente, submetendo os outros coletivos às injustiças opressoras. Uma história de desumanizações, de roubar humanidades, de destruir culturas, valores, identidades, memórias. Uma história antiética, antipedagógica de culturicídios. Uma história ocultada na história oficial, mas persistentemente exposta, denunciada pelas resistências dos oprimidos.

As artes revelam essa história ocultada de opressões. A cultura popular tem mantido as memórias de tantas lutas inglórias que não esquecem jamais. Uma cultura popular resistente em nossa história cultural, artística mantida nas memórias e repassada aos filhos. As resistências – matriz formadora humanizadora. Os oprimidos sujeitos de outras pedagogias, de outra história. Outras matrizes de humanização que exigem ser reconhecidas como história outra da nossa educação. Vidas resistentes/re-existentes afirmando-se humanos, conscientes, sujeitos de saberes, valores, culturas, identidades.

Re-existentes em estado de opressão como regra?

Afirmando-se re-existentes em movimentos e ações coletivas por emancipação das opressões históricas. Re-existem, mas em uma nova existência? Re-existências vivenciando ainda as opressões como regra histórica? As vivências da opressão têm sido matrizes de desumanização na história, assim como as resistências por emancipação têm sido matrizes de humanização: as vivências da re-existência, do existir resistindo não será outra matriz de formação humana?

Sabem que são herdeiros de persistentes resistências, aprenderam saberes, valores, culturas resistentes à opressão, mas no re-existir a tantas violências históricas descobrem que as opressões persistem como regra. Persistem e se tornam mais cruéis porque ousaram resistir, não se curvaram aos padrões do poder.

Na história toda opressão provocou resistências afirmativas de existências que provocaram novas e mais injustas opressões. Uma dialética regra na história que acompanha a dialética da educação, das tensões entre matrizes de opressão/desumanização/resistências, matrizes de humanização e re-opressões do poder, matrizes novas de desumanização.

Sem entender e reconhecer essas tensões de matrizes de desumanização/ humanização/re-desumanização não será possível entender nossa tensa história da educação. As vítimas dessa história tensa que chegam às escolas, à EJA, às universidades têm direito a saber e a saber-se nessa história de que são vítimas, mas também sujeitos. Os seus docentes/educadores têm direito a saber e saber-se nessa história tensa de desumanização/humanizações/re-desumanização que marcou como regra os educandos e também marcou como regra a história das identidades e do trabalho docente/educador.

Fortalecer os saberes de re-existências emancipatórias

A chegada dos oprimidos nas escolas, na EJA, nas universidades como cotistas e como educandos nos currículos de educação do campo, indígena, quilombola... tornaram-se em centros de conflitos de saberes, de vivências, de opressão/desumanização/resistências/humanização. Que exigências para a educação?

Lembrávamos que a consciência e as vivências da opressão têm provocado saberes de experiências feitos sobre a opressão, sobre as estruturas políticas, econômicas, sociais que os oprimem. Saberes que passam a seus herdeiros e que desde a infância à vida adulta levam às escolas. Saberes radicalizados nas vivências históricas de resistências por emancipação que também, e sobretudo, passam para os seus herdeiros e que estes levam à educação.

Entender esses saberes de resistências feitos vem sendo uma postura profissional de docentes/gestores, educadoras/educadores. Processos formadores que exigem destaque na formação dos cursos de Pedagogia e Licenciatura, exigem centralidade nas pesquisas, na produção teórica e nos parâmetros e Bases Nacionais Curriculares. Processos formadores tensos de saberes a que têm direito os educandos, os vitimados resistentes.

Uma interrogação obrigatória: Que consciência, que saberes da opressão como regra na história provoca o descobrir-se re-oprimidos com maiores opressões dos poderes como respostas a suas resistências contra a opressão pela emancipação? Novos saberes, valores, nova consciência de saber-se re-existentes em cruéis, injustas violências por que lutaram por emancipação. Aprendem que re-existindo serão ainda mais oprimidos. Terão que aprender mais sobre as estruturas de poder, políticas que os condenam à opressão como regra.

As violências opressivas estruturantes de nossa história

Walter Benjamin nos lembrava que a opressão não tem sido um acidente, uma exceção na história porque para os oprimidos a opressão sempre foi regra na história. Os coletivos populares sabem que a opressão tem sido regra na sua história e passam esses saberes aos herdeiros. Nas artes e na cultura popular reafirmam que esperar não é saber, que resistir e tentar fazer a hora é outro saber, outro saber-se resistindo por emancipação, mas ainda são obrigados a outros saberes, a outro saber-se oprimidos como regra histórica apenas e porque resistentes.

Saber-se re-existentes em uma persistente história política de opressão confere uma radicalidade nova política, ética, pedagógica das vivências de continuidade, das persistências da opressão. Não é essa a matriz pedagógica mas persistente na história da dialética opressão/resistências/re-opressões? Que novos saberes, novos valores, nova consciência reafirma o lutar por se emancipar de opressão histórica mas descobrir-se re-existindo vítimas de mais cruéis e injustas opressões do poder? Consciências, saberes da potência das estruturas e padrões do poder? Consciência de sua impotência para emancipar-se dessas opressões? Aprender a re-existir com um realismo trágico? Saber-se em um permanente drama ético, político, pedagógico?

Vivências persistentes em nossa história política e na nossa história cultural, ética, educacional. O lutar coletivo dos oprimidos por se emancipar das opressões históricas não tem conseguido enfraquecer as violências dos opressores e de suas estruturas de poder opressor? As persistentes respostas dos poderes reafirmando os mecanismos de repressão aos coletivos que ousaram tentar resistir mostram que as tradições autoritárias têm sido regra na história dos nossos padrões de poder, opressão. Os oprimidos/re-existentes sabem que na nossa história as respostas das estruturas e padrões de poder têm reafirmado e refinado seus mecanismos de opressão quando os oprimidos ousaram resistir e tentar se emancipar. O re-existir dos oprimidos resistentes a tantas opressões não tem sido um re-existir libertador, mas um re-existir ainda mais oprimido? O poder reafirma suas pedagogias de opressão diante das pedagogias de emancipação dos oprimidos resistentes?

Como entender e reconhecer que esses são os processos mais persistentes, mais políticos, mais antiéticos e antipedagógicos que estruturam a história da nossa educação? Que exigência política, ética para a história de nossa educação? Priorizar as matrizes de desumanização inerentes à opressão, priorizar as resistências dos oprimidos como matrizes de humanização, mas ir além e dar toda centralidade em mostrar os refinados processos políticos de opressão como respostas dos poderes às ousadias dos oprimidos de tentar se emancipar e de re-existir livres da opressão. Aprender com os movimentos sociais, com a cultura popular: uma cultura resistente e insistente, humanizadora.

Que verdades, saberes se aprendem vivenciando a opressão como regra?

Os educandos membros dos coletivos sociais, étnicos, raciais, de classe chegam às escolas, à EJA, à universidade com saberes, valores de lutas por emancipação, mas chegam também conscientes de históricas tentativas de se emancipar, de re-existir por serem livres. Chegam sobretudo com saberes de que até re-existindo continuam oprimidos. Que exigências para os currículos, para a formação de docentes/educadores de educandos que levam às escolas, à EJA com esses saberes?

Uma exigência: identificar em coletivos de educandos e educadores que saberes levam educandos membros dos coletivos étnicos, raciais, de gênero, classe, trabalhadores em movimentos por emancipação, mas continuando vítimas da opressão levam aos processos educativos? Que verdades, valores se aprendem vivenciando essa história? Que limites repõem essa história da opressão como regra até quando se tenta a emancipação? Que tensões impõe aos percursos de humanização e até aos percursos escolares? Reconhecer que a história da educação, desumanização, resistências, humanização, nova desumanização, configuram nossa história política e pedagógica como regra. Só entenderemos a história de nossa educação nessa tensa dialética histórica de manter os oprimidos – até resistentes – em permanente estado de exceção. De opressão desumanizadora mas em vidas re-existentes afirmando-se ainda mais humanos.

Exigências políticas, éticas no recontar a história de nossa educação, no direito das vítimas dessa história e de seu direito a saber-se nessa história. Exigências para os conhecimentos, verdades, valores dos currículos de ensino/educação e de formação dos profissionais. Essas verdades, saberes que os educandos e educadores levam às escolas, à EJA, exigem ser centrais nos processos educativos. Têm direito a saber-se vítimas de opressões matrizes de humanização e de saber-se sujeitos coletivos de resistências matrizes de humanização.

A história da educação tem o dever de explicitar esses confrontos de histórias de opressões matrizes de desumanização e de histórias de resistências matrizes de humanização. Reconhecer os oprimidos não só vítimas de persistentes opressões desumanizantes, mas também sujeitos de persistentes re-existências humanizadoras. Sujeitos de uma história de nova educação política, ética, cultural, humana transpassada por tensos confrontos de matrizes de desumanização do poder e de resistências dos oprimidos matrizes de humanização.

Reafirmar suas re-existências; a matriz mais perene de humanização na história

As análises deste trabalho – *Vidas re-existentes* – afirmando-se humanas, priorizam reconhecer as re-existências históricas dos oprimidos, dos Outros, da diferença como a matriz mais perene de humanização. Os oprimidos re-existentes reafirmam: repõem sua outra humanidade na história. Repõem outra história de humanização, reafirmam a dialética desumanização/re-existências/humanização.

Que re-existências? A que desumanizações?

Para Paulo Freire, as pedagogias dos oprimidos sintetizam os processos de resistências, de lutas por libertação das opressões, desumanizações que os oprimem, desumanizam. Que resistências? Paulo Freire destaca: re-existências aos sofrimentos desumanizantes como realidade histórica, re-existências às violências da ordem injusta imposta pelos opressores, re-existências por recuperar sua humanidade roubada por vida humana, por reafirmar e reconhecer sua humanidade nas lutas por justiça.

Paulo Freire sintetiza a Pedagogia do Oprimido na matriz mais perene: lutas re-existências por libertação, por emancipação, por recuperar a humanidade roubada, negada, mas reafirmada. Re-existências afirmativas de outra humanidade, de outras pedagogias – matrizes de outra humanização. Lembrávamos que Paulo Freire não fala, não propõe pedagogias *para* os oprimidos, mas *dos* oprimidos, afirmantes de suas pedagogias de oprimidos. Re-existindo às desumanizações – opressões que matrizes humanizadoras afirmam?

As re-existências e lutas dos oprimidos por afirmar-se humanos, matrizes perenes de humanização adquirem sua radicalidade matricial, humanizadora por vivenciar-se vítimas de uma existência inumana, por viverem a matriz perene de perenes desumanizações. Suas lutas por emancipação humana adquirem radicalidade pedagógica por recuperar a humanidade roubada, negada, mas reafirmada re-existindo. Re-existências por que se faça justiça reconhecendo sua humanidade.

Os oprimidos, porque vivenciam, têm consciência de que seu presente é um passado que não passou, e uma prolongação de um passado, matriz de injustiças – desumanizadoras. As resistências do presente são uma reposição das humanidades roubadas no passado, reafirmadas no presente com nova radicalidade resistente, humanizadora. Lutas do passado, reafirmando suas humanidades, no presente, matriz perene de humanização.

Re-existências a uma dívida de reconhecimento de sua humanidade no presente e no passado que não passou. O decretar a diferença com deficiências originárias de humanidade, em estado de natureza, não de humanidade tem sido o mito ôntico, a matriz ôntica mais antipedagógica, mais antiética, mas desumanizante na história. A essa matriz – mito ôntico de inumanidade resistiram e persistem em re-existir afirmando-se humanos – ôntica, radical de humanização.

Que sujeitos coletivos humanos re-existentes?

Essa história tem sujeitos. Que sujeitos? Walter Benjamim nos convida a reconhecer os esmagados da história, os que ficaram nas encostas da história como sujeitos de lutas, de emancipação humana. Silenciados, ocultados na história oficial se mostram vitimados por desumanidades, injustiças, sofrimentos persistentes, históricos, na história hegemônica. As vítimas re-existentes desocultam essa outra história, que a história hegemônica tentou ocultar, silenciar.

Os movimentos sociais revelam que coletivos re-existem afirmando-se humanos: os coletivos sem território, sem terra, sem teto, sem renda, sem alimentação, sem saúde, sem vida justa humana. Coletivos em movimentos, vítimas de serem roubadas em seus territórios, terras, rendas, trabalhos... Roubados em suas condições sociais, materiais de um viver justo humano. É a classe oprimida, sofrendo, resistindo, lutando, afirmando-se humana no persistente lutar.

Paulo Freire prioriza em seu olhar pedagógico "os esfarrapados do mundo e os que neles se descobrem e, assim descobrindo-se, com eles sofrem, mas, sobretudo, com eles lutam" (1987, p. 23). Os sujeitos que reafirmam suas re-existências como matriz perene de humanização são os coletivos que sofrem, os sofrimentos re-existentes, as lutas dos oprimidos e dos que com eles sofrem e com eles lutam matrizes de humanização.

Os sujeitos da história dessa matriz perene de humanização, nos lembra Walter Benjamim, é a classe oprimida que luta em situação de máximo perigo. Que classe oprimida? Operários, camponeses, educadores, educandos que em ações coletivas de resistência lutam por condições sociais, materiais de vida justa humana que o Estado, suas políticas lhes negam: lutas humanizadoras por teto, terra, trabalho, renda, saúde, educação, justiça, liberdade, humanidade. Re-existem ao próprio Estado e a sua justiça criminalizadora de extermínio. Paulo Freire nos lembra: se há coletivos oprimidos é porque há coletivos opressores. Há estruturas, padrões de poder opressores, desumanizantes, que têm sujeitos opressores. Opressores sujeitos de matrizes de desumanizações na história e oprimidos sujeitos re-existentes afirmando outras matrizes de humanização na história.

Que matrizes de humanização afirmam re-existindo às desumanizações?

O Nós, nos poderes autodecretando-se síntese do humano único, impuseram na história política, social, cultural, religiosa e até pedagógica, um padrão, uma matriz de humano única, hegemônica, abissal, sacrificial. Os Outros, os coletivos diferentes sabem, têm consciência de terem sido decretados com deficiência de humanidade por esse padrão, matriz única de humanidade. Uma opressão política, radical, impor um padrão único, hegemônico de humano.

Os oprimidos resistem a esse padrão – matriz política de humano único. Suas re-existências afirmando-se humanos adquirem radicalidades políticas, éticas, humanizadoras. Re-existências afirmativas de outras matrizes de humano. Afirmar-se humanos, os decretados, segregados, desumanizados, matriz radical de humanização. Os movimentos sociais uma constante de re-existências históricas têm reafirmado de maneira constante as matrizes mais humanizadoras: lutas por territórios, por terra, por teto, moradia, por trabalho, por renda, por saúde, por educação. Por vida justa, humana, os Outros, a diferença, re-existindo à destruição das condições sociais, materiais de vida humana em suas lutas contra os sofrimentos, contra a expropriação de seus territórios, de

156

suas terras, de seus cultivos, culturas, tradições, crenças, valores, saberes, memórias ancestrais..., afirmam outras matrizes perenes de outra humanização. Lutas históricas por condições sociais, materiais, de vida justa, humana, por identidades coletivas étnico-sociais, matrizes perenes de humanização, de reafirmar-se humanos.

Reconquistando a sua humanidade roubada, resistindo às condições inumanas de vida repõem sua outra humanidade, reafirmando suas lutas por condições de vida humana como perenes matrizes outras de outra humanidade, anti-hegemônica, antiúnica. O paradigma único, hegemônico de conhecimento, de moralidade, de nacionalidade, tem sido abissal, sacrificial decretando os Outros, a diferença com deficiências de racionalidade, de moralidade, de saberes, valores, culturas. Os oprimidos têm re-existido afirmando-se sujeitos de saberes, valores de outras matrizes de humanização.

Exigências políticas, éticas para as teorias de educação, da formação humana: reconhecer os Outros, a diferença, sujeitos re-existentes afirmantes de outras matrizes de outra humanização. Reconhecer as persistentes re-existências às desumanizações matrizes históricas perenes de humanização. Reconhecer que re-existindo às desumanizações reafirmam outra dialética: desumanização/re-existências/humanização.

Re-existindo que outras matrizes de outra humanidade afirmam?

Reconhecer vidas re-existentes afirmando-se humanas exige das teorias de formação humana uma interrogação: Que outras matrizes, de que outra humanidade, afirmam? Outra história ocultada, não reconhecida de outra humanização de matrizes outras de outra história de educação, formação humana, humanização afirmantes de outra dialética pedagógica.

Afirmantes, reafirmando na história sua outra humanidade, como coletivos sociais, que outra humanidade, afirmam? Fanon, Walter Benjamim, Paulo Freire, os movimentos sociais em suas lutas desocultam a história de inumanidade e repõem seu persistir como humanos. Uma história de re-existências de lutas do passado e do presente reafirmando sua humanidade. Lutas históricas de um passado e um presente re-existente, matriz perene de humanização.

Passam para seus herdeiros, desde crianças, uma história de re-existências e insistências guardadas nas memórias das injustiças sofridas, regra na história e nas memórias de resistências e de lutas por justiça, matriz perene humanizadora. Re-existem como humanos lutando para que se faça justiça, reconhecendo-os humanos, sujeitos do direito a uma vida justa, humana. Lutam pelo desmonte das estruturas opressoras e dos poderes opressores. Re-existências políticas às opressões, às injustiças históricas, políticas, dos padrões de poder: matriz perene de humanização política. Re-existindo, afirmam sua humanidade política.

Paulo Freire identifica os sujeitos da *Pedagogia do Oprimido*: "os esfarrapados, que sofrem e *sobretudo lutam*, os sofrimentos das injustiças, matriz desumanizadora, as re-existências aos sofrimentos, matriz humanizadora. Humanidades negadas, roubadas no sofrer, lutando por se libertar dos sofrimentos se afirmam humanos, sujeitos de outra humanidade. Os que com eles se solidarizam sofrendo e sobretudo lutando também se afirmam humanos em outra humanidade.

Exigências para a educação e a docência, para as teorias da formação humana: reconhecer, fortalecer as lutas, os movimentos sociais dos oprimidos, da diferença reafirmando suas re-existências como a matriz mais perene de humanização. Reconhecer as vidas re-existentes afirmando essas outras matrizes perenes de humanização, sujeitos de outra história de educação. Sujeitos de outra humanidade.

Re-existentes à dialética hegemônica; Nós humanos, a diferença inumana

Paulo Freire em seu humanismo pedagógico, reconhece os oprimidos, os esfarrapados do mundo que sofrem e lutam como sujeitos de pedagogias. *Pedagogia do Oprimido*, não do Nós autodecretados humanos, conscientes para os decretados inconscientes, inumanos. Esse gesto tão humano de reconhecer os Outros, a diferença, decretados inumanos como sujeitos de pedagogias como humanos não inverte a dialética hegemônica, dual, abissal, sacrificial dos humanismos pedagógicos? Paulo Freire – um outro paradigma pedagógico? (ARROYO, 2019). Um outro paradigma de humano? Uma outra dialética desumanização/humanização? Paulo insiste em destacar a relação dialética abissal, sacrificial, desumanização/humanização, opressor/oprimido, opressão/libertação contrapondo outra dialética: vivências da opressão lutas pela libertação... Que outra dialética aprender com os oprimidos na diversidade de movimentos sociais re-existentes em lutas por libertação?

Os oprimidos desconstroem a dialética hegemônica; Nós humanos, a diferença inumana

As persistentes lembranças de Paulo Freire no seu centenário têm resistido a sua condenação pelos padrões de poder, suas pedagogias; seu humanismo pedagógico tem sido reafirmado. Por que incomodam tanto aos padrões de poder e até aos padrões hegemônicos de Nós humanos e os Outros inumanos? Porque Paulo é mais do que Paulo: *são os oprimidos*, são os "esfarrapados do mundo, e os que neles se descobrem e assim descobrindo-se, com eles sofrem, mas sobretudo, com eles lutam" (*Pedagogia do Oprimido*; primeiras palavras, p. 23).

O incômodo político e pedagógico é trazer os oprimidos à cena política e pedagógica. Reconhecer e fortalecer os coletivos de docentes/educadoras, educadores, os movimentos sociais, resistentes que neles se descobrem, com eles sofrem e sobretudo com eles lutam como educadores, como atores políticos e pedagógicos. Sujeitos coletivos políticos em resistências afirmantes de outras pedagogias de oprimidos. De outra humanização, de outra dialética contra-hegemônica.

Incômodo político, trazer para a história política e reconhecer como sujeitos de história política, social e até pedagógica os coletivos decretados ao longo de nossa história à margem, como inexistentes para os padrões políticos, pedagógicos que os decretaram desde a colonização à república com deficiências de humanidade. Reconhecer os oprimidos sujeitos de pedagogias de oprimidos deixa exposto aos padrões de poder hegemônicos que os decretaram inumanos, que os oprimidos desconstroem a dialética hegemônica Nós humanos, a diferença inumana. Resistem aos padrões de poder.

Uma ousadia política e pedagógica na contramão de nossa história social, política, cultural e pedagógica, re-existir ousar desconstruir a dialética hegemônica: Nós humanos, a diferença inumana. Que outra dialética os oprimidos afirmam ao resistir à dialética hegemônica? Afirmam-se sujeitos de pedagogias outras de outras viabilidades de humanizações. Sujeitos anunciantes de outra dialética anti-hegemônica: desumanização/re-existências/humanização. Os oprimidos em vidas re-existentes às matrizes hegemônicas, segregadoras, abissais e sacrificiais de humanos afirmam outra dialética desumanização/re-existências/humanização. Aprender com os oprimidos as críticas, as resistências à dialética hegemônica que os decreta inumanos afirmando sua outra humanidade.

Que exigências políticas, éticas, teóricas para a educação, a docência, para as concepções de desenvolvimento humano e para a história da educação? Uma exigência radical: entender, reconhecer como os oprimidos vivenciam, se sabem pensados, decretados no padrão abissal, sacrificial hegemônico de Nós humanos e a diferença inumana. Os diversos humanismos se legitimam, reproduzem na história essas polarizações segregadoras, abissais, sacrificiais. Sem entender essa dialética abissal não há como entender a história da educação dos diversos humanismos. A que polarizações os oprimidos resistem na diversidade de suas re-existências humanas?

Re-existem à dialética desumanização/humanização no primado do Nós

Os oprimidos re-existem às polarizações desumanos/humanos, desumanização/humanização como uma dialética abissal, sacrificial conscientes de ter sido uma construção histórica, política, que impõe o primado do Nós no poder, econômico, político, cultural, intelectual. Da história política, social, cultural, educacional se exige reconhecer que a história oficial hegemônica e a construção da dialética abissal que a legitima sintetiza o primado do Nós, como únicos atores políticos, éticos, culturais, humanos.

Desde a Paideia, a pedagogia se afirma na lógica dos padrões polarizados, abissais do primado do Nós membros da *polis*. Da pedagogia se espera que eduque as infâncias seletas do Nós educáveis para serem reconhecidos membros da *polis*, decretando as outras infâncias diferentes, dos coletivos escravizados em trabalhos servis, serviçais como ineducáveis para serem membros da *polis*.

O humanismo cristão reafirma a dialética abissal tendo como referente o primado do Nós autodecretados síntese da moralidade: os justos e decretando os Outros, a diferença sem moralidade, pecadores condenáveis a se arrepender de suas imoralidades, pagar penitências para ser perdoados. O humanismo ilustrado radicaliza a dialética Nós atrevendo-se a pensar sendo racionais, morais, humanos e os Outros a diferença, atolados na irracionalidade não apenas não se atrevendo, mas sendo incapazes de atrever-se a pensar, alienados, alheios à condição humana racional, moral porque diferentes na condição humana.

Polarizações que marcaram as teorias binárias, abissais de conhecimento, de capazes de atrever-se a pensar e de incapazes de aprender, sem cabeça para aprender, ignorantes analfabetos, sem cabeça para as letras, para o conhecimento. Reprovados como irracionais, in-humanos. Polarizações que marcaram as dicotomias políticas do Nós intelectuais orgânicos, conscientes, dirigentes políticos e os Outros a diferença, inconscientes, alienados na inconsciência acrítica à espera de ser conscientizados pelo Nós que se atreveram a pensar com consciência crítica.

O nosso humanismo colonial sintetiza essa dialética binária, abissal, sacrificial na radicalidade do Nós colonizadores no primado de sujeitos, atores da nossa história e a diferença étnica, racial, de classe com deficiência de humanidade incapazes de participar na produção histórica, intelectual, moral, cultural, humana. As dicotomias do humanismo colonial inumano são extremas, inaproximáveis: Nós colonizadores, senhores racionais, éticos, humanos, síntese da humanidade, e os Outros a diferença étnica, racial, social colonizados, selvagens, primitivos, com deficiências de humanidade no estado de natureza, não de cultura, decretados no mito ôntico de inumanidade. O humanismo colonial político-religioso tão persistente em nossa cultura, estruturas sociais, políticas, econômicas, culturais e até educacionais, sintetiza a dialética desumanização/humanização no primado do Nós no poder, no saber, no ser humanos.

Re-existem à dialética desumanização/humanização no primado dos padrões de poder político-econômicos

Os estudos decoloniais vêm denunciando essa dialética: o Nós colonizadores, humanos, os colonizados decretados com deficiências originárias de humanidade (SANTOS, 2009). No mito ôntico de inumanidade (QUIJANO, 2009).

O padrão político republicano do Nós no poder político e econômico reafirma essas polarizações entre Nós homens de bens, de posses e de bem, de valores, autodecretados no primado da cidadania cidadãos legítimos das repúblicas. Os Outros, a diferença étnica, racial, de gênero, classe sem bens expropriados de suas terras, territórios, culturas, identidades, sem valores de ordem e de progresso. Decretados subcidadãos no primado dos Nós cidadãos ordeiros empreendedores, agentes do progresso político, cultural, moral e econômico. A diferença subcidadão nos padrões de poder político-econômico do primado do Nós decretando, persistindo por séculos em decretar os Outros na subcidadania, na pobreza, na miséria, decretados sem valores de ordem de trabalho, de empreendedorismo. De progresso.

A dialética desumanização/humanização no primado do Nós reproduz e radicaliza essa dialética no padrão de trabalho bipolar, segregador: trabalho nobre, de direção, de produção de riqueza e trabalho manual, braçal, informal, desempregados... O Nós referente de padrão bipolar, abissal de conhecimento, de consciência, de racionalidade: conhecimento racional, superior do Nós que se atrevem a pensar com cientificidade e conhecimento, polarizando o trabalho/subtrabalho elementar dos Outros, da diferença irracional incapaz de se atrever a pensar a trabalhar com racionalidade para a ordem e progresso.

Os estudos decoloniais destacam que o binarismo sacrificial colonizador se perpetua no binarismo abissal, sacrificial econômico, que polariza as economias, os países desenvolvidos e subdesenvolvidos, avançados ou no atraso, países, regiões de progresso econômico, científico, político, moral, cultural ou de retrocesso, de atraso. Dicotomias abissais, sacrificiais de países, regiões, culturas, coletivos sociais, étnicos, raciais civilizados ou incivilizados, desenvolvidos ou subdesenvolvidos, modernos ou atrasados, tradicionais. Dicotomias legitimadas na dicotomia mais radical: humanos/inumanos, racionais, morais ou irracionais, imorais. O Nós síntese do polo positivo, a diferença síntese do polo negativo.

Tensas dicotomias persistentes na história social, econômica, política, cultural. E na história da educação. As teorias do desenvolvimento, da formação humana sabem-se interrogadas pelas vidas re-existentes, afirmativas de outra dialética desumanização/re-existências/humanização. Os coletivos de docentes, educadoras/educadores de educandos em vidas re-existentes reconhecem que chegam sujeitos de outras pedagogias, herdeiros, testemunhas de movimentos sociais, educadores, afirmando-se humanos em outra dialética desumanização/re-existência/humanização. Sujeitos de pedagogias de oprimidos. Como fortalecê-las? Reconhecer os Outros, a diferença, sujeitos resistentes afirmantes de outra dialética com que outra dialética afirmam sua outra humanidade?

Os tensos confrontos de matrizes de afirmação/formação humana

Lembramos que os Outros, afirmando-se humanos, revelam, repolitizam o paradigma de humano único como uma produção política. Repolitizam as matrizes históricas de formação humana como campo de tensos confrontos. Quando educadoras, educadores, reconhecemos que os coletivos em vidas re-existentes se afirmam humanos, nos aproximamos dos tensos confrontos de matrizes de formação humana que têm definido essas matrizes?

Lembramos que o Nós humanos únicos definem os critérios de humanidade, definem que dimensões priorizar como constituintes de ideal de humano a formar. Lembrávamos que a diversidade de paradigmas pedagógicos reflete as tensões do poder por que matrizes de formação humana priorizar. Cada humanismo pedagógico priorizou suas matrizes pedagógicas, seus ideais de humano, em função dos ideais de humanos no poder: pensadores, filósofos, apóstolos, teólogos, colonizadores, reis, republicanos, pedagogos... Esses embates no poder têm provocado embates na diversidade de humanismos pedagógicos sobre que dimensões de humano priorizar. Embates que tencionam a educação e a docência sobre que dimensões de humano formar e que coletivos sociais reconhecer como humanos sujeitos de matrizes de afirmação/formação humana.

Que disputas por que matrizes de afirmação/formação humana?

A história das pedagogias reflete esses confrontos políticos por que matrizes de formação humana priorizar e narrar, legitimar. O Nós no poder decretar que matrizes únicas, hegemônicas, pedagogias priorizar, na formação os Outros, a diferença reafirmam sujeitos de outras pedagogias. A história da educação, do pensamento pedagógico se tem defrontado com o como entender esses disputados processos, matrizes da afirmação humana do Nós autodecretados humanos direitos e os Outros afirmando-se sujeitos de outras matrizes.

A história oficial hegemônica da educação vem destacando com centralidade os processos, matrizes, pedagogias formadoras desse Nós síntese do humano único, hegemônico. Que matrizes têm sido destacadas por cada coletivo no poder? A racionalidade política, na construção da *polis*, as virtudes, valores religiosos, o atrever-se a pensar, crítico, moral; o conhecimento, a moralidade, a cultura nobre, como matrizes formadoras; a ordem e o progresso, matrizes da humanidade moderna, republicana; o poder, a disciplina, a soberania, matriz da nação, da cidadania. A educação, matriz formadora nesses saberes, valores, cultura nobre, letrada, formadora para o convívio harmônico, responsável.

Cada um dos humanismos pedagógicos tem destacado umas dessas matrizes. A história da educação e as teorias pedagógicas narram, teorizam, legitimam essas matrizes do Nós síntese do humano único como as matrizes de afirmação, formação humana com que formar os cidadãos da república ou em que formar os crentes das religiões. Dos currículos de formação se tem esperado formar docentes/gestores/educadores no domínio dessas matrizes, pedagogias com que formar o Nós e suas infâncias e formar as infâncias dos Outros para merecer ser reconhecidas incluíveis nesse padrão único de humano. Uma história de tensões de matrizes, pedagogias de formação, educação. De humanização.

A história da educação e das teorias pedagógicas não se pensa nessas tensões políticas, éticas entre matrizes de formação humana porque apenas reconhece como sujeitos de formação humana o Nós e tenta ignorar os Outros como agentes, sujeitos de afirmação, formação humana, sujeitos de outras matrizes. De outras pedagogias de oprimidos. Reconhecer esses tensos processos de formação da diversidade de coletivos humanos será uma forma de enriquecer as teorias da formação humana. Enriquecer a educação e a docência. Reconhecer as disputas por matrizes de afirmação, formação humana.

Para os Outros, que outras matrizes de afirmação/formação humana?

Vimos que as disputas por matrizes de afirmação, formação humana do Nós coletivos no poder político, econômico, social, religioso marcaram a história dos humanismos pedagógicos e das matrizes de formação humana do Nós desde as infâncias. Mas as relações de poder sempre são dos coletivos que detêm o poder sobre os coletivos subalternizados. Quando o Nós no poder decreta que matrizes de formação dos coletivos no poder não deixa de pensar decretar com que pedagogias, matrizes, formar ou deformar os Outros. Para os Outros, que educação? Que outras matrizes de formação humana?

Lembrávamos que cada humanismo pedagógico destaca umas matrizes, pedagogias de formação humana. Mas formar desde a infância que coletivos sociais, políticos e para que valores, saberes, lugares no padrão de *polis*, de república, de poder? Destacar umas ou outras matrizes de afirmação, formação humana significou e significa um ato político, do poder. Usamos o termo *políticas* de educação reconhecendo que toda proposta de educação é uma opção política de intenções políticas sobre que educação, formação para que lugares de que coletivos nas estruturas sociais, políticas, econômicas e culturais.

As ênfases de cada humanismo pedagógico em umas ou outras políticas, umas ou outras matrizes de formação refletem as tensões políticas porque lugar decretado pelo poder não apenas para o Nós, mas para cada coletivo social, étnico, racial, de gênero, classe nas estruturas, padrões de poder. A função histórica da pedagogia desde a Paideia de formar as infâncias carrega as tensões políticas inerentes à diversidade de infâncias a formar para que participação, inclusão, segregação na *polis*, nas estruturas sociais, culturais, econômicas.

Os lugares predeterminados pelo poder para cada coletivo social, étnico, racial, de gênero, classe nas estruturas sociais, políticas sempre predeterminou que dimensões formar, com que matrizes de educação de cada coletivo de infâncias para seu lugar decretado nas estruturas do poder. As análises de políticas sociais, educacionais vinham se politizando, destacando essas funções políticas das políticas educativas. As teorias pedagógicas também vinham destacando que a opção por umas ou outras matrizes de formação humana sempre foram feitas em função do formar que infâncias, que adolescências, que jovens, de que coletivos e para que lugares nas estruturas de poder. A história da educação também tem sido recontada nesse olhar político não apenas olhar do Estado, do poder decidindo que educação, mas politizando para que coletivos decretados em que lugares no poder, na condição de classe, raça, gênero, etnia, de lugar/não lugar no poder.

Acompanha-nos a hipótese de que a história dos humanismos pedagógicos, das concepções de educação, de formação humana, as matrizes priorizadas e os sujeitos reconhecidos ou não como humanos, humanizáveis, educáveis sempre estiveram transpassados por essas estruturas, padrões de poder, a exigir repolitizar essas histórias, políticas, matrizes de educação, humanização como uma história política. Como uma história dos padrões de poder determinantes de nossa história. Também da história de nossa educação.

Uma pergunta obrigatória para as nossas pedagogias: Para as outras infâncias, adolescências, jovens ou adultos decretados à margem do poder que outras matrizes de formação? Os estudos vêm mostrando que em nossa história para os Outros foram decretados processos de desumanização. Foram decretados não na matriz de humanos, mas de deficiência originária de humanidade. Essa a matriz em que os Outros foram enquadrados. O que se espera da educação, da docência é que eduquem os Outros nas matrizes de submissão, de ordem, de trabalho, de controle. Até educados para se autorresponsabilizar pela pobreza, pelo sem teto, sem renda, sem vida justa, humana. Padrões opostos às matrizes da formação do Nós. Tensos confrontos de matrizes de afirmação, formação humana: Para que coletivos sociais, étnicos, raciais, de orientação sexual, de gênero, classe?

Poder e resistência, dialética das matrizes de humanização

Outra hipótese nos acompanha para entender essa história: todo ato de poder provoca resistências que, por sua vez, provocam novos atos de poder. Poder e resistência como dialética a mover a história social, política, cultural até na educação. O reconhecimento ou não da diversidade de coletivos afirmando-se humanos, afirmando outros processos, pedagogias, matrizes de formação humana é um reconhecimento ou ocultamento político inseparável dessa dialética de poder/resistências que acompanha a nossa história política e a nossa história da educação. Uma história de tensos confrontos de matrizes de afirmação/formação de que coletivos sociais?

O reconhecimento ou não da existência de outras matrizes, pedagogias de formação, humanização exige o reconhecimento dos Outros como sujeitos políticos, sujeitos outros, de outros processos resistentes de humanização. Se toda história social, política, cultural e educacional reflete essa dialética de poder/resistência, o poder precisa ocultar, condenar essas resistências e os coletivos resistentes, re-existindo afirmando-se humanos; precisam afirmar ser sujeitos de humanização, de processos, pedagogias, matrizes de formação como humanos desde a infância.

Tensões políticas que têm acompanhado a história de nossa educação desde a colonização, ao decretar os Outros com deficiência de humanidade, em estado de natureza não de humanidade, logo decretados in-educáveis, incapazes de participar na produção intelectual, moral, cultural, política da humanidade. Volta a interrogação que nos acompanha: esse decretar os Outros deficientes em humanidade marcou como uma marca de origem toda a nossa história da educação do Nós e dos Outros. Mas será necessário ir mais fundo e reconhecer que marcou toda nossa história política e econômica, social, cultural, educativa.

A pergunta mais radical: Por que o poder colonial, imperial, republicano os decretou carentes de humanidade? Para decretá-los sem direito a seus territórios, terras, culturas, crenças, valores, memórias, identidades. Logo, decretados não passíveis de produzir-se como humanos. Não passíveis de afirmar outras matrizes de formação humana: terra, território, trabalho, cultura, crenças, vida. Um brutal decretar os Outros incapazes de ser reconhecidos sujeitos de formação, de afirmação de outras matrizes de humanização.

Nossa história das tensões por reconhecer/negar outras matrizes de formação é inseparável dessa tensa história de impor matrizes únicas de formação do Nós como humanos únicos. Síntese do humano único, hegemônico, universal. Se as matrizes de desumanização dos Outros foram tão radicais – destruir os processos e sua formação humana, cultural, identitária: território, terra, culturas, crenças... –, as resistências dos Outros desde a colonização vêm se dando nessa mesma radicalidade: resistências em lutas por seus territórios, seus modos de produção, trabalho. Lutas por suas culturas, crenças, identidades, valores. Por suas ancestralidades. Por se afirmar re-existentes como humanos sujeitos de outras matrizes de humanização.

Os tensos confrontos de matrizes de afirmação, formação humana vêm das re-existências dos Outros afirmando-se humanos, sujeitos de outras pedagogias, de outras matrizes de afirmação, formação como humanos. Das teorias de formação humana, do movimento e do trabalho docente/educador se exige reconhecer esses tensos confrontos de matrizes de afirmação, formação humana que os Outros, a diferença, afirmam em nossa história política, ética, humanizadora. Tensos confrontos de matrizes de formação humana que tencionam as identidades e o trabalho docente/educador. Tencionam a dialética desumanização/humanização. Repõem outra dialética que reconhece a centralidade das resistências como matrizes de formação humana. Ao radicalizar suas resistências nessas matrizes tão radicais de afirmar-se humanos radicalizam a afirmação de outras matrizes de formação humana. Outro paradigma de humano. Paulo Freire captou essa radicalidade pedagógica ao reconhecer os oprimidos sujeitos de outras pedagogias. Sujeitos de outros humanismos, de outro paradigma de humano (ARROYO, 2019).

Os outros resistentes afirmam outras matrizes de afirmação/formação humana

Lembrávamos que a história da educação é inseparável da dialética que acompanha nossa história: os padrões de poder impondo o decretar os Outros com deficiência de humanidade, in-educáveis porque in-humanizáveis – não capazes de produzir-se humanos, morais, racionais não capazes de ser sujeitos de pedagogias e de matrizes de auto-humanização. Lembrávamos que essa dialética tão radical de poder provocou resistências a esse ser decretados sub-humanos para legitimar decretá-los sem direito a suas terras, cultivos, culturas, saberes, valores, identidades.

Uma história a exigir ser mais central no recontar a história de nossa educação, a destruir identidades, culturas, valores, saberes... Que matrizes de formação histórica foram destruídas? Um capítulo radical na história da des-educação, des-humanização que persistiu desde a empreitada catequético-de-seducadora, colonizadora e persistiu como o capítulo central a acompanhar a nossa história da educação imperial, republicana, democrática. Como desocultar e narrar essa história?

Há ainda uma outra história mais radical da nossa educação ocultada que vem sendo desocultada: a história de resistências a esses padrões de poder, de decretar os Outros como in-humanos, destruindo suas matrizes de ser, afirmar-se humanos: terra, cultivo, culturas, trabalho. A radicalidade política, ética, pedagógica das resistências tem sido inseparável da radicalidade de saber-se decretados com deficiência de humanidade para expropriá-los de seus direitos à terra, culturas, saberes, identidades humanas.

Se a história dos culturicídios, do negar seus saberes, valores, culturas, identidades históricas foi um dos capítulos mais radicais e persistentes na nossa história social, política, cultural, educacional, as radicais resistências políticas, sociais, culturais, éticas se constituíram em nossa história como o capítulo mais radical da afirmação de outras matrizes de humanização. Como a contra-história radical de nossa educação.

Uma pergunta para a pesquisa, as teorias pedagógicas, para a formação docente/educadora: Que força pedagógica afirmam em nossa história os Outros em históricas e persistentes resistências políticas? Reconheçamos saber pouco sobre as resistências dos Outros como matriz pedagógica. Se o decretar um ser humano com deficiência de humanidade é a matriz mais antiética, antipedagógica, re-existir e se afirmar humanos exige ser reconhecida como a matriz de afirmação, humana, de humanização mais radical, mais ética, mais política e mais pedagógica. Matrizes de formação humana a aprender com essas vidas resistentes.

Poder e resistências sintetizam nossa história política e pedagógica

Essa persistente história do poder decretando os Outros como deficientes em humanidade acompanha a nossa história não de tradições democráticas, mas de persistentes tradições autoritárias para com os Outros, até em tempos republicanos e ditos democráticos (ARROYO, 2019). A essas persistentes tradições autoritárias os Outros responderam com persistentes resistências por se afirmarem humanos, sujeitos de direito a seus territórios, culturas, saberes, memórias, identidades humanas. Afirmando outras matrizes de formação humana.

Reconhecer essas resistências históricas como matrizes de formação humana exige reconhecer os outros sujeitos de outra história política, social, ética, pedagógica. Exige ir além de reduzir a história de nossa educação às benévolas políticas das elites para incluí-la na matriz única de humano. Os movimentos sociais, como movimentos de resistências, trazem uma afirmação de outro pensamento pedagógico de resistência com matriz afirmante de sua outra humanidade. As grandes narrativas pedagógicas resistiram a reconhecer os Outros e suas resistências como matrizes de formação humana. Usaram essas resistências para legitimar o decretá-los in-humanos. Mas desde a colonização, os Outros vêm resistindo, e nesse resistir a ser subalternizados aos padrões de poder repõem as resistências como a matriz persistente de se afirmar humanos.

Os Outros em movimentos, ações coletivas de resistências repõem na história da educação e nas teorias pedagógicas, repõem na história das matrizes de humanização a necessidade de ser reconhecidos não deficientes em humanidade, racionalidade, moralidade, mas ser reconhecidos sujeitos de resistências afirmativas de outras matrizes de racionalidade, moralidade, humanidade. Se poder e resistências sintetizam a nossa história social, cultural, política, poder e resistências sintetizam também a história de nossa educação, das tensões entre matrizes de formação humana. As resistências não ocorreram em nossa história à margem do poder, mas transpassam todos os padrões de poder, de saber, de ser com que os Outros foram subalternizados em nossa história. No interior dessas estruturas, padrões de poder, saber, ser em que os Outros foram e continuam segregados ocorreram sempre e ocorrem no presente as resistências mais radicais. As resistências mais humanizantes.

O que aprender com os Outros resistindo e insistindo? Aprender essas outras matrizes de humanização que sempre afirmaram na história de nossa educação. O poder provoca resistências dos coletivos oprimidos, resistências que provocam novas e persistentes reações do poder. A história de nossas tradições autoritárias, repressivas do poder, expõem essa dialética de reafirmação de políticas de controle, de repressão, de decretar os Outros como criminosos porque resistentes às opressões do poder. Os pacotes anticrime, criminalizadores das resistências de jovens, adolescentes, negros, de militantes por direitos à terra, teto, identidades de gênero, raça, etnia, classe não repõem essa dialética de responder com mais poder às resistências dos oprimidos?

Tensões entre poder e resistências que envolveram em nossa história a função esperada da educação: disciplinar, controlar, moralizar os resistentes. Até as infâncias/adolescências resistentes, o poder responde com educação cívico-militar nas escolas militares, nos centros de reabilitação de menores em conflito com a lei. Respostas de controle, moralização nas escolas públicas de infâncias/adolescências resistentes decretadas indisciplinadas, violentas, reprováveis e expulsas do convívio social e escolar.

Tensões políticas, sociais que sempre tensionaram as políticas sociais, educativas. Tensionaram e tencionam a educação e a docência. Os docentes/gestores/educadores e os educandos nos tempos de formação, nos conhecimentos dos currículos têm direito a saber-se como membros de coletivos resistentes em nossa história, saber-se nessas resistências afirmando-se humanos, afirmando valores, culturas, saberes, identidades. Saber-se sujeitos do re-existir e insistir como matriz de humanização. Saber-se humanos não carentes de humanidade. Ser reconhecidos sujeitos de tensos confrontos de matrizes de afirmação/formação humana.

Capítulo 6

Vidas re-existentes à dialética hegemônica opressão/desumanização

Paulo Freire (1987) não apenas lembrou à pedagogia que a opressão existe e que os oprimidos são sujeitos de pedagogias – Pedagogia do Oprimido – não para educar os oprimidos. Reconhece os oprimidos sujeitos de pedagogias, sujeitos de processos de educação, humanização. Vai além: destaca que vivenciar a opressão é vivenciar humanidades roubadas, é vivenciar a desumanização como realidade histórica. Os oprimidos são sujeitos de outros processos de educação, de humanização, diferentes dos processos que os humanismos pedagógicos cultivaram, que as teorias do desenvolvimento humano destacaram. Que outras pedagogias os oprimidos afirmam em suas vidas re-existentes?

Os oprimidos vivenciam as tensões dialéticas entre desumanização/humanização

Os oprimidos vivenciando as tensões políticas, éticas que transpassam os processos pedagógicos, de formação humana, afirmando-se humanos sujeitos de suas pedagogias, revelam a dialética tensa, radical entre desumanização/humanização. Os oprimidos se colocam o problema de sua humanização como um problema central ineludível porque nas vivências da opressão – "na dolorosa constatação da desumanização se perguntam sobre a outra viabilidade – a de sua humanização. Ambas na raiz de sua inconclusão, os inscrevem num permanente movimento de busca: humanização/desumanização [...]" (p. 30).

Paulo Freire reconhece os oprimidos como testemunhas da tensa e fecunda dialética desumanização/humanização: vivenciando a opressão da desumanização conscientes dessa negatividade resistem e lutam pela positividade da humanização. As vivências radicais do inumano provocando resistências políticas, éticas, pedagógicas afirmativas de humanidade. Matrizes de humanização.

Vivenciar as injustiças, a fome, o medo da morte, saber-se em vidas ameaçadas desde a infância, porque e por quem (ARROYO, 2019, p. 77); ter de marchar como mulheres negras contra o genocídio dos filhos negros; saber-se órfãs de filhos que o Estado levou é vivenciar tantas inumanas injustiças; é vivenciar a desumanização como realidade histórica. Mas é também, e talvez sobretudo a partir dessa dolorosa constatação que se perguntam sobre a outra viabilidade – a de sua humanização (p. 30).

Paulo interroga a pedagogia a reconhecer esse estado de desumanidade, mas não pede à pedagogia que tenha compaixão, que faça de bom samaritano consolando os oprimidos. Nem pede à pedagogia que invente como conscientizar de humanidades roubadas. Reconhece nos oprimidos sujeitos que, porque conscientes de viverem as opressões, se perguntam sobre a outra viabilidade de sua humanização. Re-existem afirmando-se humanos. Resistem à dialética fechada opressão/desumanização e firmam uma dialética mais política: opressão/desumanização/-re-existências/humanização.

As vivências da desumanidade resultam para os oprimidos uma justificativa para a resistência à opressão, resistência à desumanização para um re-existir humano. As resistências às injustiças, matriz de humanização. Os oprimidos não esperam pacientes, bondosas políticas e pedagogias que prometem um futuro melhor se educadas na consciência crítica para sair do horror da opressão. Os processos de humanização que os oprimidos afirmam são outros. Não esperam ser conscientizados, têm consciência de viver a opressão, e a partir da dolorosa constatação da desumanização se perguntam sobre a outra viabilidade – a de sua humanização. Paulo Freire um outro paradigma pedagógico? (ARROYO, 2019).

A opressão como matriz de desumanização
Para Paulo Freire, vivenciar a opressão é vivenciar a desumanização em si mesmo e nos seus coletivos como realidade histórica vivenciada por sua condi-

ção racial, étnica, de gênero, classe. Sabem-se oprimidos porque há opressores, porque sobre eles e seus antepassados pesaram e pesam estruturas opressoras. Vivenciam desde crianças a brutalidade que é necessária para os opressores exercerem a dominação e manterem estruturas, padrões de dominação opressores. "Ninguém tem maior consciência da opressão e dos poderes opressores do que aqueles que as sofrem", reconhece Paulo Freire.

Não inventa pedagogias de conscientizar os inconscientes que sofrem as opressões históricas, sua tentativa será descobrir nas vivências das opressões, processos, pedagogias de conscientização, de humanização. Reconhece nas resistências as históricas e injustas opressões a matriz histórica da humanização. À opressão como matriz histórica de desumanização os oprimidos contrapõem as resistências como matriz histórica de humanização.

Uma interrogação fecunda para as teorias pedagógicas, para os humanismos pedagógicos, para a história da educação: Como entender os processos de opressões históricas como matrizes de desumanização? A que processos de roubar suas humanidades são submetidos em nossa história os oprimidos, os Cativos da terra (Fanon), os povos indígenas, negros, trabalhadoras, trabalhadores, os grupos sociais "tradicionais" e atuais? Violências políticas, morais, culturais, identitárias desumanizantes: matrizes de cruéis desumanizações e resistentes conscientizações/humanizações.

Os estudos decoloniais vêm destacando a opressão mais radical a que a colonização e o capitalismo vêm submetendo os povos "originários", os negros escravizados, as trabalhadoras, os trabalhadores; decretá-los com deficiência originária de humanidade, em estado de natureza, não de humanidade. Processos não só de não reconhecimento de sua humanidade, nem de roubar humanidades, mas de destruição das possibilidades de serem humanizados porque com deficiência, carência de origem de humanidade. Decretados não humanos, nem passíveis de serem roubados da humanidade que nunca tiveram.

À educação colonial, imperial e até republicana foi encomendada a tarefa não tanto de suprir essa deficiência originária de humanidade, mas de atestar que realmente são in-educáveis, in-humanizáveis até como crianças, adolescentes quando ousam chegar às escolas populares. Escolas dos pobres decretadas escolas de violentos, indisciplinados a serem entregues à educação cívico-militar ou entregues à justiça penal pelo rebaixamento da idade penal (ARROYO, 2015).

Vidas re-existentes afirmando-se humanas. Vidas de coletivos oprimidos que deixam expostas essas opressões tão radicais como persistentes matrizes de desumanização dos coletivos oprimidos. Reconhecer e tentar entender essas persistentes matrizes de desumanização e de resistências por humanização não seria uma tarefa central para as teorias pedagógicas, para a história de nossa educação, para a formação de educadoras e educadores de milhões de oprimidos? Formação para entender essa radical destruição da humanidade dos Outros como o processo histórico mais radical de destruição da educação, da viabilidade da humanização como tarefa histórica. Uma história da educação, da opressão como persistente matriz de desumanização que os oprimidos expõem e exigem que seja recontada, não ocultada.

Decretados "não sendo", "proibidos de ser", matriz de desumanização

Paulo Freire avança no reconhecer e tentar entender as persistentes e brutais e inumanas matrizes de desumanização as quais os oprimidos são condenados na história. Decretados "não sendo", "proibidos de ser", "seres esvaziados de ser, de viver a condição humana", "roubados em suas humanidades". Processos extremos de dominação, de totalitarismos de desumanização extrema: decretar um ser humano não sendo humano proibido de ser humano. Não reconhecidos humanos.

Quando se decreta um ser humano desde a infância, não sendo humano, proibido de ser humano se destrói a subjetividade, identidade humana. Nega-se a possibilidade de educá-los como humanos, para a autonomia, os valores, os saberes, a liberdade humana. Interpelações radicais para as teorias de formação humana, do desenvolvimento humano, nucleares na diversidade de humanismos pedagógicos. De que sujeitos falam quando se propõem a formação e o desenvolvimento humano?

As infâncias, adolescentes, jovens/adultos que chegam às escolas, à EJA, às universidades carregando saber-se, vivenciando-se decretados "não sendo", "proibidos de ser" submetem essas teorias da formação e do desenvolvimento humano a uma ilusão. Seus mestres, educadoras vivenciam essas tensões de como educar, humanizar, como aplicar as teorias do desenvolvimento humano aprendidas nos tempos de formação a educandos que vivenciam saber-se decretados não sendo, proibidos de ser humanos com seus coletivos étnicos, raciais, de gênero, classe.

Esses educandos concretos proibidos de ser, de viver como humanos interrogam, descontroem as teorias hegemônicas de desenvolvimento humano. O impasse vivido pelos educadores desses educandos que se vivenciam decretados não sendo humanos, proibidos de viver como humanos: Com que teorias da formação, do desenvolvimento humano entendê-los? Com que teorias pedagógicas de formação humana entender seres humanos decretados não sendo reconhecíveis como humanos, proibidos de ser desde a infância à vida adulta?

Paulo Freire tenta entender o que para as teorias pedagógicas dos humanismos pedagógicos parece incompreensível. Destaca com indignação esses processos brutais, violentos, injustos, imorais de decretar os Outros não sendo humanos proibidos de serem reconhecidos humanos, educáveis, humanizáveis. Não lamenta essas violências que roubam humanidades e não promete pedagogias, políticas, planos nacionais de educação para a recuperação dessas humanidades pela educação inclusiva. Reconhece que os decretados não sendo, proibidos de serem se afirmam sendo humanos. Com que pedagogias se humanizam? Pergunta nuclear para as teorias pedagógicas. Pergunta histórica para narrar a história da educação, dessa outra educação, outra pedagogía de que os Outros têm sido sujeitos. Como ver os oprimidos?

Re-existem afirmando-se sendo humanos em outro paradigma de humano

Ver os oprimidos como se veem, se expõem na história: não oprimidos inconscientes, banalizando as opressões sociais. Os oprimidos resistindo não ocultam, nem banalizam as violências históricas que sofrem: ninguém melhor do que aqueles que sofrem as violências da opressão que os decretam não sendo humanos para ter consciência dessas injustiças. Sabem que as opressões que sofrem não são um acidente, mas uma lei persistente. Sabem que as violências das opressões não são um mero acaso, mas produto de estruturas e padrões de poder, de dominação que prometem serem persistentes. Resistem a esses processos de desumanização como resistiram seus coletivos na história. A história sabe ter sido, para eles, resistir a persistentes opressões dos opressores.

O saber-se oprimidos nessas radicalidades de serem decretados não sendo humanos confere a suas re-existências afirmativas de sua humanização radicalidades positivas políticas, éticas, pedagógicas. Re-existências afirmativas de serem humanos, matriz radical de humanização na história que os oprimidos afirmam re-existindo, afirmam-se sendo não proibidos mas afirmativos de ser. Uma interpelação radical para os diversos humanismos pedagógicos que se alimentam e decretam os educandos não sendo humanos racionais, morais, culturais para inventar pedagogias de humanizá-los, conscientizá-los que superem a condição de *in-fans,* não falantes porque não pensantes que se atrevam a pensar conscientemente para agir eticamente. Dos humanismos pedagógicos se esperou que acompanhem os decretados não sendo humanos nos tensos processos de serem humanizados, conscientizados.

Um paradigma pedagógico que os Outros, os coletivos sociais, étnicos, raciais, de gênero, classe contestam ao resistir a serem decretados com deficiência de humanidade, não sendo, até proibidos de ser. Re-existindo, afirmando-se humanos afirmam um outro paradigma pedagógico: as re-existências afirmativas de humanos como a matriz de humanização mais radical, mais humanizadora na história de formação humana, na formação dos decretados pelos opressores com deficiência originária de humanidade. Um outro paradigma pedagógico que Paulo Freire tanto destacou no aprender com os oprimidos a persistente dialética opressão/desumanização, re-existências/humanização (ARROYO, 2019).

A dialética desumanização/humanização produz a diferença como deficiência humana

A dialética desumanização/humanização tão persistente nos humanismos pedagógicos decreta o Nós no poder síntese da humanidade e diferença síntese da inumanidade: o Nós nos poderes síntese do humano único, a diferença síntese do in-humano. Os coletivos em vidas re-existentes às desumanizações históricas os vitimam, e afirmando-se humanos desconstroem a dialética desumanização/humanização. Que exigências vêm desse desconstruir essa dialética para a educação e a docência e para a história da educação? Dar centralidade a entender, acompanhar educandos em vidas re-existentes à desumanização a ser decretados com deficiências de humanidade e afirmando processos de humanização que chegam às escolas, à EJA, aos cursos de Pedagogia, de Licenciatura e que, em ações afirmativas da diferença, chegam à educação superior.

A dialética inumano/humano conformante dos humanismos pedagógicos

Estudos vêm mostrando que a construção histórica dos diversos humanismos – Paideia, humanismo cristão, renascentista, ilustrado, crítico, colonial, republicano, democrático – repõe como constante a dialética do Nós, síntese do humano único, e os Outros, a negação do humano ou *o outro* do humano único: os inumanos. A dialética do inumano/humano conformante da diversidade de humanismos pedagógicos perpassa à história das pedagogias uma dialética política abissal, sacrificial de humano, reafirmado pelos padrões de poder do Nós referente do humano único e os Outros, síntese do inumano.

À educação foi dada na diversidade de humanismos a encomenda de legitimar, reforçar essa dialética de inumano/humano de persistir em decretar, reprovar, sentenciar os Outros, a diferença como inumanos. As políticas socioeducativas reforçam essa dialética: tentativas, promessas de corrigir nos diferentes as deficiências de humanidade, a desumanização pelas políticas de educação inclusiva na condição de humano. Promessas de incluir pela educação igualitária os diferentes, os decretados na condição de inumanidade para a inclusão na seletiva condição de humanidade do Nós humanos únicos, plenos.

A história da educação "humanista" se alimenta dessa dialética desumanização, como condição dos Outros a ser educados, humanizados para merecer a inclusão, o reconhecimento seletivo da condição de humanos. Na Paideia, educar para a condição seletiva de membros da *polis*, no humanismo cristão, educar para a condição seletiva da condição de justos, merecedores do Reino de Deus, no humanismo ilustrado educar os poucos que se atrevem a pensar na pedagogia crítica, tirar da inconsciência, do senso comum acrítico e educá-los para a consciência crítica.

O nosso humanismo colonizador sintetiza essa dialética abissal desumanização/humanização, radicaliza a encomenda à educação de tirar da condição de deficiência originária de humanidade, de racionalidade, de moralidade, de cultura com que foram decretados os Outros, os diferentes pela dialética inumanos/humanos. Dialética humanos/inumanos a exigir análises críticas radicais. A função primeira das teorias pedagógicas libertadoras: desconstruir essa dialética abissal, antiética, inumama.

A dialética humano/inumano como dialética da produção do Outro, da diferença com deficiência de humanidade

O caráter abissal-sacrificial, dualista e segregador dessa dialética de humano/inumano tem feito dos diversos humanismos uma máquina geradora e legitimadora da produção dos Outros como o *outro do humano* único, operadora da produção negativa da diferença como a síntese da negatividade, das deficiências humanas. A diferença como síntese da irracionalidade, da imoralidade, da incultura, da inumanidade.

Um tema gerador de pesquisa, de análises para as teorias pedagógicas para a história do pensamento pedagógico: os diversos humanismos não têm reforçado, legitimado os padrões de poder nos processos de constituir os Outros, a diferença como o Outro do humano único, hegemônico? O padrão hegemônico/dual/abissal de humano único não é antiético, inumano? A produção da diferença como o outro do humano único como deficiente em racionalidade, moralidade, humanidade produzido, reforçado pela dialética humano/inumano não tem legitimado os padrões capitalistas de trabalho, de expropriação da renda, da terra, do espaço, da moradia, da saúde? Da vida?

A dialética humano/inumano e o decretar o Nós humano e os Outros, a diferença com deficiência de humanidade é uma produção dos padrões de poder político, econômico, cultural. A dialética humano/inumano, Nós humanos e a diferença inumana teve como referente, legitimante, a dialética econômica Nós proprietários da terra, do trabalho, da renda, do solo, do poder, da vida e a diferença sem direito à terra, trabalho, renda, teto, saúde, vida.

Os diversos humanismos pedagógicos legitimam sua ação educativa na passagem da condição de inumanidade para a condição de humanidade. Função histórica de humanizar a diferença, os ainda não humanos que se legitima na dialética humano/inumano, desumanização/humanização. Dialética persistente configurante da função política, ética, pedagógica encomendada, assumida pela educação nos diversos humanismos pedagógicos. Dialética que tem contribuído na produção abissal/sacrificial, dualista, segregadora do Outro, da diferença como não humanos, como o outro do humano único hegemônico. Vivenciar-se decretados, tratados como não humanos desde a infância é a matriz mais antipedagógica, destruidora de identidades humanas.

A produção da diferença como o Outro do humano, como a síntese do inumano tem sido uma produção política dos padrões de poder econômico, político, cultural e pedagógico. Uma produção do Outro inerente à dialética humano/inumano que exige ser reconhecida como conformante dos diversos humanismos pedagógicos. Exige uma análise crítica, resistente. Exige ser denunciada, desconstruída. Os movimentos sociais afirmando-se humanos desconstroem essa dialética abissal de Nós humanos. Os outros inumanos.

A produção da diferença como deficiência, uma produção política

Os movimentos sociais vêm politizando as re-existências por afirmar-se humanos. Resistências políticas à dialética desumanização/humanização, que os decretam inumanos. A dialética humano/inumano tem sido destacada pelos estudos decoloniais como geradora, legitimadora de "alteridades", de identidades opostas, abissais inaproximáveis entre colonizador humano e colonizados escravizados inumanos.

Aníbal Quijano (2005) lembra que os padrões de poder colonial operaram como padrões de saber, de pensar, de decretar, classificar os Outros os povos originários e os trabalhadores negros escravizados em estado de natureza, não de cultura, não de humanidade. O padrão de poder e de saber se reforçando na produção da diferença como deficiência de humanidade no mito ôntico de estado de natureza, não de cultura. A espoliação colonial se legitima no padrão de pensar, decretar os colonizados e escravizados – a etnia, a raça – como definidores de identidades opostas na condição do Nós humanos e os Outros inumanos. Identidades opostas no padrão de humano/inumano. Identidades que se excluem mutuamente no que há de mais radical nas identidades humanas: o Nós colonizadores humanos e os Outros, a diferença étnica, racial, de gênero, classe inumanos. A produção da diferença como deficiência, uma produção política persistente em nossa história.

O ideal das ciências humanas de uma identidade humana única, desconstruído pela dialética colonial e capitalista do Nós humanos e a diferença com deficiência originária de humanidade. Em estado de natureza, Aníbal Quijano nos fala de uma dialética epistemológica, de um mito ôntico com que os colonizadores se apropriam da condição de ser humanos únicos e decretar a diferença étnica, racial na condição de não sendo humanos. Em estado de natureza, não de cultura. Não de humanidade. Uma produção política segregadora, antiética, antipedagógica persistente em nossa história.

A colonialidade do poder reforçada na colonialidade do saber, do pensar, decretar os colonizados não sendo humanos. Castro Gomez (2005) nos lembra que "a produção da alteridade para dentro e alteridade para fora, formavam parte de um mesmo dispositivo de poder. A colonialidade do poder e a colonialidade do saber localizadas numa mesma matriz genética". Diríamos nessa mesma matriz dialética de humano, inumano, produtora da diferença como deficiência de humanidade.

Uma dialética constituinte da nossa história da educação, desde a empreitada catequético-educadora persistente na educação imperial e republicana que exige ser reconhecida como estruturante da nossa colonialidade persistente de poder e do saber. Que dimensões da condição de humanos definem o Nós, síntese do humano único, e que deficiências de dimensões de humano predefinem a diferença como deficiência de humanidade? Como formar identidades humanas vivenciando-se desde a infância com deficiências originárias de humanidade?

Uma exigência radical para uma análise crítica resistente da nossa história da educação. A essa produção da diferença como deficiência os coletivos diferentes têm resistido na história desconstruindo a dialética Nós humano, e o Outro, a diferença, inumano. Re-existências às políticas afirmativas, no padrão de humano, único do Nós, os Outros, a diferença, produzida como deficiência se afirmaram na história re-existentes a essa dialética política do Nós nos padrões de poder. Somar com a diferença na desconstrução da dialética política, antiética, desumanização/humanização, que persiste em decretar produzir a diferença com deficiência.

A dialética humano/inumanos decreta a diferença incapaz de pedagogias de auto-humanização

A dialética mais opressora em nossa história tem sido desde a colonização decretar os Outros, a diferença com deficiências originárias de humanidade, na condição ôntica de natureza, não de humanidade. Essa histórica dialética humano/inumanos não apenas decreta os Outros, a diferença com deficiências de humanização, inconscientes, imorais, incultos, inumanos, os decreta incapazes de autoeducação. Incapazes de resistir às desumanizações opressoras, incapazes de se humanizar, educar. Incapazes de pedagogias de educação, humanização. Incapazes de ter consciência das desumanizações, das estruturas políticas, econômicas, sociais e culturais que os desumanizam porque decretados não humanos em estado de natureza. Como entender essa dialética segregadora dos Outros, da diferença? Como não reproduzir, reforçar essa dialética na educação?

A crueldade antiética, antipedagógica do mito ôntico de inumanidade

Aníbal Quijano (2009) destaca a radicalidade da dialética colonizadora, dos padrões de poder, de saber de decretar os Outros não sendo humanos: um mito ôntico, metafísico; não sendo humanos, logo incapazes de participar na produção intelectual, moral, cultural da humanidade. Uma segregação, inferiorização persistente na diversidade dos humanismos pedagógicos: destacam as deficiências originárias de humanidade, racionalidade, moralidade, incultura nos coletivos diferentes, mas não os reconhecem resistentes, nem reconhecem suas resistências como autoformadoras, como resistências afirmativas de autoconscientização, de auto-humanização.

A dialética Nós humanos, a diferença inumana enfatiza que as deficiências são originárias de humanidade, ônticas como não sendo entes humanos, logo incapazes de superar essa deficiência de humanidade, de racionalidade, de moralidade, de cultura. Incapazes de resistências humanizantes, conscientizantes, pedagógicas. Porque com deficiência ôntica humana. Decretados em estado de natureza, não de cultura, não de humanidade, desde a infância até a vida adulta.

Essa dicotomia abissal humano/inumanos e esse culpabilizar as vítimas das impostas, decretadas deficiências ônticas de humanidade e esse culpabilizar até as resistências afirmando-se humanos como indisciplinas, como sinais de sua inumanidade tem legitimado decretar os Outros, a diferença até com deficiência de se autoeducar, de ser sujeitos de consciência crítica resistente às condições de opressão, de desumanização a que foram e continuam submetidos. Somente o Nós humanos, racionais, éticos conscientes poderão inventar pedagogias de humanização, de tirar a diferença, os Outros de condição de irracionalidade, imoralidade, inconsciência, inumanidade.

Uma concepção persistente na diversidade de humanismos pedagógicos: não apenas decretar a diferença como inumana, mas decretá-la com incapacidade originária de se autolibertar, conscientizar, emancipar, humanizar. A imoralidade política dos padrões de poder, de pensar, ser, decretar os Outros com diferença de humanidade reforçada no decretar a diferença incapaz de resistir, de se afirmar humana, racional, moral. A diferença dependente das pedagogias do Nós para conscientizar, racionalizar, moralizar, humanizar os Outros decretados porque incapazes de pedagogias de oprimidos. A radicalidade da Pedagogia do Oprimido é se contrapor a essa dialética de Nós nos poderes autodecretados humanos conscientes e decretar os Outros, oprimidos inumanos, inconscientes, incapazes de resistências libertadoras.

Oprimidos re-existentes afirmantes de outros paradigmas de humano

Os coletivos diferentes re-existentes se afirmam não só sujeitos de pedagogias de oprimidos, mas afirmantes de outro paradigma de humano, de outras matrizes de humanização. O paradigma hegemônico tem sido dual, abissal, sacrificial. A essa dialética de humano/inumanos que decreta a diferença, os oprimidos incapazes de pedagogias de auto-humanização, os oprimidos têm re-existido afirmando outro paradigma de humano. A essa dialética dos diversos humanismos pedagógicos resistem as vítimas, a diferença, decretados com deficiência de humanidade. Resistiram e existiram na história afirmando-se sujeitos de consciência resistente. Sujeitos de matrizes resistentes de humanização. Sujeitos de pedagogias de oprimidos, resistentes. Sujeitos de outra dialética: desumanização, consciência, resistência/humanização. Sujeitos de *outras pedagogias*, outro humanismo.

Que exigências para as teorias pedagógicas? Reconhecer que essa dialética bipolar, abissal, sacrificial que inferioriza, subalterniza a diferença como inumana, produziu o Outro como deficiente, como ser inferior humano, roubando sua humanidade, sua condição de humano. Os oprimidos vivenciando essa brutal desumanização como realidade histórica, antiética, antipedagógica, re-existem em re-existências afirmativas de outro humano, de outro paradigma de humano. Reconhecer os oprimidos afirmando-se sujeitos coletivos de outros conhecimentos, de outras racionalidades, moralidades, culturas. Com Fanon (1965) reconhecer os conhecimentos, valores, culturas, identidades humanas dos povos africanos, cativos da terra. Com os estudos latino-americanos, reconhecer os conhecimentos, valores, culturas dos povos latino-americanos. Saberes, valores, culturas, linguagens que o padrão hegemônico de conhecimento, de valores, de cultura, ocultam na história, nas políticas de nossa educação hegemônica.

Os oprimidos têm re-existido na história ao processo de dominação sobre a diferença, têm re-existido a ser segregados como humanos, submetidos a uma identidade, parâmetro de humano único hegemônico, abissal, segregador. Com os oprimidos, "os esfarrapados do mundo e os que neles se descobrem e, assim, descobrindo-se com eles sofrem, mas sobretudo com eles lutam" (p. 23). Paulo Freire descobre re-existências afirmantes de outro paradigma pedagógico (ARROYO, 2019). Os oprimidos não podem ser conscientizados para serem incluídos no paradigma único, hegemônico de humano; afirmam-se humanos, em outro paradigma de humano. Sujeitos de *outras pedagogias*, de outras matrizes e humanização, de outros valores, saberes, identidades. Sujeitos de outra humanidade reposta na história.

Os oprimidos afirmando-se humanos repõem outra dialética desumanização/re-existenciências/humanização

Paulo Freire, reconhecendo os oprimidos re-existentes afirmantes de outro paradigma de humano, reconhece que os oprimidos afirmando-se humanos repõem outra dialética desumanização/re-existências/humanização. Fazem-se problema a si mesmos, interrogam-se, resistem às injustas desumanizações. Sujeitos de autoconsciência re-existente, afirmando suas pedagogias.

Os movimentos de rebelião que Paulo Freire reconhece como pedagogos, sujeitos de outras pedagogias, são a outra cara da outra dialética desumanização/re-existências/humanização. Outra cara, outra dialética que se contrapõe à dialética hegemônica, segregadora do padrão hegemônico de poder, de pensar, de ser, de decretar o *Nós* como síntese da humanidade, racionalidade, moralidade, cultura, consciência, que decreta os Outros, a diferença em estado de natureza, de inumanidade. Um mito ôntico que transpassou a dialética da desumanização/humanização, que transpassou a diversidade dos humanismos pedagógicos, das políticas socioeducativas para educar os inconscientes, incultos, inumanos e inumanizáveis.

Paulo Freire aprende com os oprimidos que há outra dialética, reconhece a desumanização como realidade histórica, como produção histórica que tem opressores e estruturas desumanizantes, mas sobretudo reconhece que os oprimidos, as vítimas de históricas e persistentes desumanizações, têm consciência das opressões que as vitimam e re-existem perguntando-se pela viabilidade da sua outra humanização. Outra dialética contra-hegemônica afirmada pelas vítimas de históricas desumanizações. Uma história que vem da periferia da história, dos decretados à margem da histórica, única hegemônica de humanização, educação.

Os oprimidos re-existentes às desumanizações revelam que têm consciência de que a dialética opressão/desumanização, resistências por outra viabilidade de sua outra humanização é uma consciência periférica, ocultada, não reconhecida. Uma consciência dos oprimidos que revela ousadia de se contrapor à dialética hegemônica/desumanização como deficiência originária de humanidade dos Outros, da diferença decretada na incapacidade ôntica da auto-humanização, até incapacidade ôntica de autoconsciência e de resistências humanizadoras.

Paulo Freire reconhece a Pedagogia do Oprimido nos movimentos de rebelião, em Cativos da terra, de Fanon, que reconhecia as desumanizações do saber-se decretados negros, africanos, cativos da terra, decretados pelo padrão colonialista como bárbaros, inumanos, em estado de natureza a ser colonizados, destruídas suas identidades, culturas, saberes, valores porque decretados contravalores, contrassaberes, contraculturas. Paulo Freire, Fanon reconhecem que os oprimidos, os cativos da terra afirmando-se humanos re-existindo às desumanizações repõem outras pedagogias, outras matrizes, outro paradigma de humano. Outra humanidade, plural, diversa.

As vítimas re-existentes afirmando-se humanos desconstroem o mito ôntico de inumanidade

Os estudos decoloniais destacam que os padrões de poder legitimaram a expropriação das terras, a destruição das culturas, dos povos originários e dos africanos escravizados, no decretá-los em estado de natureza, não sendo humanos. A esse mito ôntico de inumanidades as vítimas re-existem. Os estudos decoloniais – Fanon com Paulo Freire – destacam essas resistências históricas, afirmativas de sua identidade humana negada, decretada não identidade humana, alienada e reconhecem que as vítimas têm consciência, saberes de experiências feitos, de experiências das inumanidades, das opressões e se perguntaram sempre na história sobre a outra viabilidade, a de sua humanização.

Fanon, Freire, os estudos decolonias, a filosofia, a história e a Ética da Libertação com Dussel (2006) partem do reconhecimento positivo da diferença, negada pelos padrões hegemônicos, opressores de poder, de saber, de ser, que impõem um padrão único de humano, do *Nós* com que decretam a diferença como o Outro de padrão único de humano, como inumanos. Um padrão inumano, político, antiético, que decreta a diferença como a negação ôntica de humanidade sintetizada no Nós, no poder político, religioso, de classe, cultural-humano. Um padrão político, antiético de humano hegemônico que não reconhece a existência humana na condição de periféricos, de decretados com deficiências ônticas de humanidade. Não os reconhece capazes de serem sujeitos de matrizes, pedagogias de auto-humanização.

Os estudos decoloniais – Fanon com Freire – têm o mérito de se aproximar dos oprimidos, das vítimas desse mito ôntico que decreta a diferença sem humanidade. Frantz Fanon, referente para Paulo Freire de uma filosofia crítica africana e de uma pedagogia crítica latino-americana dos oprimidos, defronta-se com a complexa e tensa tentativa de entender a dialética da existência humana, em vivências de padrões de poder que decretam os Outros, a diferença racial/étnica, de gênero, classe com deficiência ôntica de humanidade. Como entender essa dicotomia contraditória do Nós autoafirmando-se sendo humanos e os Outros não sendo reconhecíveis como humanos? Questões que acompanham os diversos humanismos pedagógicos e interrogam a história da educação. Interrogam as identidades educadoras.

Frantz Fanon (1965) fala de um ser humano africano – bantu, em tensos processos de reconhecer-se e afirmar-se ser humano africano ou negar-se a si mesmo identificando-se com o senhor. Paulo Freire (1987) destaca tensões semelhantes: "o grande problema está em como poderão os oprimidos, que "hospedam" o opressor em si, participar da elaboração, como seres duplos inautênticos da pedagogia de sua libertação" (p. 32). Paulo Freire, como Fanon, defronta-se com a questão pedagógica mais radical da dialética opressão/desumanização/resistências/humanização: Libertar-se do hospedar o opressor, afirmar-se ser humano africano ou latino-americano oprimido. Um aprendizado tenso histórico, que "tem de partir dos "condenados da terra", dos oprimidos, dos esfarrapados do mundo, dos que com eles realmente se solidarizam, com eles sofrem, e sobretudo com eles lutam pela restauração de sua humanidade roubada (p. 31).

A radicalidade pedagógica da dialética desumanização/opressão, re-existências/humanização

Entender, acompanhar processos de humanização sempre foi uma encomenda tensa para a pedagogia. O humanismo/anti-humanismo colonial radicaliza essas históricas tensões políticas, éticas, pedagógicas. Que indagações políticas, éticas, humanas radicais chegam dos oprimidos de Fanon, Freire, Dussel, dos decoloniais que destacam a existência de um ser humano africano e latino-americano nessas tensas experiências humanas e inumanas? Que formação humana é possível acompanhar, fortalecer na pedagogia, na docência? Como repensar as teorias da educação, do desenvolvimento humano, a partir dessas tensas vivências inumanas e das re-existências humanizantes?

Para Fanon, Freire, Dussel, os decoloniais os oprimidos, os cativos da terra e os cativos das cidades, nos instigam a não ignorar, mas afrontar essas tensas existências desumanizadas e, sobretudo, fortalecer as re-existências humanizadoras dos oprimidos. As teorias pedagógicas, a formação docente, educadora não podem ignorar e menos negar irresponsavelmente essas experiências de vida, do inumano existir de milhões de educandos. Nem ignorar irresponsavelmente as experiências de tensas re-existências humanizadoras. A dialética desumanização/re-existências/humanização vivida por milhões de humanos desde a infância à vida adulta exige ser central nas teorias pedagógicas, nas teorias do desenvolvimento humano.

As vidas que chegam às escolas, à EJA, que teimam por ações afirmativa nas universidades são a síntese dessas contradições da dialética desumanização/re-existências/humanização. O humanismo do paradigma único, universal de humano não dá conta de entender essas contradições da dialética desumanização/opressão, re-existências/humanização. A pedagogia, as teorias de formação humana são obrigadas a ter como referente o mundo da vida, as vivências reais de desumanizações/opressões/re-existências/humanizações do viver real histórico dos humanos, reconhecendo-os sujeitos de outras pedagogias, de outro paradigma de humano.

Os seres humanos, da infância à vida adulta que chegam às nossas escolas públicas sobretudo, são seres contraditórios, expropriados de suas culturas, memórias, saberes, valores, tradições, identidades desde o grito: "Terra à vista", que os decretam com deficiências originárias de humanidade. A colonialidade do poder, do saber, do ser persistiu no império, na república até democrática. Para os estudos decoloniais, Frantz Fanon, Paulo Freire, Dussel, os oprimidos apontam para as teorias pedagógicas, a urgência ética política de se libertar da dialética dos padrões de poder, de saber, de ser que continuam decretando os Outros, a diferença, com deficiências de humanidade, de racionalidade, de moralidade, de culturas. De humanidade.

A diferença, a alteridade na pluralidade de movimentos e ações coletivas re-existentes afirmam outras pedagogias de oprimidos, outras matrizes de humanização. Desconstroem as pedagogias hegemônicas como pedagogias de dominação, de reposição do padrão do Nós humanos e os Outros o outro do humano único, hegemônico que os segregou e persiste em segregar como inumanos. Vidas oprimidas re-existentes exigindo o reconhecimento das re-existências humanizadoras. Exigindo o reconhecimento de outro padrão de humano, de outras pedagogias e matrizes de humanização.

Ao chegarem os Outros na educação exigem reconhecimento das vivências de opressões, desumanizações sofridas que acumulam em nossa história. Exigem desconstruir o paradigma político de inumano que os continua subalternizando, de que as políticas educativas, curriculares, continuam reféns. Exigem sobretudo reconhecê-los sujeitos de re-existências afirmativas de outro paradigma de humano. De formação humana que reconheça os oprimidos sujeitos de pedagogias. De outras pedagogias, matrizes de outro humanismo, em outro paradigma de humano. Sujeitos afirmantes de outra dialética política ético-pedagógica: desumanização/re-existências/humanização. Reafirmando sua outra humanidade em outra história.

A dialética desumanização/re-existências/humanização no primado da diferença

Acompanha-nos o reconhecer que os oprimidos re-existiram na história a dialética hegemônica na primazia do Nós nos poderes se autodecretando a síntese do humano e decretando os Outros, a diferença, a síntese do inumano, os

Outros, o outro de humano único, hegemônico. A diferença étnica, racial, de gênero, de orientação sexual, de classe à margem da história única hegemônica tendo o Nós como referente único. A diferença re-existente afirmando outra história, outra dialética: desumanização/re-existências/humanização.

Ver a história a partir do primado da diferença

As narrativas da história têm sido tensas, tensões sobretudo de que coletivos reconhecer como referente, como sujeitos de história. Paulo Freire, com Fanon, Primo Levi, Walter Benjamin, Dussel... optaram como tantas educadoras, educadores por ver a história a partir do *primado das diferenças*. Do primado dos Outros, dos oprimidos, dos decretados marginais, à margem da história. Aprendem que a diferença, sabem-se decretados no polo negativo, que todas as polarizações abissais são sacrificiais, os sacrificam como inumanos, irracionais, imorais para ressaltar, cultuar o Nós como a síntese do humano, do racional, do moral, do consciente único, hegemônico.

Dar primado à diferença revela a tensa história de resistências a essas antiéticas, inumanas, polarizações políticas, econômicas, sociais, culturais, pedagógicos, revela outra história. Dar primado à diferença carrega a opção política de reconhecer que a diferença desconstrói esses paradigmas bipolares, abissais, sacrificiais afirmando outra dialética desumanização/re-existências/humanização. Só dando primado às diferenças é possível captar essa outra dialética desumanização/re-existências/humanização, não abissal, não sacrificial. Plural, diversa.

Coletivos de educadoras e de educadores que se descobrem nos oprimidos, com elas sofrem e com eles lutam como Paulo Freire se aproximam dos processos de desumanização, de re-existências/humanização, pedagógicos olhando, pensando, reconhecendo esses processos no primado da diferença, não no primado do Nós nem dos paradigmas dicotômicos em que os Outros, a diferença, persistem em ser inferiorizados, decretados à margem da história única hegemônica. Autores como Fanon, Walter Benjamin, Primo Levy, Dussel, Paulo Freire fizeram a opção política radical de refletir, interpretar a história social, política, humana e sobretudo inumana a partir do primado das diferenças, dos oprimidos, dos decretados à margem da história única. Reconstruir a história "a contrapelo" na expressão de Benjamim. Descobrir que a diferença expõe uma outra racionalidade, moralidade, humanidade. Outro paradigma de humano, outra dialética tensa, radical: desumanização/re-existências/humanização como realidade histórica.

A diferença afirmando-se humanos em outro paradigma de humano

Os diversos coletivos em movimentos sociais educadores repõem outro paradigma de humano na história: o paradigma do primado da diferença. Os coletivos diferentes decretados inumanos no paradigma único, hegemônico de humano resistiram a ser decretados no polo negativo, à margem da história. Afirmando-se humanos em outra história humana ultrapassam as dualidades, polaridades abissais, sacrificiais fundantes das narrativas da história hegemônica, única, política, cultural e até pedagógica. Os Outros, a diferença, ao resistirem a esses paradigmas segregadores polares, abissais, sacrificiais que os sacrificaram na história como inumanos, inconscientes, submissos abrem o pensamento político, ético, cultural, pedagógico para um paradigma aberto, plural de humanos e de processos de humanização. Re-existem ao paradigma político, antiético afirmando-se sujeitos éticos, políticos.

As vidas re-existentes e seus processos políticos, éticos, pedagógicos para afirmar-se humanos obrigam os paradigmas de humano a reconhecer a diferença étnica, racial, de gênero, classe como humanos. Oprimidos, mas sujeitos de saberes, valores, culturas, identidades, sujeitos de consciência, de racionalidade, moralidade, humanidade. Sujeitos de pedagogias de oprimido, sujeitos de outros processos/matrizes de humanização.

A diferença afirma, e Paulo Freire, Walter Benjamim, Fanon, Dussel reconhecem com tantos docentes/educadoras/educadores de educandos oprimidos que se afirmam humanos em outro paradigma de humano. Re-existem afirmando-se humanos não no padrão hegemônico de humano, não suplicantes por uma educação inclusiva no padrão único, na história única, mas em suas re-existências afirmando-se humanos são afirmantes de outro paradigma aberto, plural, contra-hegemônico de humano. Único.

Que exigências éticas, políticas para a educação, a docência, para as teorias da formação humana? Dar centralidade a reconhecer as diferenças humanas, realidade histórica, afirmantes de outra dialética de humanização. Dos Outros, das diferenças afirmando-se humanos veem desafios radicais, éticos, políticos, pedagógicos para as ciências humanas, para o padrão, a concepção de humano/inumano estruturante dos humanismos pedagógicos. Os coletivos de docentes/educadoras/educadores dos coletivos populares, das diferenças em etnia, raça, gênero, orientação sexual, de classe, reconhecem a exigência do primado das diferenças. Dar primado a reconhecer e a fortalecer que os oprimidos, a diferença segregada pelo paradigma hegemônico abissal, sacrificial não se limitam a desconstruir as concepções de primitivos, selvagens, incultos, irracionais, inconscientes, deficientes em humanidade.

A diferença desconstruindo como foi e persiste em ser pensada pelo padrão de poder, de pensar, de ter como a margem da condição humana, afirma outras verdades, outro modo, paradigma de pensar-se, de ser: sujeitos de outros valores, outra moralidade, sujeitos de outros saberes, outra racionalidade, sujeitos de outras tradições, culturas, de outra história cultural. Sujeitos de outro padrão de humanidade. Que exigências políticas, éticas, pedagógicas dos humanismos pedagógicos vêm da afirmação da diferença?

Paulo Freire, dando primado ao olhar a diferença reconhece nas re-existências históricas dos oprimidos outra dialética: desumanização/re-existências/humanização. Captar essa dialética nas vidas re-existentes afirmando-se humanas pelos movimentos sociais dos diferentes, do próprio movimento docente é uma exigência política, ética pedagógica para entender os processos de humanização, para pensar e fazer a educação. Na persistente história de desumanização/re-existências/humanização, que outra dialética, antidesumanização/humanização, os oprimidos afirmam?

A diferença afirma em nossa história que reconhecer a dialética desumanização/re-existência/humanização no primado da diferença exige reconhecer outra dialética afirmada pelos Outros, pela diferença na história. Exige outras pedagogias, outra história da educação, da docência, da humanização, que reconheça a diferença afirmante de outra dialética: desumanização/re-

-existências/humanização. A diferença reafirmando sua outra humanidade na história.

Vidas re-existentes afirmantes de outra dialética ético/política/pedagógica

Os oprimidos em suas re-existências afirmando-se humanos repolitizam a dialética desumanização/humanização que os decreta in-humanos. Afirmam uma outra dialética de humano, de outro padrão de humanização? Para além das dialéticas bipolares, abissais, sacrificiais? Lembramos que os humanismos pedagógicos tendem a se legitimar em dialéticas bipolares: membros da *polis* – segregados da *polis*: justos/pecadores; atrevendo-se a pensar, sendo incapazes de pensar – humanos – não sendo humanos; conscientes/inconscientes; emancipados/alienados; cultos/incultos; letrados/iletrados... As pedagogias chamadas ativas do polo negativo da inconsciência, da alienação, da irracionalidade, da imoralidade, da inumanidade para a inclusão no polo positivo do Nós conscientes/racionais/morais/humanos.

Desconstroem a dialética política, abissal: desumanização/humanização

Os oprimidos têm resistido a serem jogados nesse polo negativo, abissal de in-humanidade e se defrontam com uma dialética mais política, mais radical: reconhecer, vivenciar a desumanização, resistir, lutar pela humanização. Saber-se vítimas de históricas desumanizações e reconhecer-se sujeitos de históricas re-existências afirmando-se humanos. Reconhecer que, quem coloca à pedagogia o problema da humanização – dos limites e possibilidades de humanização – tem sido os próprios humanos que vivenciam o ser/não ser humanos como problema iniludível. "Fazem-se problema a eles mesmos: Indagam/respondem, e suas respostas os levam a novas perguntas" (1987, p. 29).

Para Paulo Freire as perguntas e respostas, as novas e velhas perguntas para todos os humanismos pedagógicos têm vindo dos humanos, desumanizados que se fazem problema a eles mesmos. Problema carregado de interrogações e de respostas para os próprios humanos e para os humanismos pedagógicos.

Para todos os humanos o problema de sua humanização tem sido o problema central, mas há humanos para os quais o problema de sua humanização assume o caráter de preocupação iniludível. Para os movimentos de rebelião, sobretudo para os jovens, assumem a preocupação em torno do que e de como estão sendo humanos ou decretados não sendo humanos.

Quais são os humanos que se fazem problema com preocupação mais iniludível? "Os esfarrapados do mundo e os que neles se descobrem e assim descobrindo-se com eles sofrem, mas sobretudo com eles lutam" (p. 23). As interrogações e respostas político-pedagógicas mais radicais para as teorias pedagógicas, para os humanismos pedagógicos vêm dos oprimidos, esfarrapados do mundo, dos seus sofrimentos e de suas lutas. Das pedagogias dos oprimidos. As interrogações vêm também daqueles educadores, educadoras, docentes que com eles se identificam, com eles sofrem e, sobretudo, com eles lutam.

A humanização como luta resistente, política, histórica

Os oprimidos se fazem problema a eles mesmos, indagam-se, respondem, e suas respostas os levam para novas perguntas. Não vivem alienados, inconscientes, mas sabendo-se e fazendo-se problema, perguntando-se pelas opressões que vivenciam. O problema de sua humanização lhes é o problema iniludível. Por quê?

Porque vivenciando desumanizações políticas os oprimidos têm consciência da desumanização como realidade histórica, e sobretudo a partir dessa dolorosa constatação se perguntam sobre a outra viabilidade – a de sua humanização. "Ambas os inscrevem num permanente movimento de busca. Humanização, desumanização, dentro da história..." (p. 30). Vivenciar as desumanizações como realidade histórica, política, como dolorosa constatação, como dolorosa vivência histórica leva a lutar pela viabilidade da humanização, como outra viabilidade histórica.

A dialética política, ética, pedagógica que os oprimidos afirmam para as teorias da humanização é uma dialética desumanização/humanização não dual/abissal segregadora, mas uma dialética de vivências totais de desumanizações, provocando re-existências totais afirmativas de humanizações. Dialética de humanidades roubadas, negadas, destruídas nos oprimidos, cativos da terra, da cidade, da história, conscientes, resistentes em lutas pela recuperação de sua humanidade.

Tensões que Paulo Freire (1987) chama de vocação dos homens; vocação ôntica: ser humanos, reconhecidos tratados como humanos. Para os oprimidos, os demitidos da vida, os proibidos de ser, os condenados da terra... "Vocação negada, mas também afirmada na própria negação. Vocação negada na injustiça, na exploração, na opressão, na violência dos opressores, mas afirmada no anseio de liberdade, de justiça, de luta dos oprimidos, pela recuperação de sua humanidade roubada" (p. 30).

Que exigências para os humanismos pedagógicos, para a história da educação? Reconhecer os oprimidos sujeitos dessa dialética não binária, mas destacar estreitas articulações entre as históricas desumanizações, opressões, violências, injustiças sofridas e as históricas lutas dos oprimidos por liberdade, justiça, por recuperação de sua humanidade. Por humanização, em outra dialética ético-política-pedagógica: desumanização/humanização.

Re-existir às desumanizações, realidade histórica – interrogação política, ética, pedagógica

Reconhecer com os oprimidos essas vivências tão articuladas da desumanização/humanização carrega interrogações radicais para as teorias pedagógicas, para os humanismos pedagógicos: as desumanizações existem como realidade histórica, têm sujeitos que as sofrem, vivenciam como regra na história. Uma exigência ética, política, para as teorias pedagógicas, para a história da educação; para a formação docente/educadora: Têm reconhecido que as desumanizações existem? Têm-se perguntado que sujeitos, que coletivos sociais, étnicos, raciais, de gênero, classe sofrem essas desumanizações como uma constante na história? As teorias pedagógicas têm dado maior centralidade aos processos de humanização do que de desumanização. Que exigências?

Aprender com os oprimidos que não há como entender os processos de humanização, como vocação ôntica dos humanos sem entender as desumanizações como realidade histórica. As possibilidades da humanização são inseparáveis das realidades das desumanizações. Essa a dialética: a vocação ôntica de humanização dos oprimidos inseparável dessa vocação negada pelas injustiças, a exploração, opressão, violência dos opressores, das estruturas desumanizadoras. Negarão com radicalidade política no mito ôntico de inumanos.

Reconhecer essa dialética articulada das vivências das opressões, desumanização como uma constante histórica será uma exigência para entender a dinâmica tensa dos percursos de formação, de desenvolvimento humano. Às escolas, à EJA, às universidades chegam os oprimidos vivenciando essa dialética desumanização/humanização. Não haverá como entender, fortalecer seus percursos de humanização sem primeiro entender seus percursos cruéis das desumanizações que os vitimam. Toda ação pedagógica exige dar centralidade política a entender as desumanizações, opressões, injustiças que os desumaniza como regra na história para entender a radicalidade política, ética, pedagógica das vidas re-existentes afirmando-se humanas.

As lutas por humanização, uma dialética política, pedagógica

Reconhecer com os oprimidos a dialética desumanização/humanização levou Paulo Freire a dar centralidade política, pedagógica, a reconhecer as desumanizações como realidade histórica, como matriz antipedagógica. Mas também a reconhecer as lutas dos oprimidos por humanização como matriz pedagógica: "a luta pela humanização pelo trabalho livre, pela desalienação, pela afirmação como pessoas, como 'seres para si'... somente é possível porque a desumanização, mesmo que um fato concreto na história, não é, porém, destino dado, mas resultado de uma 'ordem' injusta, que gera a violência dos opressores e está 'o ser menos'" (1987, p. 30).

O problema político, ético de toda ação pedagógica é a humanização, o direito de todos os humanos a ser humanos, a ser mais e mais humanos. As vivências desumanizantes mais radicais são de saber-se violentados a ser menos. A nem ser reconhecidos humanos. Sendo humanos. Uma vivência histórica de condenados, decretados desde a colonização a não ser reconhecidos humanos, decretados com deficiências originárias de humanidade em estado de natureza, não de humanidade. Um mito ôntico denunciado pelos estudos decoloniais.

Paulo Freire acompanha, reforça essas análises insistindo que essa violência desumanizante persiste no presente. "A violência dos opressores instaura o ser menos, leva os oprimidos, cedo ou tarde, a lutar contra quem os faz menos. E esta luta somente tem sentido quando os oprimidos buscam recuperar sua humanidade [...]. Aí está a grande tarefa humanista e histórica dos oprimidos" (1987, p. 30).

Aí está a grande tarefa da pedagogia e da docência dos humanismos pedagógicos, da história da educação: reconhecer a dialética desumanização/humanização como uma dialética política, antiética, antipedagógica. Desumanizante. Ir além e reconhecer o re-existir dos oprimidos como outra dialética político-pedagógica. Ver narrar a história da educação como uma história de tensões políticas, pedagógicas de dialéticas desumanização/humanização.

Os oprimidos desconstroem a dialética abissal inconsciência/desumanização/conscientização/humanização

Lembrávamos que os humanismos pedagógicos decretam os Outros, a diferença inconsciente, no senso comum, na falsa consciência, a ser libertada pela conscientização dos racionais, críticos. Paulo Freire critica a falsa generosidade, a falsa caridade dos opressores, sua mão estendida ao demitido da vida. Generosidade de pedagogias de mão estendida de conscientização, de educação crítica, dos decretados atolados passivos no senso comum. Na inconsciência acrítica. Os oprimidos em suas resistências não se pensam inconscientes de mente insegura, inconscientes suplicando por conscientização. Suas re-existências não são súplicas de inconscientes a conscientizados, educadores. Vê oprimidos se fazendo cada vez mais mãos humanas de lutas resistentes, transformando o mundo, libertando-se da opressão. "Este ensinamento e este aprendizado tem de partir dos 'condenados da terra', dos oprimidos, dos esfarrapados do mundo e dos que com eles realmente se solidarizam, lutando pela restauração de sua humanidade" (p. 31).

Os esfarrapados do mundo, os oprimidos sofrendo, os condenados da terra, dos campos, das cidades, trabalhadores em lutas, ações coletivas por libertação das opressões, das desumanizações como realidade histórica são conscientes das desumanizações que os vitimam. Paulo Freire destaca: "quem, melhor do que os oprimidos, se encontrará preparado para entender o significado terrível de uma sociedade opressora? Quem sentirá melhor do que eles os efeitos da opressão? Quem mais do que eles para ir compreendendo a necessidade da libertação? Libertação que chegara pelo conhecimento e reconhecimento da necessidade de lutar por ela [...]" (1987, p. 31).

Essa a radicalidade ética, política, pedagógica da Pedagogia do Oprimido, aquela que tem de ser forjada *com ele* e não *para ele* enquanto homens e povos na luta incessante pela recuperação de sua humanidade. Dos oprimidos vêm um outro paradigma pedagógico (ARROYO, 2019) afirmando outra dialética que destaca as opressões como realidade histórica; igualmente destaca as lutas dos oprimidos conscientes dessas opressões como realidade histórica e as lutas dos oprimidos conscientes dessas opressões injustas re-existindo, lutando por recuperar a humanidade roubada. Lutas, re-existências às desumanizações. Re-existências afirmativas de serem humanos em outro paradigma, padrão de humano.

Re-existindo afirmando-se humanos, desconstroem a dialética política/ abissal/inconsciência/desumanização/conscientização/humanização. Os oprimidos em suas ações coletivas re-existentes expõem para a história sua consciência de vivências de opressões, desumanizações. Ninguém tem maior consciência das desumanizações do que aqueles coletivos sociais que as sofrem. Outra dialética ético-político-pedagógica: desumanização/consciência/resistências/humanização. Outra dialética ético-político-pedagógica que os oprimidos afirmam em suas vidas re-existentes afirmando-se humanos.

Outra dialética desumanização/re-existência/humanização persistente na história

Para Paulo Freire, Fanon e para os estudos decoloniais o decretar os Outros, a diferença com deficiências de humanidade, não sendo humanos não tem sido um acidente, mas regra na história. A dialética desumanização, vivenciada como realidade histórica tão radical, tão dolorosa tem levado as vítimas dessas desumanizações tão radicais a re-existir afirmando sua humanidade.

Uma dialética que acompanha a nossa história da desumanização/re-existência/humanização.

Uma dialética que a educação colonizadora sintetiza e repolitiza: a coroa, o poder político, e a cruz, o poder religioso se articulando, reafirmando o velho decretar a diferença, os Outros atolados em crendices, selvagerias, em corpos de pecados caídos à espera da redenção, da libertação de suas crendices e selvagerias. Dualismos entre santos e pecadores à espera da redenção tão persistente na diversidade de humanismos cristãos, políticos, até ilustrados. Os oprimidos resistem e invertem essa dialética afirmando outra dialética: desumaninazão/re-existências/humanização.

Essa história tem sujeitos que oprimem

Na história, se há oprimidos é porque há opressores. Toda história de opressões/desumanizações e de re-exitências/humanizações teve e tem sujeitos em nossa história. Desumanização/re-existência/humanização. Todo projeto humanista salvador pressupõe um decretar os Outros, na culpa. As vítimas culpabilizadas não aderem à dialética culpa/redenção, denunciam quem são os culpados e quem são as vítimas: "Se há oprimidos é porque há opressores". Os oprimidos por carecerem, serem deficientes em humanidade, culpam os opressores pelas desumanidades a que os condenam como diferentes. Os oprimidos não se autocondenam como responsáveis das desumanizações que sofrem por serem irracionais, imorais, deficientes em humanidade. Culpam os opressores, os padrões de poder, de saber pelas desumanizações como constante histórica.

Uma inversão da história da dialética desumanização/humanização. Uma outra história da desumanização, educação/humanização: os oprimidos decretados com deficiência originária de humanidade pelos opressores re-existem afirmando-se humanos e mostrando os opressores nos poderes, autodecretados síntese da humanidade como deficientes em valores, de humanidade. As vítimas ao re-existir às desumanidades históricas antiéticas, antipedagógicas expõem e mostram que opressões, que padrões, estruturas de poder, opressoras, antiéticas inumanas os têm vitimado como regra na história.

As vítimas oprimidas invertem a história da educação, da cultura, do mostrar quem são os inumanos, opressores, sem moralidade humana, sem ética e quem são as vítimas.

Os oprimidos afirmam essa inversão dialética. Apontam uma inversão da história da educação que desde a Paideia e na diversidade de humanismos pedagógicos se alimentam do decretar os Outros, a diferença com deficiência de humanidade, de racionalidade, de consciência, de moralidade a ser educada, conscientizada, moralizada, humanizada pelo Nós síntese do humano, da racionalidade, da moralidade, da consciência crítica, libertadora. Os oprimidos re-existem às estruturas opressoras como antipedagógicas, não as reconhecem pedagogias dos opressores para humanizar. Afirmam suas re-existências de oprimidos como pedagogias, educadoras, humanizadoras. Pedagogias dos oprimidos. Denunciam as pedagogias hegemônicas dos opressores como antipedagogias e os opressores e seus padrões de poder não como síntese dos valores de humanidade, mas como síntese dos contravalores de desumanidade. Os oprimidos se revelam conscientes de que estruturas, que antipedagogias os oprimem se afirmam sujeitos de processos, pedagogias de humanização. Outra dialética antidesumanização/humanização persistente na história afirmada pelos coletivos em vidas re-existentes, afirmando-se humanos.

A diferença decretada inumana inverte a dialética: Nós humanos únicos, os outros inumanos

A inversão pedagógica que Fanon, Paulo Freire e os estudos decoloniais veem nos oprimidos em sua radicalidade política, ética, pedagógica incomoda os padrões de poder que os estigmatizam. Uma inversão que tem sido incômoda à dialética pedagógica que decreta os desumanizados, a diferença, a ser humanizados pelo Nós, síntese do humano. Dialética persistente na diversidade de humanismos pedagógicos, humanizadores, conscientizadores dos decretados inumados, inconscientes. Das vidas re-existentes afirmando-se humanas, vem outro paradigma pedagógico.

Das pedagogias dos oprimidos vem uma inversão na dialética hegemônica desumanização/humanização

A história de educação é obrigada a reconhecer os oprimidos como sujeitos de pedagogias, sujeitos de uma história invertida da educação, dos sujeitos e dos processos de humanização. Recriar a narrativa histórico-pedagógica a partir do ponto de vista dos oprimidos, da diferença decretada com deficiência de humanidade inverte as narrativas tradicionais dos diversos humanismos pedagógicos.

A indagação incômoda radical: e se a desumanização, o mal, a culpa não estivessem na diferença, nos oprimidos, mas esteve na história do lado dos opressores? Se os oprimidos forem reconhecidos as vítimas, das opressões, dos poderes, das estruturas do poder?

Fanon, Paulo Freire, Walter Benjamin e os estudos decoloniais sugerem essas indagações sobre nossa história política, cultural, pedagógica, ética, ao mostrar que os colonizadores, os opressores sintetizam uma história de injustiças, de crueldades, de barbáries, de culturicídios, de extermínios, de destruição das condições materiais de um humano, justo viver dos oprimidos, dos povos originários, dos negros escravizados, dos trabalhadores empobrecidos, dos sem teto, sem terra, sem saúde, sem vida humana. Uma história que persiste nas relações capitalistas, econômicas, políticas.

Os oprimidos, ao tomar consciência de que foram e continuam oprimidos porque há opressores, colocam uma interrogação radical: Quem é culpado das opressões, dos males que nos oprimem? As opressões, desumanizações têm sido uma barbárie, um mal na história. Que poderes, que estruturas, que coletivos têm sido culpados se nós fomos as vítimas e os opressores culpados? Outra história política, pedagógica, ocultada que os oprimidos desocultam, invertem.

A dialética desumanização/humanização reconhecida como regra histórica, mas a culpabilidade da desumanização invertida. A história do educar os desumanos, imorais, irracionais invertida. As teorias de formação humana da diferença decretadas com deficiências de humanidade invertidas. Os sujeitos de pedagogias de humanização invertidos. História da educação das teorias pedagógicas, das políticas educativas do poder que se legitimaram no decretar a diferença com deficiência de humanidade a ser corrigida pelo Nós racionais, morais, humanos invertidas.

Uma inversão de extrema radicalidade política, ética, pedagógica que vem das vítimas, da diferença oprimida, culpada das históricas imoralidades, irracionalidades, inumanidades. Ousadias que vêm dos diferentes, culpando as estruturas econômicas, sociais, os padrões de poder, de saber, das irracionalidades, imoralidades, inumanidades históricas de decretá-los com deficiências de humanidade, culpados das desumanizações que as vitimam. Ousadias dos oprimidos de se afirmar mais humanos do que os inumanos opressores.

Ousadias de se afirmar mais éticos do que os opressores. Os herdeiros dessas ousadias políticas, éticas, chegam às escolas públicas, à EJA, às universidades. Que exigências para a tão destacada "educação em valores"? Reconhecer essas tensões na construção histórica dos parâmetros de valores da classificação do Nós no poder opressor, síntese dos valores, e decretar os Outros, a diferença, a síntese negativa dos contravalores. Superar esses padrões do Nós opressores autoproclamado a síntese dos valores, da ética. Aprofundar na crítica resistente dos oprimidos expondo a imoralidade das opressões. A dialética ética invertida. As políticas de educar em valores, que coletivos de infâncias a adultos invertidas. Que exigências éticas para a educação e a docência?

A dialética opressão/desumanização invertida pelas vítimas re-existentes afirmando-se humanos e mostrando os opressores in-humanos. As estruturas opressoras in-humanas. Outra dialética desumanização/re-existência/humanização que a diferença expõe como persistência histórica?

Capítulo 7

Vidas re-existentes, sujeitos de outra dialética: desumanização/re-existências/concientização/humanização

Para Paulo Freire, desde a *Educação como prática da liberdade* à *Pedagogia da Indignação*, os sujeitos dessas pedagogias são os oprimidos em suas vidas re-existentes. Pedagogia *do* Oprimido. São os esfarrapados do mundo, que sofrem e sobretudo que lutam os sujeitos de outras pedagogias, de outro paradigma pedagógico (ARROYO, 2019). Paulo Freire, educador, humanista deixa-se interrogar pelos oprimidos, coletivos resistentes educadores e coloca uma interrogação político-pedagógica, ética para o paradigma pedagógico hegemônico de humano único: os oprimidos re-existentes afirmando-se sujeitos de outra dialética desumanização/re-existência/humanização.

O que aprender das vivências interrogantes dos oprimidos em vidas re-existentes?

Reconhecer que as interrogações mais persistentes e mais radicais para os humanismos pedagógicos têm vindo das re-existências aos processos de desumanização, resistências vivenciadas pelos oprimidos. Que interrogações aprender? Reconhecer que os oprimidos vivenciando-se segregados pelo paradigma hegemônico de humano único, repõem outro paradigma de formação humana, desconstroem o paradigma abissal, sacrificial de Nós humanos – os Outros, decretados inumanos, redefinem o paradigma desumanização/humanização, sabem-se roubados em suas humanidades, re-existem afirmando-se humanos.

Com os oprimidos sofrendo, mas lutando, re-existindo, aprender outra dialética desumanização/re-existências/humanização como regra na história.

Com um olhar humano, humanista de educadores, aprender que há outra história de educação, humanização que os oprimidos afirmam e revelam outra dialética desumanização/re-existências/humanização a aprender dos oprimidos re-existentes.

Paulo Freire na diversidade de suas análises pedagógicas, políticas e com destaque no seu livro fundante: Pedagogia do Oprimido, destaca logo nas "Primeiras palavras" quem são os sujeitos dessa outra dialética política, ética, pedagógica: "os esfarrapados do mundo e os que neles se descobrem e, assim descobrindo-se, com eles sofrem, mas, sobretudo, com eles lutam" (p. 23).

Na dedicatória da Pedagogia do Oprimido já descobrimos que matrizes conformantes da outra dialética desumanização/re-existências/humanização: 1º) as vivências da condição de oprimidos – esfarrapados, sabendo-se menos como humanos; 2º) os sofrimentos; e sobretudo 3º) as lutas por libertação/emancipação, matrizes centrais na outra dialética pedagógica, desumanização/re-existências-humanização.

Paulo Freire alarga os sujeitos dessa outra dialética, das outras matrizes de humanização: inclui os que neles se descobrem e assim descobrindo-se, com eles, com os esfarrapados/oprimidos sofrem, mas, sobretudo, com eles lutam (p. 23). Alarga os sujeitos de outras matrizes de outras pedagogias, de outra dialética de desumanização: opressão, sofrimento, lutas. Tantas educadoras, tantos educadores que com Paulo Freire se descobrem nos oprimidos, com eles sofrem e sobretudo com eles lutam, sujeitos de outras matrizes de educação, humanização.

Sujeitos de outra dialética, desumanização, sofrimentos, lutas, re-existências, humanização: outra história político-pedagógica que vem de longe, de tantos coletivos étnicos, raciais, de gênero, classe que se sabem, se vivenciam oprimidos, em históricos sofrimentos e em históricas lutas por emancipação. Como entender, reconhecer essa outra história? Reconhecê-la como uma história afirmante de um outro humanismo pedagógico afirmante de outra dialética desumanização/re-existências/humanização. Como entender, trabalhar essas vivências de desumanização/humanização que persistem como realidade histórica e chegam nas vivências de milhões de educandas, de educandos, nas escolas e na EJA, até nas universidades?

Que dialética desumanização/re-existência/humanização os oprimidos vivenciam, afirmam?

Continuemos com a pergunta: Como aprender, descobrir nas vidas re-existentes dos oprimidos afirmando-se humanos outra dialética pedagógica desumanização/re-existência/humanização? Reconhecer que os oprimidos são sujeitos de outras pedagogias, mas ir além: afirmam-se sujeitos de outras matrizes de humanização, sujeitos de outra dialética desumanização/re-existências/humanização. Afirmam-se humanos em outro paradigma de humano. Que exigências para a educação e a docência para as teorias do desenvolvimento de afirmação e formação humana? Que exigências para a história da educação? Para as identidades docentes/educadoras?

Tentemos aprender como essa dialética dos oprimidos tem operado na história como dialética política, pedagógica, afirmante de que matrizes de formação humana, de afirmação como humanos. Um tema gerador de formação inicial e continuada de docentes, educadoras, educadores. Um tema nuclear para as teorias pedagógicas e para a história outra da educação.

Paulo Freire, na justificativa de *Pedagogia do Oprimido* (p. 29), acentua os componentes, a dinâmica da dialética desumanização/re-existência/humanização que descobre nos oprimidos, "nos esfarrapados do mundo e nos que neles se descobrem e, assim descobrindo-se, com eles sofrem, mas sobretudo com eles lutam".

1º) Os oprimidos se fazem a si mesmos problema, indagam, respondem.

2º) Sofrem a desumanização como realidade histórica.

3º) O problema de sua humanização, o seu problema central, iniludível.

4º) A partir dessa dolorosa constatação se perguntam sobre a outra viabilidade – a de sua humanização.

5º) Afirmam outra dialética: desumanização/conscientização/resistência/humanização.

6º) Os oprimidos resistentes recolocam sua outra humanidade na história.

Tentemos entender cada um desses componentes da dialética que Paulo Freire capta nas pedagogias dos oprimidos para entendermos a radicalidade política, ética, pedagógica da dialética desumanização/re-existência/humanização que os outros oprimidos em suas vidas re-existentes afirmam. Outra dialética que os movimentos sociais e o próprio movimento docente/educador afirmam em suas re-existências afirmando-se humanos.

Os oprimidos se fazem problema a eles mesmos: indagam, respondem

No primeiro capítulo: Justificativa, da *Pedagogia do Oprimido*, Paulo Freire reconhece que os oprimidos se fazem problema a eles mesmos, indagam-se, respondem, e suas respostas os levam as novas perguntas. Não vivem alienados, inconscientes, mas sabendo-se e fazendo-se problema, perguntando-se pelas opressões que sofrem e que vivenciam. Reconhecendo-se oprimidos, conscientes das opressões e de que estruturas políticas os oprimem, desconstroem a dialética hegemônica que os decretou em nossa história como alienados, alheios à condição humana. Dialética que os decreta até inconscientes, alheios a sua condição, incapazes de se fazer problema a eles mesmo, à espera de ser conscientizados pelo Nós conscientes.

Fazer-se problema a *eles mesmos*: a vivência mais radical da autoconsciência?

Que radicalidades vêm dos oprimidos enfatizando o fazer-se problema *a eles mesmos* e saber-se a *si mesmos* como problema? A dicotomia Nós humanos, os Outros inumanos em sua radicalidade inumana não apenas decreta os Outros com deficiências originárias de humanidade, mas vai além, os decreta incapazes de autoconsciência, incapazes de autoeducação, incapazes de se indagar sobre as desumanizações que vivenciam, que sofrem. Os estudos decoloniais, Aníbal Quijano especificamente, destaca a radicalidade política, antipedagógica dessa dicotomia dos padrões de poder, de pensar, de ser colonizadores e capitalistas: tentam-se legitimar no mito ôntico, metafísico que decreta os Outros, a diferença não sendo humanos, logo incapazes de ter consciência humana, de sua inumanidade, incapazes de se indagar, se fazer problema deles mesmos, da sua inumanidade ôntica.

Paulo Freire, com Fanon e os estudos decoloniais, contrapõe-se a essa dialética binária, abissal que sacrifica os Outros, a diferença no mito ôntico, metafísico de inumanidade, de inconsciência de si mesmos, de incapacidade de se indagar, de se fazerem problema, a eles mesmos. Logo, incapazes de pedagogias de auto-humanização. O humanismo pedagógico que afirmam os oprimidos é radicalmente ético, político, pedagógico. É outro humanismo.

Volta a pergunta que nos acompanha como educadores, docentes: O que aprender do reconhecer que os educandos se fazem problema a eles mesmos? Aprender a lição que vem dos oprimidos: resistir à dialética bipolar, abissal, sacrificial dos diversos humanismos pedagógicos e de maneira radical de nosso humanismo colonial anti-humano, antiético, que decretou e persiste em decretar os Outros, a diferença como inumana, logo incapazes de se fazer problema a eles mesmos, até da inumanidade em que são decretados.

Resistir como profissionais da educação, humanização aos padrões de poder, de saber, de ser que persistem em decretar os Outros inconscientes, incapazes de fazer problema a eles mesmos. Reconhecer que os educandos sabem-se sujeitos de autoconsciência humana. A exigência política, ética, pedagógica: Como fortalecer sua autoconsciência humana? Como fortalecer a autoconsciência re-existente dos movimentos sociais e o próprio movimento docente e dos milhões de oprimidos que lutam por humanização?

Os oprimidos, sujeitos de autoconsciência humana

Na justificativa da *Pedagogia do Oprimido*, Paulo Freire deixa explícito que reconhece os oprimidos propondo-se *a si mesmos* como problema. Indagam, respondem, e suas resposta os levam a novas perguntas. Os termos que Paulo Freire usa para destacar que os oprimidos se fazem problema *a eles mesmos* revelam reconhecer nos oprimidos uma tensão humana sobre si mesmos: fazem-se problema *a eles mesmos*. Não apenas se fazem problema das condições sociais, econômicas, políticas inumanas, mas problema *a eles mesmos* na sua condição de humanos. Vítimas de desumanizações históricas.

Fazer-se problema a si mesmos não é a expressão mais radical de auto-consciência humana? Mais radical do que a consciência social, política das estruturas políticas, sociais, econômicas opressoras. Melhor a autoconsciência de se fazer problema *a eles mesmos* radicaliza a consciência social, política, econômica. Radicaliza a consciência humana, de sua condição de humanos roubados de sua humanidade. Radicaliza a autoconsciência do mito ôntico metafísico de inumanidade do persistente ser roubados de sua humanidade. Dos oprimidos vêm outras análises que destacam não apenas os padrões de poder, de saber, de ser dos opressores, mas enfatizam suas vivências, consciências de coletivos oprimidos, suas vivências destrutivas de suas identidades humanas que provocam sua resposta, sua autoconsciência humana.

A autoconsciência de fazer problema a eles mesmos roubados em suas humanidades radicaliza, repolitiza a sua consciência social, econômica, política, crítica dos padrões de poder, das estruturas econômicas, políticas, culturais que os oprimem. As análises e pedagogias crítico-sociais têm enfatizado que os oprimidos não têm consciência política das estruturas econômicas, sociais, políticas que os oprimem. Paulo Freire não ignora esses padrões de poder, essas estruturas econômicas injustas, mas como educador dá destaque à autoconsciência de se fazer problema deles mesmos vivenciando-se decretados deficientes de humanidade.

Vivenciam ser vítimas dessas estruturas injustas, inumanas destruindo, roubando suas humanidades, identidades humanas. Fazem-se problema a eles mesmos *como humanos* conscientes de roubados de suas humanidades. Para Paulo Freire, educador com a função de entender processos de formação/afirmação humana se fazerem problema a eles mesmos, é a vivência mais radical de autoconsciência. De afirmar-se sujeitos de sua consciência humana. Pedagogias dos oprimidos a revelar-se sujeitos de autoconsciência humana, de roubados em suas humanidades, mas re-existentes afirmando-se humanos.

Outra dialética desumanização/conscientização/re-existências/humanização que afirmam exigindo ser reconhecidos oprimidos conscientes não à espera de ser destinatários de pedagogias crítico-conscientizadoras dos intelectuais orgânicos, nem das políticas do poder. Com que artes reconhecer e fortalecer educandos oprimidos que chegam às escolas, à EJA, às universidades fazendo-se problema, indagando-se sobre as opressões que os vitimam? Com que artes políticas fortalecer o movimento docente/educador e a diversidade de movimentos sociais dos coletivos oprimidos que se fazendo problema a eles mesmos se indagam e se põem em movimentos conscientes re-existentes?

Os oprimidos sofrem as desumanizações como realidade histórica

A pedagogia de Paulo Freire tem sido reconhecida como uma pedagogia humanista, centrada nos processos de humanização, sobretudo dos coletivos decretados desumanizados, os oprimidos. A dedicatória do seu livro *Pedagogia do Oprimido* expõe sua visão, seus sentimentos humanistas: "Aos esfarrapados do mundo e aos que neles se descobrem e, assim descobrindo-se, com eles sofrem, mas sobretudo com eles lutam" (p. 23).

Paulo Freire vê, destaca a existência de coletivos humanos oprimidos, esfarrapados, desumanizados, sofrendo e lutando. Nesses desumanizados Paulo se descobre e com eles sofre: o sofrimento humano como uma realidade histórica. Um sofrimento anti-humano que provoca nele educador humanista e em tantas educadoras e tantos educadores sofrer com os que sofrem. Sobretudo, provoca lutar com os que lutam. Como entender essa pedagogia humanista, esse humanismo? Paulo Freire, um outro paradigma pedagógico? Uma outra dialética desumanização/humanização?

Que humanos sofrem as desumanizações como realidade histórica persistente

Paulo Freire, na justificativa da *Pedagogia do Oprimido*, começa com uma constatação histórica: "Os oprimidos se propõem a si mesmos. Indagam. Respondem, e suas respostas os levam a novas perguntas" (p. 29). Um propor-se a si mesmos como problema a que revela terem consciência das opressões e desumanizações que sofrem como persistente realidade histórica. Não têm sido os humanismos teóricos que destacam a dialética desumanização/humanização, mas são os próprios humanos, vivenciando-se vítimas de históricas desumanizações, que se fazem problema a eles mesmos. Não têm sido apenas as teorias pedagógicas humanistas, do desenvolvimento humano que têm posto como problema a dialética desumanização/humanização nas concepções de desenvolvimento humano.

Os sujeitos dessa dialética têm sido as vítimas históricas das desumanizações que, descobrindo-se oprimidos, desumanizados, inquietam-se por saber mais sobre esses processos, padrões de desumanização que os vitimam. Sabem-se desumanizados e se fazem problema a si mesmos. Indagam-se, indagam as teorias do desenvolvimento humano. Indagam a pedagogia e questionam as teorias de humanização dos humanismos pedagógicos hegemônicos. Não aderem às concepções "humanistas" caridosas, benevolentes que se propõem conscientizar os oprimidos da sua desumanização. Até que os culpam como deficientes em humanidade, em consciência e prometem conscientizá-los de serem culpados das desumanizações que os vitimam, para libertá-los das opressões desumanizadoras.

Paulo Freire aprende com as vítimas de históricas opressões, outro humanismo radical: reconhecer que os coletivos sociais oprimidos têm consciência, sabem-se, fazem-se problema a eles mesmos como oprimidos desumanizados. Sujeitos de um outro humanismo pedagógico, político. Re-existem a ser decretados com deficiência de humanidade e afirmam outro humanismo. Re-existem a ser decretados inconscientes e se afirmam vítimas conscientes das desumanizações que os vitimam.

Que indagações e que respostas profissionais para a educação de educandos vitimados desde a infância à vida adulta por históricas desumanizações? Reconhecer que se fazem problema a eles mesmos, se indagam, respondem e suas respostas os levar a novas perguntas. Que coletivos são esses: "os movimentos de rebelião e sobretudo de jovens" (p. 29). Hoje poderíamos acrescentar: são os coletivos sociais que sofrem, fazem-se problema, indagam-se pelas desumanizações que sofrem. São os movimentos sem-terra, sem-teto, sem-trabalho, sem-vida justa, humana.

As vivências das opressões, matrizes de conscientização

Indagando-se como problema, que outras dialéticas afirmam? Paulo Freire reconhece que os oprimidos se contrapõem, destroem essa dialética: opressão/inconsciência, alienação/desumanização. Com insistência reconhece os oprimidos sujeitos de consciência, de fazer-se a eles mesmos problema, de indagar-se: "Quem melhor do que os oprimidos se encontrará preparado para entender o significado terrível de uma sociedade opressora? Quem sentirá melhor do que eles os efeitos da opressão? Quem mais do que eles para ir compreendendo a necessidade da libertação?" (1987, p. 31).

As vivências das opressões, o sentir os efeitos cruéis da opressão, de uma sociedade, um Estado opressores, de umas estruturas sociais – econômicas, políticas opressoras – produz saberes políticos sobre o significado terrível da opressão. Saberes conscientes da opressão, da condição persistente de oprimidos: "Quem melhor do que os oprimidos se encontrava preparado para entender o significado terrível de uma sociedade opressora e compreender a necessidade da libertação?"

As vivências das opressões, matrizes de conscientização, de fazer-se problema, de indagar-se, responder e fazer-se novas persistentes perguntas que os levam a novas respostas (p. 29). Outras matrizes de indagação, conscientização, politização. Outra dialética – desumanização – luta pela humanização, libertação. Não é Paulo Freire nem a pedagogia crítica que os torna conscientes de serem oprimidos: "os oprimidos se fazem problema a eles mesmos, propõem-se a si mesmos como problema, indagam-se. Respondem" (p. 29). Os movimentos sociais e o movimento docente não reproduzem essa história de refazer problema e de re-existir às desumanizações históricas que sofrem?

Os oprimidos invertem a tradicional dialética que os decreta um problema, mas incapazes de terem consciência, porque alienados à condição de humanos, alheios a sua condição, alheios a si mesmos à espera de ser acordados, conscientizados de serem um problema e de reagir, resistir, lutar por sua libertação. O humanismo ilustrado em todas as suas ramificações se manteve fiel ao princípio de que só quem pensa é humano, só quem se atreve a pensar consciente é humano, não alienado; logo, decreta os oprimidos, alienados, alheios de sua condição humana incapazes de pensar, de fazer-se problema, de se indagar, de respostas humanas conscientes. Alienados à espera da educação crítica, conscientizadora do Nós humanos conscientes.

Paulo Freire começa a *Pedagogia do Oprimido* reconhecendo os oprimidos sujeitos de pedagogias porque se revelam sujeitos de pensar-se, de indagar-se, sujeitos de conscientização, de autoconsciência de se fazerem problema a eles mesmos. Conscientes se problematizando a si mesmos como primeiro indicador de serem sujeitos da Pedagogia do Oprimido.

Recolocando a desumanização na história da pedagogia da formação humana

A história oficial dos poderes, as políticas educativas, ocultam as desumanizações opressoras como regra na história. Têm sido os coletivos oprimidos vivenciando-se vítimas de históricas desumanizações e resistindo os que desocultam as desumanizações das estruturas opressoras. As vítimas resgatam da sombra do esquecimento suas vivências de oprimidos e de segregação a que os padrões de poder, de saber, de cultura e até de educação os condenaram. As vítimas recolocam que os Outros, a diferença, em nossa história não foram esquecidos nem nas concepções pedagógicas. Foram decretados em estado de natureza, não de cultura, não de humanidade. Um gesto político persistindo dos padrões de poder na nossa história política, social, cultural, pedagógicas.

Recolocar, reconhecer as desumanizações significa recolocar, tirar do esquecimento a história antipedagógica de decretar a diferença étnica, racial, de gênero, orientação sexual, de classe com deficiências de humanidade. Tirar do esquecimento essa outra história antipedagógica, antiética, política de decretar a diferença com deficiência de humanidade. Tirar do esquecimento que essas antipedagogias têm autores: os expropriadores da condição humana para expropriar a diferença dos seus territórios, de suas terras, de seus modos de produção humana, cultural. A destruição de suas culturas humanas negando-lhes a condição de humanos, culturicídios que persistem como regra na história; os oprimidos resistindo às desumanizações recolocam que a desumanização não tem sido um acidente na história, mas regra em toda a história e com destaque em nossa história, desde a colonização. Não um acaso, um acidente para os oprimidos, mas regra, realidade na história econômica, política, cultural e pedagógica. As vítimas dessa realidade histórica sempre resistiram às desumanizações, resistências, regra na nossa história política, econômica, cultural, pedagógica. Resistências dos oprimidos que recolocaram as desumanizações que vivenciam com centralidade na história da pedagogia da deformação/formação humana, que vivenciando entendem o significado terrível de uma sociedade opressora.

Por que a história política, cultural, pedagógica oculta essa persistente história de desumanizações, regra na história? É a interrogação que recoloca as teorias pedagógicas pelos oprimidos re-existentes a históricas desumanizações e lutando pela restauração de sua humanidade roubada, reafirmada na história.

Se há oprimidos desumanizados é porque há opressores desumanizantes

Os oprimidos propondo-se a si mesmos como problema recolocam as desumanizações na história e desocultam que coletivos sociais, de etnia, raça, gênero, classe têm sido as vítimas de históricas desumanizações. Recolocam que estruturas etnicistas, racistas, sexistas, opressoras produzem as desumanizações.

A história das desumanizações tem sido ocultada na história política, cultural, pedagógica para ocultar que "se há oprimidos é porque há opressores", se há desumanizaçoes é porque há quem desumaniza. Reconhecer os oprimidos sujeitos de pedagogias repõe essas relações políticas, antiéticas, antipedagógicas dos padrões de poder que pretendem ocultá-las. Os oprimidos, recolocando os opressores que os oprimem, recolocam a história dos opressores e apontam para a história da educação, a urgência de trazer que coletivos vitimados por que opressões, desumanizações. A urgência de trazer que estruturas, que coletivos opressores na história.

Trazer para os cursos de formação, para as teorias pedagógicas, os coletivos oprimidos como a melhor estratégia de entender, reconstruir a história da pedagogia, das políticas, da educação, trazendo quem, que coletivos sociais, étnicos, raciais, de gênero, de orientação sexual, de classe são oprimidos, desumanizados, negados de sua condição humana entenderemos que coletivos, que padrões de poder, que estruturas os oprimem, desumanizam.

Na dedicatória da *Pedagogia do Oprimido*, Paulo Freire já nos diz quem são os oprimidos, sujeitos de outras pedagogias: os esfarrapados do mundo, os condenados da Terra, de Fanon, os movimentos de rebelião, sobretudo de jovens, os camponeses nos movimentos e ligas camponesas. Todos esses movimentos, resistindo aos sofrimentos em lutas por libertação, são para Paulo Freire, Fanon, os sujeitos de outras pedagogias de oprimidos. Mas também "aqueles, aquelas, educadoras, educadores que neles se descobrem, e assim descobrindo-se com eles sofrem, mas sobretudo com eles lutam" (p. 23).

Os oprimidos re-existentes às desumanizações repõem e destacam que toda política, ética, pedagógica tem sujeitos concretos de etnia, raça, gênero, orientação sexual, classe, como oprimidos porque tem sujeitos políticos como opressores. Recuperam para a história da educação, das ideias e políticas pedagógicas, recuperam os sujeitos nem sempre centrais, soterrados em conceitos abstratos, em políticas, diretrizes, Planos, Bases Nacionais... que se pretendem sem sujeitos. Sem trazer que sujeitos opressores, e que sujeitos oprimidos não há como entender, reconstruir a história da educação, como história política, de padrões, estruturas de poder, de opressão que tem sujeitos e tem vítimas concretas. E também tem sujeitos de opressões e de estruturas opressoras. A indagação central para entender a história da educação será perguntar-nos que sujeitos desumanizados, oprimidos por que estruturas, padrões racistas, etinicistas, sexistas, classistas de poder? Que contravalores legitimam as opressões das estruturas do poder?

O problema de sua humanização o seu problema central, iniludível

Paulo Freire focaliza seu olhar em sua inquietação pedagógica os humanos como problema. *O não ser humanos* como problema iniludível para os humanos e para as teorias de formação humana. Para a pedagogia. Uma preocupação que acompanha a pedagogia desde a Paideia: acompanhar desde a infância os processos, percursos tensos de formar-nos humanos. Preocupação nem sempre central nos humanismos pedagógicos, na função da pedagogia e da docência, fechadas em acompanhar percursos de escolarização, nem sempre reconhecidos processos de humanização, de resistência à desumanização.

O problema de sua humanização, a preocupação iniludível

Paulo Freire avança no olhar os oprimidos. Qual o problema central que desafia pela dramaticidade e leva os oprimidos a se proporem como problema? O *problema de sua humanização*, preocupação central, iniludível. Esse o reconhecimento, mas persistente na pedagogia humanista de Paulo Freire: reconhecer que o problema central, para os oprimidos, é a humanização como viabilidade antológica, como vocação de ser mais humanos: "a luta pela humanização, pelo trabalho livre, pela desalienação, pela afirmação como pessoas, como "seres para si" (p. 30). Que pedagogia da humanização? Aquela que os decreta com deficiência de humanidade e os promete educá-los para tirá-los da desumanização? Para Paulo Freire, a Pedagogia do Oprimido é aquela que tem de ser forjada *com* ele e não *para* ele, enquanto homens e povos, na luta incessante de recuperação de sua humanidade" (p. 32).

A humanização como projeto de todos os humanismos pedagógicos radicalizados no humanismo dos oprimidos em luta incessante pela recuperação de sua humanidade, não à espera de pedagogias que vêm de fora, que os pensam destinatários, mas que os reconheçam conscientes do problema de sua humanização. Ninguém mais consciente de desumanização como realidade do que aqueles que a sofrem. "Quem melhor que os oprimidos se encontrará preparado para entender o significado terrível de uma sociedade opressora? Quem mais do que eles para ir compreendendo a necessidade de sua libertação?" (p. 31). Pedagogias que os reconheçam conscientes da opressão, das estruturas opressoras e re-existentes, engajados na luta por sua libertação.

A maioria dos humanismos pedagógicos optou por não reconhecer os oprimidos capazes de elaborar pedagogias de sua libertação porque decretados com deficiência originária de humanidade, logo não capazes onticamente de sua humanização. Esse decretar os outros, a diferença incapaz de autolibertação da desumanização ôntica em que foi decretada, transpassa nosso humanismo pedagógico colonizador e republicano-democrático.

Paulo Freire se contrapõe a esse persistente decretar os outros incapazes de autolibertação. Reconhece os oprimidos sujeitos de outras pedagogias de libertação. Que exigências para a educação e à docência? Que outra dialética, que outras matrizes, que outro paradigma de humanização os oprimidos afirmam sabendo-se roubados de sua humanidade, mas re-existindo conscientes a persistentes desumanizações? Pela necessidade de sua libertação?

Recolocando a desumanização/humanização na história da pedagogia

Paulo Freire recoloca os humanos, o problema de sua humanização/desumanização na história e na história da pedagogia reconhecendo o protagonismo dos humanos oprimidos, dos esfarrapados do mundo. Protagonismo dos humanos jogados à margem, nem reconhecidos humanos. O protagonismo dos que neles se descobrem, com eles sofrem, mas, sobretudo, com eles lutam (p. 23). São esses os humanos oprimidos e o problema da sua desumanização/humanização que Paulo Freire recoloca para a pedagogia, a docência, a educação, como advertindo: pedagogia, docência não esqueçam da presença das gentes tidas como comuns, à margem da história. Não esqueçam das desumanizações como realidade histórica que vivenciam os coletivos oprimidos.

Paulo Freire reconhece os oprimidos, os desumanizados, não à margem da história política, cultural, pedagógica, mas autores de pedagogias: *Pedagogia do Oprimido*. A advertência que vem dos oprimidos que Paulo Freire escuta: não há como interpretar, compreender a história, o passado, o presente, o futuro da educação, da docência, da pedagogia sem trazer e reconhecer os humanos e, sobretudo, os oprimidos desumanizados, em luta por humanidade. Rever as concepções pedagógicas de desenvolvimento humano a partir dos oprimidos, dos segregados da condição de humanos, dos decretados "não sendo", roubados de sua humanidade.

Se a pedagogia assume na história acompanhar percursos de humanização, terá obrigação de entender, acompanhar com prioridade os processos de desumanização. Entender os oprimidos decretados não sendo humanos.

Negados da condição de humanos. A pedagogia carrega essa função com radicalidades em nossa história que desde a colonização vem decretando os outros, a diferença, com deficiência originária de humanidade. É esse não reconhecimento da condição humana que os oprimidos, roubados de sua humanidade, recolocam na história da pedagogia e das teorias pedagógicas: dar toda centralidade à desumanização como realidade histórica e que coletivos sociais vitimados na história.

Recolocar com centralidade a desumanização como realidade histórica exige reconhecer as vivências das desumanizações de milhões de oprimidos como vivências anti-humanas, antiéticas, antipedagógicas. Exige das teorias do desenvolvimento, da formação humana, dar centralidade em pesquisar, teorizar sobre os cruéis inumanos processos de vivenciar-se roubados de suas humanidades.

Formar docentes, educadores nas artes da humana docência de tentar entender milhões de educandas, educandos vivenciando-se, sabendo-se roubados de sua condição humana, que dimensões da formação/afirmação humana são destruídas quando milhões de humanos, da infância à vida adulta, são condenados a históricas desumanizações deles e de seus coletivos étnicos, raciais, sociais?

Reconhecer que esses milhões de oprimidos têm consciência de serem desumanizados e vivenciando as desumanizações suas e de seus coletivos se propõem a si mesmos como problema. O problema de sua humanização negada como seu problema central. Na justificativa da *Pedagogia do Oprimido*, Paulo Freire nos surpreende com essa constatação forte: "os oprimidos se propõem a si mesmos como problema, fazem-se problema a eles mesmos, perguntam-se sobre as vivências cruéis das desumanizações que sofrem". Os oprimidos recolocando as desumanizações com centralidade nas teorias de formação humana. Na história da pedagogia.

Vidas re-existentes afirmando sua humanização

Na diversidade de movimentos sociais, os oprimidos lutam por recuperar suas humanidades roubadas, negadas. Afirmam-se humanos reinventando a condição humana roubada. As re-existências da diferença, dos coletivos sociais na diversidade de movimentos repõem que sua consciência, culturas, identidades se articulam com vivências éticas, políticas, culturais, pedagógicas, humanas. É a dialética tão destacada por Paulo Freire: as vivências das desumanizações como persistente realidade histórica porque diferentes, como dolorosa constatação os levam a perguntar-se sobre outra viabilidade, a de sua humanização (p. 30). A diferença oprimida, roubada em sua humanidade, na sua condição de humana faz das re-existências uma vivência política, ética, cultual, pedagógica afirmativa de serem sujeitos de culturas, valores, identidades humanas. Faz das resistências as desumanizações, matriz de humanização.

Reinvenção resistente da sua condição humana. Vivências dos diferentes, da diferença étnica, racial, quilombola, camponesa, ribeirinha, das florestas, das periferias. Vivências de ser roubados em suas identidades, que se cruzam, reforçam, reafirmam na interseccionalidade das múltiplas dimensões morais, políticas, culturais identitárias, que reforçam as potencialidades afirmativas da condição humana afirmando-se humanos.

Vidas re-existentes de esfarrapados do mundo que sofrem e lutam afirmando sua condição humana. São vidas concretas da diferença do viver humano como mulheres, homens, crianças, adolescentes, jovens, indígenas, negros, quilombolas, trabalhadores dos campos, das periferias. Cada coletivo de sujeitos sociais traz destaques de sua condição roubada, vivências de desumanizações históricas, de violências pessoais, coletivas. Vivências de re-existências humanizantes pessoais, coletivas às violências de idade, de etnia, raça, gênero, orientação sexual, território... Vivências da condição desumana/humana, regra na dialética de sua história.

Cada movimento de re-existência política, ética, cultural revelando essa diversidade de sobreviver, reafirma a condição humana: sobreviver sem teto, sem terra, re-existindo em lutas pela terra, pela moradia. Sobreviver na condição inferiorizante de mulher, negra, indígena, quilombola, trabalhadora... re-existindo na diversidade de feminismos por reconhecimento de sua condição humana. Cada movimento social, de cada coletivo humano revela o que há de mais violento na negação de sua condição humana: os feminicídios, sexismos, etnicídios, homicídios, culturicídios... Revela dimensões pessoais e coletivas do vivenciar saber-se violentados em sua condição mais desumana do que humana.

Interrogações para a educação, a docência: aprender com essas vidas violentadas, mas re-existentes: os oprimidos reinventando a condição humana, afirmando-se humanos. As vivências da desumanização, realidade histórica que os provoca, põe em movimentos sociais pela outra viabilidade, a de sua condição humana. Movimentos sociais permanente resistentes às desumanizações afirmantes da humanização. Afirmantes de outro padrão de humano, de outros humanismos, de outras matrizes pedagógicas. Afirmantes de outra dialética desumanização/resistências/humanização. Uma reinvenção re-existente de sua condição humana, recolocando sua outra humanidade na história.

Os oprimidos se perguntam pela outra viabilidade, a de sua humanização

Lembrávamos que os diversos humanismos pedagógicos se legitimaram na história em uma dialética binária, abissal, sacrificial, fechada que decreta os Outros, a diferença, a condição persistente de inumanidade, incapazes de se perguntar pela outra viabilidade, a de sua humanização. Paulo Freire aprende que os oprimidos resistem e desconstroem essa dialética fechada binária, abissal, sacrificial, dos humanismos pedagógicos. Continuemos com a pergunta: Que outra dialética desumanização/resistências/humanização os oprimidos afirmam? Que outra viabilidade de outra humanidade?

A sua humanização: a outra viabilidade por que lutam

As vivências da desumanização como persistente realidade histórica, matriz de conscientização, leva os oprimidos, as vítimas das injustiças históricas dos opressores a se perguntar pela *outra viabilidade*, a de sua humanização. Será essa a dialética desumanização/consciência/resistências/humanização que Paulo Freire aprende com os oprimidos? "É também, e talvez sobretudo, a partir desta dolorosa constatação (da desumanização como realidade histórica) que os homens se perguntam sobre a outra viabilidade, a de sua humanização" (p. 30).

Paulo Freire destaca essa relação dialética desumanização/humanização com os termos enfáticos: "E também e sobretudo a partir dessa dolorosa constatação [...]". A desumanização como realidade histórica, uma dolorosa constatação, vivência, de sofrimento dos oprimidos, esfarrapados que sofrem. Paulo Freire não romantiza os sofrimentos, as dolorosas vivências históricas das desumanizações, associa de maneira constante a dor, o sofrimento, a violência, a inumanidade às injustiças de manter as desumanizações como realidade histórica. Injustiças sociais, econômicas, políticas, realidade persistente na história, produzindo as desumanizações como realidade histórica persistente.

A dialética que Paulo Freire descobre nos oprimidos é que vivenciando, reconhecendo a desumanização como realidade histórica *também* e *talvez sobretudo*, a partir dessa dolorosa constatação se perguntam sobre a outra viabilidade – a de sua humanização. A radicalidade política de ter consciência das desumanizações injustas e de se perguntar pela outra viabilidade de sua humanização inseparável da dolorosa constatação de vivenciar, a desumanização como realidade histórica.

A humanização como problema central, dos oprimidos como vocação, vocação negada, mas também afirmada na própria negação. Vocação negada na injustiça, na exploração, na opressão, na violência dos opressores, mas afirmada no anseio de liberdade, de justiça, de luta dos oprimidos, pela recuperação de sua humanidade roubada (p. 30). Nem otimismo ingênuo nem pessimismo paralisador, mas realismo trágico. Um esperançar indignado, re-existente e insistente.

Outra dialética desumanização/consciência/resistências/humanização que se contrapõe à dialética binária, abissal, sacrificial dos diversos humanismos políticos segregadores, antiéticos, desumanizantes, antipedagógicos que decretam os Outros, a diferença, atolados na inconsciência porque com deficiências de racionalidade, de moralidade, de humanidade. A dialética desumanização/consciência/resistências/humanização que afirmam os oprimidos não adere à função política de conscientizar para suprir deficiências de consciência, racionalidade, humanidade. Os próprios coletivos sociais oprimidos sobretudo a partir da dolorosa constatação de vivenciar as desumanizações como realidade histórica persistente, tomam consciência de lutarem pela outra viabilidade – a de sua humanização. Ambas desumanização/humanização na história em uma tensa, persistente dialética não abissal, nem sacrificial. Humanizadora, plural.

Vidas re-existentes afirmando outra viabilidade de outra dialética: desumanização/consciência/re-existência/humanização

Com que humanos Paulo Freire aprende essa viabilidade de outra dialética desumanização/consciência/resistência/humanização? Sua vida foi um constante diálogo com a diversidade de coletivos sociais oprimidos, re-existentes fazendo-se problema, de sua humanização. "Os movimentos de rebelião, sobretudo de jovens", as ligas camponesas, o movimento sindical agrário, os Cativos da terra, de Fanon.

Uma persistente história de coletivos em vidas re-existentes a ser decretados com deficiências de humanidade, mas afirmando-se humanos em outro paradigma de humanos. Movimentos sociais indígenas, negros, quilombolas, feministas, LGBT, sem teto, sem terra, sem trabalho, sem condições materiais, sociais de vida justa, humana. Movimentos sociais educadores de si mesmos, educadores da própria consciência, educação, afirmando-se humanos em outra dialética: desumanização/consciência/re-existências/humanização. Educadores sujeitos de outras pedagogias, de outra dialética pedagógica, humana e humanizadora. Aprender com Paulo Freire a reconhecer essas outras pedagogias de oprimidos, essa outra dialética pedagógica humanizadora que milhões de educandas, educandos de crianças a adultos idosos levam às escolas, à EJA, às universidades, aos cursos de Pedagogia e de Licenciatura. Outras pedagogias que aprendem desde crianças com seus coletivos, comunidades, famílias, movimentos sociais re-existentes.

As exigências das teorias pedagógicas, da formação humana não seriam reconhecer esses educandos dos outros coletivos, da diferença oprimida vivenciando as desumanizações perguntando-se pela outra viabilidade – a de sua humanização como realidade histórica? Reconhecê-los sujeitos de re-existências humanizadoras. Sujeitos de outras pedagogias, de outra dialética pedagógica de humanização. Essa outra dialética pedagógica, humanizadora tão persistente na história política, cultural, pedagógica tem merecido ser reconhecida com legitimidade política no reconstruir, narrar a nossa história política, cultural, pedagógica?

Um dilema para a leitura da história e dos docentes educadores: Como ler o que nunca foi escrito, narrado, reconhecido como outra história, outra viabilidade de outra dialética humanizadora? Aprender com os oprimidos, em vidas re-existentes, sujeitos dessa outra viabilidade, de outra história pedagógica, aprender com as narrativas de sua história, de suas pedagogias de oprimidos. Aprender com os oprimidos que essa outra pedagogia existe e como ler essa outra história pedagógica: reconhecendo os oprimidos sujeitos coletivos de pedagogias, de outra dialética política pedagógica lembrando à história a urgência política de reconhecer nos oprimidos vidas re-existentes afirmando-se humanos, reafirmando sua outra humanidade em outra história. Reconhecer essa outra história, outra dialética, pesquisá-la, reconstruí-la, narrá-la, legitimá-la como uma outra história, de outra dialética desumanização/humanização. Outra história que exige reconhecer os Outros, a diferença como sujeitos de história, sujeitos de história de humanização que não só se perguntam, mas tornam viável a sua humanização como realidade na história.

Outra dialética desumanização/consciência/re-existência/humanização que tem outros sujeitos

Perguntamo-nos por que os ataques a Paulo Freire pelos padrões hegemônicos de poder? Porque Paulo é mais do que Paulo: são os oprimidos afirmando-se sujeitos políticos de resistências, de pedagogias, que incomodaram sempre na história. Há uma outra história política, ética, pedagógica; há outra dialética desumanização/consciência/resistências/humanização na história pedagógica que tem outros sujeitos: os oprimidos. Os padrões de poder, os padrões hegemônicos pedagógicos resistem a reconhecer os Outros, a diferença como sujeitos políticos, sujeitos de outras pedagogias, de outra dialética: desumanização/consciência/re-existências/humanização. Sujeitos de outras viabilidades, a de sua humanização. Não à espera de ser humanizados no padrão hegemônico abissal do poder.

Tensões políticas, éticas, pedagógicas que transpassam nossa história desde a colonização, desde a empreitada catequético-pedagógica: reconhecer ou não reconhecer os Outros, a diferença como sujeitos de história social, política, econômica, cultural, pedagógica. Os padrões de poder insistem em decretar os Outros à margem, marginais à história única, hegemônica, política, ética, cultural, pedagógica. Os Outros re-existem, saem da margem, da marginalidade e se afirmam sujeitos de história. Um incômodo a ser atacado pelos padrões de poder.

Lembrávamos que Paulo Freire reconhece que os oprimidos se fazem problema a eles mesmos, indagam-se, respondem e colocam o problema de sua humanização como seu problema central, iniludível. Não há como pensá-los à margem da dramaticidade da história. Sua presença, afirmando-se problema, problematizou sempre a história política, cultural, pedagógica; ocultados, decretados à margem, invisibilizados mas incomodando, mostrando-se visíveis, indagantes, re-existentes e insistentes.

Quem são esses Outros que teimam em ser sujeitos dessa outra história? "São os movimentos de rebelião, sobretudo de jovens no mundo." Movimentos de rebelião em nossa história desde a colonização, no império e na república. Movimentos sociais dos Outros, da diferença étnico-racial, de movimentos de coletivos, indígenas, negros escravizados, quilombolas (Palmares) lutando por terras, territórios, liberdade; movimentos feministas, movimentos de sem terra, sem teto, sem trabalho, sem renda, sem saúde, sem educação, sem vida. Movimentos sociais, educadores – Movimento Feminista, Negro, Educador (GOMES, 2017). Pedagogias em movimento, o que aprender dos movimentos sociais? (ARROYO, 2011). Aprender que, vivenciando as desumanizações como realidade histórica, não ficaram passivos, inconscientes, mas sobretudo por essa dolorosa constatação, vivenciada, perguntam-se e lutam pela outra viabilidade, a de sua humanização.

Um aprendizado político, pedagógico radical: reconhecer que os Outros, a diferença, tem sido em nossa história política, social, cultural, pedagógica, sujeitos de outra história que exige ser reconhecida, narrada, pesquisada. O aprendizado político-pedagógico: reconhecer que houve e há outra história de valores, saberes, culturas, identidades, outra história de outra dialética de desumanização/consciência/re-existência/humanização de que têm sido sujeitos os coletivos sociais em vidas re-existentes, afirmando-se humanos, em outro paradigma de humano, em outras matrizes de humanização. Como entender e fortalecer os oprimidos perguntando-se e lutando pela outra viabilidade – a de sua humanização? Reconhecer as vidas re-existentes afirmantes de outra história de humanização. De outra humanidade.

Que humana docência, que pedagogias de oprimidos que desde a infância se afirmam sujeitos dessa outra dialética, desumanização/consciência/re-existências/humanização? Às escolas públicas, sobretudo à EJA, chegam educandas, educandos membros de coletivos sociais, de etnia, raça, de gênero, classe, que desde a infância oprimidos se fazem a si mesmos problema: o problema de sua humanização o seu problema central. Sofrem as desumanizações como realidade histórica persistente. A partir dessa dolorosa constatação se perguntam conscientes sobre a outra realidade – a sua desumanização desde a infância à vida adulta. Paulo Freire reconhece que os oprimidos "se encontram preparados para entender o significado terrível de uma sociedade opressora... sentem os efeitos da opressão... compreendem a realidade de sua libertação... de lutar por ela" (p. 31). Com que pedagogias fortalecer essas lutas?

Os oprimidos afirmam outro paradigma pedagógico: desumanização/conscientização/resistências/humanização

No texto de Paulo Freire, outro paradigma pedagógico (ARROYO, 2019), nos perguntamos se Paulo Freire não reconhece os oprimidos sujeitos de uma outra dialética de humano, de outro padrão de humanização. Para além das dialéticas bipolares, abissais, sacrificiais? Os humanismos pedagógicos tendem a se legitimar em dialéticas bipolares: membros da *polis* – segregados da *polis*; justos/pecadores; atrevendo-se a pensar, sendo incapazes de pensar; humanos não sendo humanos; conscientes/inconscientes; emancipados/alienados; cultos/incultos; letrados/iletrados... As pedagogias chamadas a remover do polo negativo da inconsciência, da alienação, da irracionalidade, da imoralidade, da inumanidade para a inclusão no polo positivo do Nós conscientes/racionais/morais/humanos. Com os oprimidos afirmantes de outras pedagogias Paulo Freire capta outra dialética: desumanização/conscientização/resistências/ humanização.

Uma dialética política radical: vivenciar a desumanização e resistir pela humanização

Paulo Freire aprende com os oprimidos que se defrontam com uma dialética mais política, mais radical: reconhecer, vivenciar a desumanização, resistir, lutar pela humanização. Saber-se vítimas de históricas desumanizações e conscientes reconhecer-se sujeitos de históricas re-existências afirmando-se humanos. Paulo Freire (1987) reconhece que quem coloca à pedagogia o problema da humanização – dos limites e possibilidades de humanização – tem sido os próprios humanos que vivenciam o ser não ser humanos como problema iniludível. "Fazem-se problema a eles mesmos: Indagam/respondem, e suas respostas os levam a novas perguntas" (p. 29). As perguntas e respostas, as novas e velhas perguntas para todos os humanismos pedagógicos têm vindo dos humanos, desumanizados que se fazem problema a eles mesmos. Problema carregado de interrogações e de respostas para os próprios humanos e para os humanismos pedagógicos.

Para todos os humanos o problema de sua humanização tem sido o problema central, mas há humanos para os quais o problema de sua humanização assume o caráter de preocupação iniludível. Para os movimentos de rebelião, sobretudo para os jovens, assumem a preocupação em torno do que e de como estão sendo humanos ou decretados não sendo humanos.

Paulo Freire destaca quais são os humanos que se fazem problema com preocupação mais iniludível: "os esfarrapados do mundo e os que neles se descobrem, e assim descobrindo-se com eles sofrem, mas sobretudo com eles lutam". As interrogações e respostas políticas, pedagógicas mais radicais para as teorias pedagógicas para os humanismos pedagógicos vêm dos oprimidos, esfarrapados do mundo, dos seus sofrimentos e de suas lutas. Das pedagogias dos oprimidos.

A desumanização, realidade histórica; a humanização como luta resistente histórica

Os oprimidos se fazem problema a eles mesmos, indagam-se, respondem e suas respostas os levam para novas perguntas. Não vivem alienados, inconscientes, mas sabendo-se e fazendo-se problema, perguntando-se pelas opressões que vivenciam. O problema de sua humanização lhes é o problema iniludível. Por quê? Porque vivenciando a pressão têm consciência da desumanização como realidade histórica e que sobretudo a partir dessa dolorosa constatação se perguntam sobre a outra viabilidade – a de sua humanização. "Ambas os inscrevem num permanente movimento de busca. Humanização, desumanização, dentro da história [...]" (p. 30). Vivenciar as desumanizações como realidade histórica, como dolorosa constatação, como dolorosa vivência histórica leva a ter consciência e lutar pela viabilidade da humanização.

É a dialética política, ética, pedagógica que os oprimidos afirmam para as teorias da humanização. Uma dialética desumanização/consciência/resistência/humanização não dual/abissal segregadora, mas uma dialética de vivências totais de desumanizações, provocando totais re-existências conscientes, afirmativas de humanizações. Dialética de humanidades roubadas, negadas, destruídas nos oprimidos, cativos da terra, da cidade, da história, conscientes em lutas pela recuperação de sua humanidade.

Tensões do que Paulo Freire chama de vocação dos homens: vocação ôntica: ser humanos, reconhecidos tratados como humanos. Para os oprimidos, os demitidos da vida, os proibidos de ser, os condenados da terra... "Vocação negada, mas também afirmada na própria negação. Vocação negada na injustiça, na exploração, na opressão, na violência dos opressores, mas afirmada no anseio de liberdade, de justiça, de luta dos oprimidos, pela recuperação de sua humanidade roubada" (p. 30).

Paulo Freire reconhece os oprimidos sujeitos dessa dialética não binária, mas destaca as estreitas articulações entre as históricas desumanizações, opressões, violências, injustiças sofridas e as históricas lutas dos oprimidos por liberdade, justiça, por recuperação de sua humanidade. Por humanização. Dialética não binária, mas unitária: vocação negada, mas afirmada também na própria negação. Vocação negada na injustiça, exploração, mas afirmada no anseio, na luta por libertação, emancipação nas lutas por justiça.

As desumanizações, realidade histórica; as resistências, interrogação política, pedagógica, radical

Reconhecer com os oprimidos essas vivências tão articuladas de desumanização/consciência/resistência/humanização carrega interrogações radicais para as teorias pedagógicas, para os humanismos pedagógicos: as desumanizações existem como realidade histórica, têm sujeitos conscientes que as sofrem, vivenciam como regra na história. Uma exigência ética, política, para as teorias pedagógicas, para a história da educação, para a formação docente/educadoras: Tem reconhecido que as desumanizações existem? Tem-se perguntado que sujeitos, que coletivos sociais, étnicos, raciais, de gênero, classe sofrem essas desumanizações como uma constante na história? As teorias pedagógicas têm dado maior centralidade aos processos de humanização do que de desumanização, têm decretado que os oprimidos inconscientes das desumanizações a sofrem à espera de ser conscientizados pelo Nós conscientes.

Paulo Freire aprende com os oprimidos que não há como entender os processos de humanização, como vocação ôntica dos humanos sem entender as desumanizações como realidade histórica. As possibilidades da humanização são inseparáveis das realidades das desumanizações. Essa a dialética: a vocação ôntica de humanização dos oprimidos inseparável dessa vocação negada pelas injustiças, a exploração, opressão, violência dos opressores, das estruturas desumanizadoras.

Reconhecer essa dialética articulada das vivências das opressões, desumanização como uma constante histórica será uma exigência para entender a dinâmica tensa dos percursos de conscientização, de formação, de desenvolvimento humano. Às escolas, à EJA, às universidades chegam os oprimidos vivenciando essa dialética desumanização/conscientização, resistências/humanização. Não haverá como entender, fortalecer seus percursos de humanização sem primeiro entender seus percursos cruéis das desumanizações que os vitimam. Toda ação pedagógica exige dar centralidade a entender as desumanizações, opressões, injustiças que os desumanizam como regra na história. Dar centralidade às consciências resistentes dos oprimidos como regra na história.

A dialética desumanização/consciência/resistência/humanização, uma dialética política, pedagógica

Reconhecer a dialética desumanização/humanização levou Paulo Freire a dar centralidade, a reconhecer as desumanizações como realidade histórica, como matriz antipedagógica. Mas também a reconhecer as lutas conscientes dos oprimidos por humanização como matriz pedagógica: "a luta pela humanização pelo trabalho livre, pela desalienação, pela afirmação como pessoas, como 'seres para si'... somente é possível porque a desumanização, mesmo que um fato concreto na história, não é, porém, destino dado, mas resultado de uma 'ordem' injusta, que gera a violência dos opressores e os condena 'a ser menos'" (p. 30).

Para Paulo Freire, o problema político, ético de toda ação pedagógica é a humanização, o direito de todos os humanos a serem humanos, a serem ser mais e mais humanos. As vivências desumanizantes mais radicais são de ter consciência, de saber-se violentados a ser menos. A nem ser reconhecidos humanos. Sendo humanos. Uma vivência histórica de condenados, decretados desde a colonização e na república a não ser reconhecidos humanos, decretados com deficiências originárias de humanidade em estado de natureza, não de humanidade.

Paulo Freire acompanha, reforça essas análises dos estudos decoloniais insistindo que essa violência desumanizante persiste no presente. "A violência dos opressores instaura o ser menos, leva os oprimidos, cedo ou tarde, a lutar contra quem os faz menos. E esta luta somente tem sentido quando os oprimidos buscam recuperar sua humanidade [...]. Aí está a sua grande tarefa humanista da humanidade [...]" (p. 30).

Os oprimidos desconstroem a dialética abissal: inconsciência/desumanização/conscientização/humanização

Lembrávamos que os humanismos pedagógicos decretam os Outros, a diferença inconsciente, no senso comum, na falsa consciência, a ser libertada pela conscientização, pela educação crítica dos oprimidos alienados a críticos inconscientes. Paulo Freire critica a falsa generosidade, a falsa caridade dos opressores, sua mão estendida ao demitido da vida. Generosidade de pedagogias de mão estendida de conscientização, de educação crítica, dos decretados atolados passivos no senso comum. Na inconsciência acrítica. Paulo Freire não vê os oprimidos inconscientes de mente insegura, inconscientes suplicando por conscientização. Não vê súplicas de inconscientes a conscientizados, educadores. Vê oprimidos se fazendo cada vez mais mãos humanas de lutas resistentes, transformando o mundo, libertando-se da opressão. "Este ensinamento e este aprendizado têm de partir dos 'condenados da terra', dos oprimidos, dos esfarrapados do mundo e dos que com eles realmente se solidarizam, lutando pela restauração de sua humanidade" (p. 31).

Os esfarrapados do mundo, os oprimidos decretados inconscientes, os condenados da terra, dos campos, das cidades, trabalhadores em lutas, ações coletivas por libertação das opressões, das desumanizações como realidade histórica são reconhecidos conscientes das desumanizações que os vitimam. Paulo Freire destaca: quem, melhor do que os oprimidos, encontra-se preparado para entender o significado terrível de uma sociedade opressora? Quem sentirá melhor do que eles os efeitos da opressão? Quem mais do que eles para ir compreendendo a necessidade da libertação? Libertação que chegara pelo conhecimento e reconhecimento da necessidade de luta por ela [...]" (p. 31).

Essa a radicalidade ética, política, pedagógica da Pedagogia do Oprimido, aquela que tem de ser forjada *com ele* e não *para ele* enquanto homens e povos na luta incessante pela recuperação de sua humanidade. Paulo Freire afirma um outro paradigma pedagógico (ARROYO, 2019), afirmando outra dialética que destaca as opressões como realidade histórica, mas destaca as lutas dos oprimidos conscientes dessas opressões injustas re-existindo, lutando por recuperar a humanidade roubada. Lutas, re-existências às desumanizações. Re-existências afirmativas de serem humanos em outro padrão de humano.

Os oprimidos re-existentes recolocam sua outra humanidade na história

O paradigma hegemônico dual, abissal, sacrificial de Nós humanos, os Outros, a diferença, inumanos nos diversos humanismos e com radical ênfase no nosso humanismo colonial, imperial e até republicano, decretou a diferença com deficiências originárias de humanidade. Em estado de natureza, não de humanidade, logo incapazes de tomar consciência de ser decretados com deficiências, carências de racionalidade, moralidade, humanidade. Incapazes de ter consciência e de se indagar pela sua humanidade. Afirmam-se capazes de vidas re-existentes afirmantes de sua humanidade. A esse paradigma dual/abissal resistem afirmando e reafirmando sua condição humana na história.

Afirmam-se humanos em outro paradigma de humano

Os oprimidos resistem às opressões e se indagam por sua humanização. As vivências desumanizantes, matriz de fazer-se problema de sua humanização. Os oprimidos desconstroem esse paradigma hegemônico dual, abissal, que os sacrificou na história como incapazes de ter consciência das opressões, desumanizações e de se indagar, fazer problema de sua humanização. As vivências cruéis, históricas das desumanizações não levam os oprimidos apenas a estar preparados para entender o significado terrível de uma sociedade opressora. As vivências das opressões os levam a indagar-se pela sua humanização. Vimos que para Paulo Freire (1987) os coletivos oprimidos, em "movimentos de rebelião, sobretudo de jovens, no mundo revelam a preocupação em torno do homem e dos homens como seres no mundo e com o mundo. Em torno do que e de como estão sendo humanos. Para os oprimidos, não apenas o problema de sua desumanização, mas o problema de sua humanização é seu problema central, de preocupação iniludível (p. 29).

A dialética binária, abissal, sacrificial dos diversos humanismos pedagógicos enfatiza a condição de inumanos dos Outros, dos coletivos diferentes. Essa dialética abissal carrega suas análises nas deficiências de humanidades e tenta como dialética antipedagógica torná-los conscientes de suas deficiências de moralidade, racionalidade, humanidade, que se façam problema, responsabilizem-se de suas desumanidades para legitimar as condições sociais, políticas, materiais, inumanas de seu sobreviver. Essa ênfase nos oprimidos reconhecerem suas deficiências, suas inumanidades têm ocultado o que Paulo Freire reconhece com destaque: para os oprimidos o problema de sua humanização, preocupação central, iniludível.

Uma mudança radical política, ética, pedagógica no olhar e reconhecer os oprimidos: Que problema se fazem como oprimidos? O problema de sua humanização. Dos oprimidos vêm interrogações radicais para os humanismos pedagógicos, não só para o problema das desumanizações, como entendê-las, como corrigi-las. Vêm interrogações para o reconhecimento dos oprimidos fazendo-se problema de sua humanização. Afirmando-se humanos em outro paradigma de humano. Paulo se contrapõe ao padrão dual, abissal, sacrificial que só vê os Outros, os oprimidos na condição de inumanidade, à espera de humanos que os conscientizem do problema de sua inumanidade porque só os humanos conscientes serão capazes de fazer de sua humanização problema central. Paulo Freire reconhece que o problema de sua humanização para os oprimidos tem sido o problema central. Outra dialética desumanização/consciência/humanização.

Fazer-se problema de sua humanização, matriz humanizadora

Fazer-se problema de sua humanização negada, não reconhecida, já é uma matriz de afirmação humana; os diversos movimentos sociais se afirmam educadores de si mesmos, da sociedade e também educadores da educação, das teorias pedagógicas. Os oprimidos ao fazer-se problema de sua humanização se educam, politizam, se contrapõem ao caráter seletivo, abissal/sacrificial que os decretou na história como síntese do inumano e decretou o Nós a síntese do humano único. Ao trazer para o debate político, ético, pedagógico o problema de sua humanização, os oprimidos estão desconstruindo esse padrão seletivo que os decretou e persiste em decretar os Outros, a diferença como síntese da inumanidade, incapazes de fazer-se problema da sua humanização e até das desumanizações que os vitimam.

Esse padrão dual, seletivo do Nós síntese do humano único e os Outros, síntese do inumano impõe um caráter seletivo ao problema da humanização: pedagogias, didáticas, políticas, planos para humanizar o Nós humanos direitos, humanizáveis, conscientes, empenhados no problema de sua humanização. Para os coletivos decretados inumanos, o Outro do humano hegemônico, a preocupação dos diversos humanismos pedagógicos e das diversas teorias não tem sido produzir teorias de humanização porque decretados inumanizáveis, ineducáveis (ARROYO, 2015). Só pedagogias de correção da sua inumanidade para merecerem serem incluídos no padrão único de humano do Nós.

Os oprimidos, ao fazerem de sua humanização preocupação central, ineludível, exigem das teorias pedagógicas colocar-se como central, iniludível o como entender, reconhecer que os decretados com deficiências de humanidade se fazem problema central de sua humanidade. Reconhecem-se, e afirmam humanos afirmando sua outra humanidade na história. Em outro paradigma de humanidade. Exigem das teorias pedagógicas de formação humana reconhecer que são, se sabem, tem consciência e se afirmam sujeitos de humanização, de sua produção, afirmação, formação como humanos. Exigem ser reconhecidos vidas re-existentes sabendo-se, afirmando-se humanos.

Todas as análises do humanismo de Paulo Freire resistem ao caráter seletivo que decreta os Outros na condição de inumanidade. Desde a educação como prática da liberdade, a educação e indignação, e sobretudo na Pedagogia do Oprimido, Paulo Freire reconhece os oprimidos sujeitos que se fazem problema de sua humanização e, fazendo-se problema de sua humanização, humanizam-se. Fazer-se problema central de sua humanização, matriz central humanizadora. A diversidade de coletivos de oprimidos em seus movimentos de luta, re-existências não faz de sua humanização, de seu viver mais humano sua matriz de humanização? Que exigências para a educação e para as teorias de formação humana? Reconhecer que os oprimidos afirmam outro paradigma de humanidade, repõem sua outra humanidade na história.

Os oprimidos fazendo de sua humanização o problema central desconstroem o mito ôntico de inumanidade

Os estudos decoloniais, Boaventura de Sousa Santos (2009), Aníbal Quijano (2009) nos têm ajudado a entender a radicalidade a que os oprimidos re-existem afirmando-se humanos, fazendo de sua humanização problema central, histórico. Re-existem a decretados com deficiências originárias de humanidade em uma condição ôntica, mito ôntico de inumanidade. Mito ôntico dos poderes que pretende ser legitimante da expropriação de suas terras, culturas, culturicídios, legitimante da escravização, até dos extermínios, porque decretados inumanos. Mito ôntico político, antiético que persiste nos padrões de expropriação/apropriação da terra, da renda, do trabalho, da alimentação, da saúde, da educação. Da expropriação do direito à vida humana justa e vivível.

O problema de sua humanização, um problema central, histórico para os oprimidos. O fazer de sua humanização um problema central, iniludível acompanha a consciência política, ética, humana dos oprimidos em nossa história. Não é um acidente, nem uma invenção dos próprios oprimidos ou de Paulo Freire. É uma constante no decretar os padrões de poder, de saber, de ser persistentes em nossa história, decretar os Outros, a diferença, inumanos.

A esses padrões de poder, de saber, de ser que os decretaram inumanos os oprimidos sempre re-existiram afirmando-se humanos, recolocando o problema central de sua humanização. Paulo Freire capta essa longa história como persistente, atual. Um re-existir, matriz humanizadora, politizadora. Fazendo-se problema de sua humanidade, os oprimidos fazem problema político, humano dos padrões de poder, no passado e no presente que persistem em decretá-los inumanos, responsabilizá-los das desumanizações com que os poderes os vitimam.

Na lógica dos padrões de poder os oprimidos não seriam capazes de se fazer problema de sua humanidade estando decretados no mito ôntico de inumanidade, de inconsciência. Seria um absurdo político de Paulo Freire e dos oprimidos pretender fazer-se problema central de sua humanidade continuando a estar como seus coletivos étnicos, raciais, de gênero, classe, na condição de inumanidade ôntico? Como vidas re-existentes podem afirmar-se humanas e colocar sua humanidade como problema central estando em estado ôntico de inumanidade? Nas re-existências afirmando o problema de sua humanidade, os oprimidos revelam, reafirmam a matriz ética, política, pedagógica, mas radical de sua afirmação, formação humana. Para os oprimidos não apenas o problema de sua humanização é o problema central, mas matriz central de sua humanização. Re-existir e desconstruir o mito ôntico de inumanidade, matriz ôntica de humanidade?

Questões nucleares para as teorias de formação humana, para a história da educação e para uma formação de docentes, educadoras, educadores, de milhões de oprimidos que chegam à educação pública, sobretudo como entender, reconhecer que carregam uma história de vivências, de saber-se problema, que o problema da humanização tem sido problema central deles e de seus coletivos sociais, étnicos, raciais, de gênero, classe? Milhões de educandos, de crianças a adultos, de famílias populares, de mulheres lutando por educação, fazendo de sua humanização seu problema central, lutam não só por percursos de letramentos, mas de humanização. Que humana docência garantirá, fortalecerá o fazer-se problema central de sua humanização negada? Como fortalecer esse saber-se que o problema de sua humanização é o seu problema central da docência e da educação se exigem uma formação que os capacitem a fortalecer os saberes dos educandos como matriz política ético-pedagógica de humanização. De afirmação de outra humanidade.

A história de outras pedagogias, de outra matriz, outros sujeitos de humanização

Que sujeitos re-existentes a que opressões, desumanizantes se afirmam sujeitos humanos, éticos, políticos afirmantes de que outros valores, outra ética? Sujeitos de outras pedagogias e de outra história de humanização? Sujeitos concretos que exigem reconhecimentos: mulheres e seus movimentos feministas, indígenas, negros, brancos, movimento docente e movimentos de trabalhadoras, trabalhadores e suas lutas por direitos do trabalho, direito à terra, território, teto, alimentação, saúde. Direito à vida justa humana negada. Sujeitos que neles se descobrem, educadoras, educadores e com eles sofrem a ser reconhecidos humanos. Outros sujeitos de pedagogias, de outros valores, de outra ética. De outra humanidade que exige reconhecimento.

Os coletivos resistentes afirmando-se humanos, sujeitos de outras pedagogias, de outra humanidade se contrapõem a ser pensados como destinatários agradecidos das pedagogias do Nós benevolentes, das políticas dos padrões de poder. Exigem ser reconhecidos sujeitos de pedagogias outras, sujeitos de processos, matrizes de outra humanização, de pedagogias de oprimidos. Vítimas de históricas desumanizações, mas re-existentes afirmando-se humanos exigem reconhecer as opressões como matrizes cruéis de desumanizações, mas avança reconhecendo as re-existências como matrizes de humanização.

Outros sujeitos de humanização, sujeitos de outra humanidade: trabalhadores dos campos, das periferias, mulheres, homens, jovens, até crianças lutando por condições materiais de vida justa, menos injusta, humana. Trabalhadoras, trabalhadores na educação lutando por direitos. Re-existências às opressões, à destruição das condições materiais de um humano viver. Re-existências pedagógicas carregadas de valores, saberes, culturas recuperadoras das humanidades roubadas e afirmantes de outra humanidade, outros sujeitos afirmativos de outras humanidades que exigem reconhecimento na história dos humanismos pedagógicos. Reconhecimento dos oprimidos sujeitos de outras pedagogias, de outros processos de humanização, de outro padrão anti-hegemônico de humano. A humanidade não fica inteira, os processos de humanização não ficam inteiros sem o reconhecimento dos oprimidos afirmantes de outras pedagogias, de outros processos, matrizes de formação humana. Afirmantes de outra humanidade.

Oprimidos alargando a estreiteza das fronteiras da dita história de pedagogia, do estreito padrão de humano apropriado pelo Nós nos padrões de poder, de ser humanos afirmam um outro padrão de humanidade mais aberto, menos segregador, mais humano, em que a diferença, os coletivos étnicos, raciais, de gênero, de orientação sexual, de classe sejam reconhecidos humanos, membros de humanidade inteira, mas diversa. Reconhecer a diversidade humana em um padrão aberto, diverso, não único, hegemônico de humano, quebra os monolíticos padrões únicos, hegemônicos do Nós no poder humanos únicos e os Outros, a diferença, não humanos, com deficiências de humanidade.

Coletivos docentes, educadoras, educadores como Paulo Freire descobrindo-se nos esfarrapados do mundo, vivenciando com eles, sendo roubados em suas humanidades, mas sobretudo com eles sofrendo e com eles lutando aprendem que uma das fronteiras de luta é contra todo padrão de humano hegemônico, segregador que os decreta com deficiência de humanidade. Reconhecem os oprimidos re-existentes afirmando-se humanos, afirmando outro padrão de humano, outra dialética. Os oprimidos, propondo-se a si mesmos como problema re-existindo como humanos, afirmam sua outra humanidade em outro paradigma de humano.

Capítulo 8

Vidas re-existentes afirmantes de outra história de educação/humanização

Desde crianças aprendemos que há uma história que merece ser contada, narrada, ensinada e aprendida. Uma história oficial da BNCC, dos livros didáticos, das narrativas cultuada nas celebrações cívicas, nacionais, nos símbolos da nação, nas celebrações religiosas... Uma história que tem sujeitos: os colonizadores, os empreendedores, os intelectuais, os republicanos e democratas. As elites bem-pensantes, civilizadas nos valores de ordem e progresso. Uma história, humana, de civilização de formação e avanço cultural, intelectual, moral, humano? Uma história narrada, cultuada pelos padrões de poder. Os Outros têm acreditado nessa história? Na cultura popular, nos movimentos sociais, no movimento docente não tem duvidado desse padrão hegemônico de história humana.

Um paradigma único, hegemônico de história humana?

Da diversidade das ciências humanas vêm críticas da história única e de um paradigma hegemônico de história humana. Vêm críticas às narrativas da história política, social, cultural, civilizatória, educacional que reproduzem um paradigma único hegemônico de história humana, seletivo de civilização, de cultura, de educação, críticas ao paradigma seletivo, abissal, sacrificial que decreta o Nós nos poderes sujeitos únicos de uma história única, hegemônica e decreta os Outros, a diferença étnico-racial, de gênero, classe incapazes de serem sujeitos de história, incapazes de participar na produção da história política, cultural, moral, intelectual, humana. Os Outros, a diferença à margem da história única, hegemônica do Nós nos poderes humanos? Decretados não sujeitos de história por que em estado de natureza, não de humanidade?

A história da educação, da pedagogia, da formação humana, cultural, intelectual, moral tem sido narrada como componente desse paradigma hegemônico da história política, social, civilizatória, cultural, humana? A história dos diversos humanismos pedagógicos tem reproduzido esse padrão hegemônico de história? Uma história da educação seletiva dos processos e dos sujeitos de humanização, de formação intelectual, moral, cultural, humana?

A história oficial da educação narrada como fazendo parte desse paradigma único, hegemônico de história seletiva, segregadora dos Outros, da diferença, como a margem da história pedagógica, da formação humana? Os sujeitos únicos de toda a história civilizatória, de moralização, humanização seriam o Nós humanos nos poderes. Os Outros, a diferença, decretados à margem dessa história até de humanização, educação porque decretados com deficiências originárias de humanidade, de moralidade, racionalidade, cultura. O Nós no poder, impondo sua política de dominação no fazer e narrar a história.

O Nós, síntese dessa história, desse paradigma, hegemônico, abissal e sacrificial de humano, no máximo poderá prometer políticas educativas, supletivas, inclusivas, decretando os Outros *destinatários* da inclusão na história educadora do Nós. Os Outros destinatários agradecidos da história do Nós não reconhecidos sujeitos de história social, política, cultural, moral, pedagógica, esperando ser educados, conscientizados para merecer a inclusão no padrão hegemônico da história humana.

Um paradigma hegemônico de humano configurante dos diversos humanos pedagógicos?

Esse paradigma hegemônico de história política, social, civilizatória, cultural e até pedagógica, marcou os diversos humanismos pedagógicos que se afirmaram em um paradigma único, hegemônico de humano/inumano. O Nós autoproclamados sujeitos da história social, política, econômica, de progresso, se autoproclamaram sujeitos da condição única hegemônica de humano, decretando os Outros, à diferença, à margem da condição única de humano. Logo à margem da história da educação, à margem do paradigma único de humanização, os Outros decretados inumanos, incapazes de serem sujeitos da história única de educação, humanização. A história da educação, das políticas educativas inclusivas, igualitárias reproduzem esse paradigma hegemônico de humano e de história?

Não tem faltado críticas às políticas educativas escolares, carentes de qualidade social da educação, carentes de estruturas, condições dos profissionais da educação escolar garantirem percursos de ensino/aprendizagem de qualidade, inclusivos, igualitários. A história da educação reduzida às políticas de ensino/aprendizagem, reduzidas aos indicadores do Ideb, repetindo no PNE decenal, medidas, estratégias para melhorar os baixos, precários índices de educação inclusiva, igualitária, de qualidade social.

Análises, propostas, políticas, estratégias que têm como referente o paradigma hegemônico de história, de políticas do Nós para os Outros, a diferença, destinatários não sujeitos de processos de formação humana porque decretados na condição de inumanos pelo paradigma único hegemônico de Nós humanos, os Outros inumanos. Da diversidade das ciências humanas vêm as análises críticas mais radicais ao padrão único de história e de humano/inumano que legitima essas políticas, sua carência de qualidade social e educacional.

Não faltam críticas radicais ao paradigma que nos acompanha desde a empreitada educadora/humanizadora, moralizadora dos Outros da diferença, decretados com deficiência de humanidade. Um padrão de poder determinante de nossa história da educação, da formação humana a exigir ser reconhecido e criticado como a matriz determinante, persistente radical das criticadas deficiências de nossa história de formação humana, até determinante em nossa história dos limites de nossa educação escolar. Uma história de um paradigma único hegemônico, desumano, que vem acumulando críticas radicais, políticas das teorias pedagógicas de história da educação e da formação docente/educadora.

As vítimas desconstroem o paradigma único de história e de humano

A história desocultada tem mostrado que os Outros, a diferença segregada, subalternizada como à margem pelo padrão único, hegemônico de história política, cultural e à margem do paradigma único hegemônico de humano vem re-existindo, desconstruindo esses padrões políticos, hegemônicos de história do Nós únicos sujeitos de história. Os Outros em vidas re-existentes vêm se afirmando sujeitos de outra história social, política, cultural, civilizatória. Desconstruindo o paradigma único de humano, afirmando-se em vidas re-existentes sujeitos de humanidade. Sujeitos de outro paradigma de humano, sujeitos de outras pedagogias, processos de outra história de formação humana.

Reconhecer os Outros, a diferença em vidas re-existentes afirmando-se humanas exige superar concepções, paradigmas fechados de história e de humano. Exige reconhecer que a história não foi única, mas que os decretados à margem do padrão de poder, hegemônico de história não se aceitaram à margem, mas se sabem, têm vivências de sujeitos construtores da história econômica, social, política, cultural, humana. Os Outros em vidas re-existentes afirmando-se humanos afirmam outra história pedagógica, de outro paradigma de humano.

Os Outros exigem reconhecer que a história da educação, da formação humana, da humanização não foi única, mas sabem-se, afirmam-se sujeitos de processos, de re-existências afirmativas de humanidade. Sujeitos de outras pedagogias, de outra humanização. Paulo Freire reconhece nos oprimidos, nos que sofrem, mas lutam, re-existem ao paradigma único de humano, afirmando-se humanos, reconhece sujeitos de outra história, de outras pedagogias *do* oprimido.

Vidas re-existentes afirmando outro paradigma de história e de humano

Que exigências para a pedagogia, a educação, a docência, vêm das vítimas resistindo, desconstruindo o paradigma único, hegemônico da história e de formação humana? Reconhecer que suas críticas, suas resistências não têm sido apenas a baixa qualidade das políticas e estruturas escolares. Suas re-existências afirmativas de serem sujeitos de história e sujeitos de processos, pedagogias de humanização são mais radicais. Tem sido re-existências afirmando-se sujeitos de história, sujeitos humanos, de formação humana.

Não pedem para ser incluídos no padrão único hegemônico de história, nem da história dos processos, padrões de humano/não humano, mas se afirmam sujeitos de outra história, de outros processos, outras pedagogias de humanização: vidas re-existentes afirmando-se humanos em outro paradigma de história e de humano. Que radicalidades políticas, éticas, pedagógicas afirmam?

Os coletivos sociais, étnico-raciais, de gênero, classe, decretados com deficiência de humanidade, de moralidade, de cultura desde o grito "terra à vista", acumularam uma história de re-existências. Sabem-se re-existentes a ser decretados à margem da história política, social, econômica, cultural, humana porque decretados em estado de natureza, não de cultura, não de humanidade, pelo padrão de poder único, hegemônico de humano, de cultura, de história.

A radicalidade política, ética, pedagógica de suas vidas re-existentes é re-existir aos padrões de poder, que os decretaram e persistem em decretá-los à margem do padrão hegemônico de história e de humano. A radicalidade política, ética, pedagógica vai além ao atrever-se a criticar, desconstruir esses padrões únicos, hegemônicos que os decretam a margem da história e da condição de humanos.

A radicalidade política, ética, pedagógica dessas vidas re-existentes afirmando-se humanas vai muito além ao atrever-se a afirmar-se sujeitos de história e de humanidade em outro paradigma de história e de humano. Exigências para a história e especificamente para a história da educação, da formação humana: repensar, superar padrões de história única, de formação humana única. Reconhecer que as vidas re-existentes afirmam na contramão da história, outro paradigma de humano, de humanização, de formação humana que contesta o padrão de poder hegemônico de história e de humano.

Os herdeiros testemunhas de vidas re-existentes afirmando outro paradigma de história e de humano chegam às escolas, à EJA, exigindo das teorias pedagógicas, da docência, desconstruir o padrão de poder hegemônico, humano, legitimante dos diversos humanismos pedagógicos. Exigindo reconhecer e fortalecer outro paradigma de história e de humano que reconheça os Outros, a diferença, sujeitos de outra história e de outro humano que reconheça os coletivos docentes, educadores re-existentes sujeitos de outra humana docência (ARROYO, 2000).

Os oprimidos resistem a vivenciar a desumanização como produção histórica política

Continuemos com a pergunta: Os oprimidos em vidas re-existentes afirmam outra dialética desumanização/humanização? Paulo Freire reconhecendo que os oprimidos se refazem problema a eles mesmos, se indagam e que o problema de sua humanização é o seu problema central, a sua preocupação iniludível avança no entender os oprimidos e suas pedagogias de oprimidos. Não pedagogias para educar, conscientizar os inconscientes oprimidos na dialética abissal, sacrificial que os decreta com deficiências de humanidade, mas Pedagogia *do* Oprimido, sabendo-se, vivenciando-se oprimidos. Pedagogias de vivências feitas, de re-existências históricas às desumanizações, matrizes de humanização. Para entender a radicalidade política, ética, pedagógica das vidas re-existentes afirmantes de outra história de humanização será necessário destacar a radicalidade política das vivências históricas das opressões, desumanizações.

Vivenciam a persistência histórica da desumanização

Vimos que Paulo Freire avança no compreender a dialética desumanização/re-existências/humanização de que os oprimidos são sujeitos. Como entender que os oprimidos se fazem problema a eles mesmos: Indagam-se pela sua humanização? "Constatar essa preocupação implica indiscutivelmente reconhecer a desumanização não apenas como viabilidade ontológica, mas como realidade histórica" (p. 30). O que leva os oprimidos a fazer-se problema e que o problema de sua humanização é seu problema central? Reconhecer a desumanização como realidade histórica. As vivências históricas das desumanizações, matriz histórica de conscientização, de fazer-se problema e de fazer problema central de sua humanização.

Reconhecer os oprimidos sujeitos de pedagogias de consciência, o fazer-se problema de sua humanização, o resistir, lutar por sua libertação não tem sido um acidente na história porque a desumanização tem sido e persiste em ser uma realidade histórica. Vivenciar a desumanização como realidade na história faz de sua humanização, emancipação não um acidente na história política, pedagógica, mas uma constante histórica. Paulo Freire aprende dos oprimidos que no vivenciar a desumanização como realidade histórica que as lutas gloriosas ou inglórias pela humanização, pelo trabalho livre, pela desalienação, pela afirmação como pessoas, como "seres para si" somente é possível (foi possível como uma luta persistente na história) porque o saber-se vítimas, o vivenciar a desumanização tem sido um fato constante na história (p. 30). As vivências da desumanização, matriz histórica desumanizante a exigir centralidade na história, nas teorias das matrizes de desumanização.

Os oprimidos têm vivências, saberes, consciência de que a desumanização não é um destino dado, mas resultado de uma "ordem" injusta que gera a violência dos opressores e insta, o ser menos (p. 30). Politizam as vivências de desumanização como realidade histórica, persistente realidade histórica de opressores e de injustas opressões como realidade histórica. Como a matriz histórica persiste nas opressões desumanizadoras.

Outra história política, pedagógica de desumanizações, realidade histórica ocultada na história hegemônica das narrativas do poder? Até ocultada nas narrativas políticas, pedagógicas da BNCC? Que exigências vêm dos oprimidos reconhecerem a desumanização como realidade histórica, como matriz antipedagógica? Aprender com os coletivos sociais oprimidos em suas ações de resistências que as desumanizações não têm sido acidentes, mas persistente realidade histórica. Como fortalecer seus saberes políticos, de históricas vivências feitas? Como acompanhar percursos de formação humana de aprendizagens de educandos que sabem-se roubados em suas humanidades? Exigências radicais de dar centralidade às desumanizações históricas como matrizes nas teorias de desumanização/humanização.

Vivenciam que a opressão/desumanização não é um acidente, mas regra na história

Os oprimidos resistem aos padrões de poder que insistem com que as desumanizações são um acidente passageiro na história civilizatória da ordem e do progresso. As políticas sociais, educativas insistem em repassar essa visão às vítimas das desumanizações. Não são "indiscutivelmente uma persistente realidade histórica". São acidentes, anormalidades passíveis de serem corrigidas com benevolentes políticas, ações corretivas, inclusivas, de qualidade e igualdade sobretudo pela educação. Os culpados dessas desumanizações, realidade histórica, são as próprias vítimas, os Outros, a diferença decretada com deficiência inata, ôntica de inumanidade. Não seriam os padrões de poder, as estruturas econômicas, sociais, políticas que repõem as desumanizações como regra na história. São os próprios coletivos diferentes que persistem em manter as desumanizações na história, persistindo em sua condição ôntica de inumanidade.

As vítimas denunciam que passar a imagem de que as opressões, as desumanizações são um acidente na história ou são permanentes porque os outros persistem na condição ôntica de inumanidade tem operado para ocultar que as desumanizações são produções das estruturas opressoras da realidade histórica, não acidente. Ocultar essa realidade histórica, persistente das desumanizações, legitima a generosidade reparadora das políticas socioeducativas. Os opressores, falsamente generosos, têm necessidade para que a sua generosidade se realize, da permanência da injustiça. A "ordem" social injusta é a geradora permanente, dessa "generosidade" que se nutre da morte, do desalento e da miséria (1987, p. 31). Uma falsa generosidade tão persistente nas políticas socioeducativas que não destacam, mas ocultam as desumanizações e as estruturas que as produzem.

Coletivos de docentes/educadores de educandos oprimidos reconhecem que as desumanizações não são um acidente, uma anormalidade na história a ser corrigida com benevolentes políticas socioeducativas. Enquanto as estruturas econômicas, sociais, políticas, continuarem a ser geradoras de uma "ordem" social injusta geradora *permanente* das desumanizações, permanecerão como injusta realidade histórica. Os oprimidos na diversidade de suas ações coletivas de resistências e lutas por emancipação expõem essa consciência de que as desumanizações que as vitimam não são um acidente, "uma nuvem passageira que com o vento de políticas inclusivas se vai".

Uma exigência política para a história da educação, para as políticas socioeducativas: tem acreditado e reforçado que as opressões, desumanizações são um acidente – nuvem passageira – na história a ser corrigida por políticas corretivas, inclusivas por PNEs corretivos? Lembro de uma educadora no depoimento de sua aposentadoria: "Mais de 40 anos de magistério nas escolas públicas e na EJA aprendi uma lição dos educandos: reconhecer a desumanização do sobreviver dos educandos populares não como um acidente, mas como realidade na história. Insisti, persisti em tentar recuperar suas humanidades roubadas". Docentes, educadoras, educadores que vivenciam nos educandos a desumanização não como um acidente, mas como realidade histórica persistente.

Vivências resistentes à desumanização como realidade histórica, matriz de humanização

O que leva os oprimidos a indagar-se pela sua humanização como preocupação iniludível? Paulo Freire responde: Vivenciar, reconhecer a desumanização não como acidente, viabilidade passageira, mas como realidade histórica (p. 30). É a dialética histórica desumanização/humanização que descobre nas vivências dos oprimidos uma relação dialética entre vivências históricas, constantes de desumanizações e consciência constante histórica que a humanização é seu problema central histórico.

Para as teorias pedagógicas uma interrogação radical: reconhecer que as vivências da desumanização como realidade histórica têm sido e persistem em ser a matriz histórica mais radical de lutar pela humanização. Que centralidade tem sido dada a essa relação matricial entre vivências de desumanizações e fazer-se problema de sua humanização?

Para a docência/educação uma exigência de reconhecer os milhões de educandas, educandos populares vivenciando persistentes desumanizações históricas, mas ir além e reconhecê-los instigados desde a infância a perguntar-se por sua humanização. Educadoras, educadores de educandas, educandos vivenciando a desumanizações como persistente realidade histórica assumem seu dever ético, profissional de entender essas vivências tão radicais dos educandos, a formação inicial e continuada os capacita para esse dever ético?

Vivenciar desde a infância a persistência histórica das desumanizações exige da educação e da docência e das teorias de formação humana perguntar-se por que desumanizações vivenciam como realidade histórica constante, as educandas, educandos oprimidos que chegam às escolas, à EJA e até às universidades. No capítulo 3 nos perguntamos que vidas re-existentes a que desumanizações re-existem como anormalidades históricas, "normais" para os oprimidos.

Lembrávamos que a desumanização mais radical que vivenciam desde a colonização é saber-se decretados com deficiências originárias de humanidade. Vivenciar-se não reconhecíveis como humanos tem sido a desumanização mais radical em suas vivências históricas. Re-existir afirmando-se humanos tem sido na história a matriz mais radical de sua humanização. Vivências de saber-se não reconhecidos humanos e de re-existir afirmando-se humanos que levam desde crianças aos processos educativos e exigem reconhecimento.

Lembrávamos que vivenciam ter sido expropriados das condições sociais, materiais de um seu justo humano ser, viver, expropriados de seus territórios, terras, cultivos, culturas, crenças, tradições. Vivências de desumanizantes culturicídios como realidade histórica. Vivências históricas constantes de desumanizações como realidade histórica que provocaram e provocam uma constante consciência histórica de que sua humanização é o seu problema central histórico.

Vivências de re-existências, matrizes históricas de humanização. Os oprimidos e seus docentes/educadores têm direito a saberes sobre os poderes, estruturas que os condenam a históricas desumanizações. Têm direito a saberes, valores que fortaleçam suas históricas re-existências humanizadoras.

Que outra história política os oprimidos re-existentes afirmam?

Que outra história os oprimidos afirmam? Re-existem às desumanizações denunciando essa persistente história de desumanização que os vitima. Paulo Freire na Pedagogia do Oprimido nos lembra que os oprimidos se refazem problema a eles mesmos: o problema de sua humanização assume hoje caráter de preocupação iniludível. Lembra os movimentos de rebelião, sobretudo de jovens, resistindo às desumanizações. Poderíamos lembrar a diversidade de movimentos sociais: feminista, LGBT, negro, indígena, sem teto, sem terra, sem saúde, sem vida, resistindo às desumanizações, regra na história. Re-existências históricas humanizadoras. Como entender essa história? Dando centralidade aos movimentos sociais, reconhecê-los vidas re-existentes às desumanizações como regra na história.

Reconhecer as re-existências à desumanização como realidade histórica

Os oprimidos que vivenciam o problema de sua desumanização têm consciência de que as desumanizações são realidade histórica. São regra na história. Uma interrogação para as teorias pedagógicas de desenvolvimento humano: Tem dado centralidade para reconhecer as re-existências às desumanizações como realidade histórica, vividas pelos oprimidos?

A chegada às escolas, à EJA, às universidades, de milhões de educandos, não reconhecidos humanos, pelos padrões de poder, vivenciando opressões desumanizantes, obrigam seus profissionais a entender a realidade da desumanização e entender as vidas concretas vitimadas por históricas desumanizações para valorizar suas re-existências humanizadoras. Os humanismos pedagógicos, as teorias de desenvolvimento humano, de formação humana têm preferido teorizar, entender e acompanhar os humanos reconhecidos humanos. Nem sempre teorizaram sobre os processos brutais persistentes na história de decretar milhões na condição de deficientes em humanidade, roubados em sua humanidade. Teorizar sobre os processos de desumanização exige outras pedagogias, outras teorias de desenvolvimento humano, de reconhecimento dos processos, das resistências afirmando-se humanos. Exige da pedagogia a pergunta persistente: "É isto um homem?" Um ser humano? Que humanos submetidos a que processos de desumanização? Como regra na história? Desde a infância?

Interrogações demasiado incômodas, desestruturantes para os humanismos pedagógicos, para a educação e a docência. Indagações persistentes na história de tantas desumanizações de crianças a adultos que chegam à educação. Como ignorá-las nos currículos de formação inicial e continuada, na Base Nacional Comum e nas diretrizes de formação? As anormalidades pandêmicas e políticas põem em evidência anormalidades estruturais que são normalidades – regra, para os oprimidos. Normalidades sociais, econômicas, políticas, culturais segregadoras, desumanizadoras. Para os oprimidos, a desumanização tem sido regra, normalidade; não um acidente, uma exceção. Boaventura de Sousa Santos usa o termo "a cruel pedagogia do vírus" (2020). Pedagogia cruel virótica e política que nos ensina e manifesta verdades ocultadas, mas que para os oprimidos tem sido regra na história.

A desumanização como regra na história tem sido uma interpelação para a pedagogia e uma interpelação para os diversos humanismos pedagógicos e para as teorias de desenvolvimento humano. Interpelações políticas, éticas, pedagógicas: Reconhecer que a desumanização tem sido e continua sendo regra, normalidade, não um acidente, uma anormalidade a ser tratada com remédios, como doença passageira, nem superada com políticas de inclusão pela educação. Os coletivos oprimidos sabem porque vivenciam que as desumanizações são produções estruturais permanentes.

Um dos aprendizados dos tempos de anormalidades é reconhecer as desumanizações, o que revelam, mas ir além e reconhecer que as desumanizações têm sido normais, normalidades na história. Logo na história da educação se exige não esquecer, não ocultar, mas dar a centralidade histórica às desumanizações como regra. Como uma produção das normalidades estruturais sociais, políticas, econômicas, culturais e até educacionais na história. Interpelações que os tempos de anormalidade repõem para a educação e à docência: Tem reconhecido, aprofundado o entender as opressões como regra na história? Tem reconhecido que as resistências à desumanização têm sido também regra da história? Que coletivos étnicos, sociais, raciais mantidos na opressão como regra e re-existentes como regra na história?

Anormalidades históricas "normais" para os oprimidos

Os oprimidos têm direito a entender que estruturas econômicas, políticas, produzem essas desumanizações. Da pedagogia se exige ir além e dar centralidade a que coletivos opressores produzem as desumanizações de que coletivos oprimidos. Essas histórias "normais" têm sujeitos.

As teorias pedagógicas, a formação docente – educadora são instigadas a entender, reconhecer que coletivos são roubados de suas humanidades como regra, como normalidade histórica. As crises pedagógicas dos tempos de anormalidades põem de manifesto que coletivos sociais são as vítimas históricas dessas normalidades estruturais desumanizadoras. São os mesmos: os coletivos desde a infância, indígenas, negros, mulheres, trabalhadores, dos campos, das águas, das periferias...

Os tempos de anormalidades pandêmicas e políticas revelam que coletivos mais afetados no desemprego, nos trabalhos informais, nas condições de vida precária: Pobreza, moradia, fome, doenças... Anormalidades normais para os oprimidos que ficam expostas, radicalizadas pela anormalidade pandêmica e política que para os oprimidos são regras, são normalidades. Os tempos de anormalidade desocultam os corpos, os rostos da pobreza, de vida precária, de espaços sem condições de um viver digno, humano, sem condições de evitar a contaminação pelo isolamento.

Tempos de anormalidades que revelam um viver precário como regra, desde a infância, um sobreviver ao dia, um continuar sobrevivendo do trabalho de cada dia, não poder ficar em casa isolados porque dependendo para viver ao dia de trabalho de cada dia, de pegar ônibus lotados, como pedreiros, biscateiros, empregadas domésticas... Milhões condenados ao desemprego, a trabalhos informais, sem forma nem de trabalho. Diaristas vivendo ao dia as desumanizações de cada dia, de todo dia.

Sobreviventes como regra, como normalidade não superáveis nem nos tempos de anormalidade pandêmica, política, econômica, social. A desumanização como regra histórica tem rostos, corpos, tem cor, raça, etnia, gênero, classe, perpassa todos os seus tempos humanos. São os oprimidos das estruturas sociais, econômicas, políticas em tempos de normalidades que as anormalidades expõem com radicalidade cruel. Os muitos contagiados são sujeitos sociais concretos que têm nomes, lugares e sem lugares de moradia... Submetidos às anormalidades sociais da pobreza, do desemprego. As vidas ameaçadas como norma.

Que interpelações persistentes vêm dessas matrizes históricas de desumanização?

A interpelação política, ética, pedagógica: ver sujeitos concretos, não ver apenas estruturas, padrões de poder desumanizantes, mas ver coletivos concretos desumanizados, vitimados. Resultados em suas humanidades.

As matrizes de desumanização em nossa história sintetizam essas multidimensionalidades e interseccionalidades que roubam humanidades na totalidade das pluralidades da formação humana. E mais, roubam humanidades e destroem identidades interseccionais de etnia, raça, gênero, lugar, classe. As infâncias, as adolescências, jovens e adultos que lutam por escola, por EJA, por ações afirmativas nas universidades, os educandos nos cursos de Pedagogia da terra, indígenas, quilombolas, das águas ou das florestas, dos campos, das periferias chegam como totalidades humanas roubadas... pelas opressões históricas de etnia, raça, gênero, lugar e classe. Como entender essas humanidades totais que chegam com vivências tão totais de opressões, desumanizações históricas?

Aprender com os oprimidos nos aprendizados históricos de vivenciar-se, saber-se roubados em suas humanidades com essas totalidades inumanas, antiéticas, antipedagógicas. Ninguém melhor do que quem viveu essas opressões históricas tão totais para ter aprendido as radicalidades de verdades, valores, contravalores, pedagógicas, antipedagógicas que produziram e reproduzem sua desumanização.

Que interpelações vêm dessas matrizes de desumanização? Nas teorias do desenvolvimento humano, nas pedagogias e matrizes de formação humana nem sempre tem merecido centralidade entender esses processos estruturais, históricos de desumanização. Como recuperar essas ausências? Como priorizar essas interpelações que chegam com os educandos? Nos tempos de formação inicial e continuada aumenta abrir espaços para aprofundar como temas geradores de estudo/formação: Entender a radicalidade inumana das vivências da opressão. Entender, escutar e responder as interpelações que vêm dessas matrizes de desumanização focando como central: que coletivos sociais, étnicos-raciais, de gênero, classe, de cada tempo humano são e foram vítimas históricas de que desumanizações históricas. As desumanizações vitimam coletivos sociais históricos de ética, raça, gênero, classe.

Interpelações permanentes de desumanizações permanentes

Se a desumanização como realidade histórica normal interroga a pedagogia, a docência e as teorias de formação humana, essas interrogações se radicalizam, repolitizam na educação dos oprimidos, dos coletivos vítimas históricas de desumanização como norma. São esses educandos que trazem apelações radicais para as teorias pedagógicas do desenvolvimento humano, para o trabalho docente/educador nas escolas públicas, na EJA, nas periferias, nos campos, nas águas, nas florestas. Interpelações permanentes porque as vivências de desumanizações acompanham seu sobreviver injusto, inumano como regra, como normalidade estrutural.

Um tema gerador, de estudo, de formação: Que centralidade dão ou não dão os Parâmetros Curriculares, a Base Nacional Comum, as diretrizes de formação docente/educadora para entender, trabalhar vidas desde a infância submetidas a cruéis e persistentes desumanizações? Da desumanização vivida como norma por milhões de educandos chegam as interpelações mais radicais para o trabalho docente/educador, para as diretrizes curriculares, para os currículos de pedagogia e de licenciaturas.

Para as teorias pedagógicas de desenvolvimento humano, para os currículos de pedagogia, para a licenciatura chegam interpelações: entender essa produção estrutural de desumanização tem de ser normal nas análises pedagógicas, na formação docente/educadora. Entender essas vidas marcadas por persistentes e históricas desumanizações não somente deles educandos, mas de seus coletivos étnicos, raciais, de gênero, lugar social, classe.

Às escolas, à EJA, às universidades, aos cursos de Licenciatura e de Pedagogia chegam sujeitos, corpos, vidas interpelando a formação dos seus profissionais. Interpelando os currículos de sua formação: que verdades garantirão seu direito a saber que estruturas os condenam a permanentes desumanizações como regra na história? Os currículos de formação de docentes – educadoras/ educadores, têm dado centralidade a entender essas vidas re-existentes a históricas desumanizações?

As resistências humanizadoras dos oprimidos – normalidades na história

Os movimentos sociais dos coletivos vítimas de históricas desumanizações repõem outra história de persistentes resistências humanizadoras. Repõem outra história pedagógica de outra humanização.

Os tempos de anormalidades pandêmicas, políticas, econômicas, sociais, põem também em evidência as verdades de resistências históricas dos oprimidos. Vivenciando-se os mais ameaçados no seu viver, sobreviver, resistem ao desemprego, aos trabalhos informais, a um sobreviver precarizado, injusto, desumano. As anormalidades impostas e radicalizadas em tempos de "crises" sociais e econômicas de aumento do desemprego, do trabalho informal põem de manifesto que as desumanizações têm sido regra na história, têm sido estruturais.

Também põem de manifesto que as resistências por emancipação dessas desumanizações têm sido regra na história e têm sido reproduzidas, radicalizadas como norma. Os oprimidos expõem na história que não padeceram passivos, conformados, não se reconheceram culpados, merecedores das opressões como castigo, mas construíram saberes de experiências históricas feitos, de saber-se oprimidos, por quem e por que desde crianças (ARROYO, 2019, p. 77).

Resistentes afirmando-se humanos não aceitando as desumanizações dos opressores, das estruturas sociais, econômicas, políticas, culturais opressoras, mas re-existindo afirmando suas humanidades, seus saberes, valores, culturas. Os currículos de formação, a BNCC, os saberes da docência reconhecerão os educandos sujeitos de verdades, saberes, culturas re-existentes como regra? Com que saberes fortalecer os saberes resistentes dos oprimidos? Reconhecendo os educandos sujeitos de saberes, de resistências históricas às desumanizações, às injustiças. Reconhecer com Paulo Freire que a grande tarefa humanista dos oprimidos tem sido resistir às injustiças, lutar pela recuperação de sua humanidade roubada, reafirmando na história sua outra humanidade afirmada.

Resistências humanizadoras que afirmam outras pedagogias de outra história de humanização

Se as desumanizações como realidade persistente tiveram e têm sujeitos concretos desumanizados, as re-existências humanizadoras persistentes tiveram também sujeitos concretos na história: as vidas dos oprimidos re-existentes afirmantes de outra história da humanização. Os docentes e educadores em convívio com esses educandos de coletivos re-existentes somando com suas resistências de trabalhadores na educação, afirmam outras pedagogias, outras matrizes de humanização, de aprendizagem de valores, culturas, identidades. Educandos e educadores afirmantes de sua consciência resistente.

Os tempos de anormalidades políticas sociais, econômicas deixam mais expostas as estruturas opressoras. São também tempos que deixam mais expostas invenções de estratégias de sobreviver e de reinventar trabalhos, reinventar a proteção dos filhos, até em tempos de educação à distância. As resistências às opressões como normas nas lutas pelos direitos do trabalho docente, nas lutas por territórios, terra, trabalho, teto, renda, por vida, por sobreviver dos oprimidos são reativadas, reinventadas, repolitizadas nos tempos de exceção, que são regra.

Que exigências para as teorias pedagógicas de humanização? Exigências de reconhecer que se a desumanização tem sido regra na história e as vítimas têm sido os oprimidos que levam às escolas, à EJA, vivências de desumanização, também a humanização tem sido regra nas resistências que levam às escolas, à EJA. Os educandos e educadores exigem ser reconhecidos vítimas de brutais matrizes de desumanização, mas exigem também ser reconhecidos sujeitos que, com os seus coletivos, aprenderam, vivenciam processos de resistências afirmativas de outras pedagogias humanizadoras. Sujeitos de outra história de outras pedagogias humanizadoras, uma tensa história de disputas de desumanizações dos padrões de poder e de resistências éticas, políticas, humanizadoras dos oprimidos.

Os oprimidos repõem outra história pedagógica, exigem reconhecê-los sujeitos de resistências, matrizes de humanizações. Um olhar positivo dos valores e processos pedagógicos de humanização que levam do movimento docente, e dos movimentos sociais resistentes levam aos processos de educação escolar. Com que artes pedagógicas, escolares fortalecer educandos e educadores re-existentes à desumanização e afirmantes de outras pedagogias de humanização?

Se das vivências cruéis de desumanizações que vitimam os oprimidos como regra na história chegam interpelações para a educação e a docência, das vivências de resistências afirmando-se humanos chegam interpelações ainda mais radicais: reconhecer como Paulo Freire que os milhões de educandos oprimidos e educadoras, educadores resistentes são sujeitos de pedagogias, de saberes, valores, identidade éticas, culturais pedagógicas. São sujeitos que sabem-se oprimidos, e re-existindo por sua libertação, emancipação, afirmam-se humanos como uma persistente regra na história.

Outra história de re-existências humanizadoras de que são sujeitos os subalternizados, os oprimidos que exige ser desocultada, reconhecida, narrada na história política, cultural, pedagógica. Que outras humanidades, que outras matrizes de humanização afirmam como regra na história? Das resistências dos oprimidos às persistentes, históricas desumanizações vem a esperança de uma outra história menos desumanizante. Um esperançar pelo reconhecimento da diferença afirmando outra história diversa, plural de humanização: afirmando, reafirmando sua outra humanidade em outra história.

A história de re-existências, matriz de outra história de humanização

A persistente história de violências dos opressores, do poder, das estruturas sociais, políticas, econômicas, culturais tem provocado, nos oprimidos, resistências configurando outra história, outros saberes feitos de experiências/vivências coletivas de resistir. Uma dialética de opressões, resistências que alimenta uma dialética de histórias opostas de opressões e de resistências. Histórias da opressão como matriz de desumanização e histórias da resistência como matriz de humanização.

Os oprimidos afirmam outra história

As re-existências dos oprimidos à história de opressões têm afirmado outra história, têm exposto as tensões entre narrativas de histórias dos vencedores e histórias dos vencidos re-existentes. Expõem que a história de re-existências, afirmando-se humanos, tem sido persistente, radical na história. A outra história que os oprimidos desocultam e afirmam. Os oprimidos resistindo se reafirmam sujeitos de outra história.

As lutas pela libertação, emancipação das opressões têm sido permanentes na história e com traços persistentes em nossa história colonial, imperial e republicano-democrática. Lutas políticas, éticas, pedagógicas que não só fazem parte de uma história política, pedagógica, mas que se afirmam como um constante confronto de histórias na nossa história política e também na nossa história pedagógica, educativa, cultural.

A história política dos vencedores foi persistente submetendo os outros coletivos às injustiças opressoras. Uma história de desumanizações, de roubar humanidades, de destruir culturas, valores, identidades, memórias. Uma história antiética, antipedagógica de culturicídios. Uma história ocultada na história oficial, mas persistentemente exposta, denunciada pelas resistências dos oprimidos.

As artes revelam essa história ocultada de opressões. A cultura popular tem mantido as memórias de tantas lutas inglórias que não esquecem jamais. Uma cultura popular resistente em nossa história cultural, artística mantida nas memórias e repassada aos filhos. As resistências, matriz formadora humanizadora. Os oprimidos, sujeitos de outras pedagogias, de outra história. Outras matrizes de humanização que exigem ser reconhecidas como história outra da nossa educação. Vidas resistentes/re-existentes afirmando-se humanos, conscientes, sujeitos de saberes, valores, culturas, identidades.

Sujeitos de outra história dos Outros, da diferença, re-existentes por emancipação como regra na história?

Afirmando-se re-existentes em movimentos e ações coletivas por emancipação das opressões históricas afirmam suas pedagogias de humanização.

Re-existem, mas em uma nova existência? Re-existências vivenciando ainda as opressões como regra histórica? As vivências da opressão têm sido matriz de desumanização na história, assim como as resistências por emancipação têm sido matriz de humanização: as vivências da re-existência, do existir resistindo não será outra matriz de formação humana? De outra história política, pedagógica?

Sabem que são herdeiros de persistentes resistências, aprenderam saberes, valores, culturas resistentes à opressão, mas no re-existir a tantas violências históricas descobrem que as opressões persistem como regra. Persistem e se tornam mais cruéis porque ousaram resistir, não se curvaram aos padrões do poder. Persistentes resistências humanizadoras, resistindo a persistentes desumanizações.

Na história toda opressão provocou resistências afirmativas de existências que provocaram novas e mais injustas opressões. Uma dialética, regra na história que acompanha a dialética da educação, das tensões entre matrizes de opressão/desumanização/resistências, matrizes de humanização e re-opressões do poder, matrizes novas de desumanização/humanização.

Sem entender e reconhecer essas tensões de matrizes de desumanização/humanização/re-desumanização/re-humanização não será possível entender nossa tensa história da educação. As vítimas dessa história tensa que chegam às escolas, à EJA, às universidades têm direito a saber e a saber-se nessa história de que são vítimas, mas também sujeitos. Os seus docentes/educadores têm direito a saber e saber-se nessa história tensa de desumanização/humanizações/re-desumanização/re-humanização que marcou como regra os educandos e também marcou como regra a história das identidades e do trabalho docente/educador.

Fortalecer o direito a saber-se nessa história de re-existências

A chegada dos oprimidos nas escolas, na EJA, nas universidades como cotistas e como educandos nos currículos de educação do campo, indígena, quilombola... tornaram-se em centros de conflitos de saberes, de valores, de práticas de re-existências humanizadoras, emancipatórias. Conflitos de histórias políticas.

Lembrávamos que a consciência e as vivências da opressão têm provocado saberes de experiências feitos sobre a opressão, sobre as estruturas políticas, econômicas, sociais que os oprimem. Saberes que passam a seus herdeiros e que desde a infância à vida adulta levam às escolas. Saberes radicalizados nas vivências históricas de resistências por emancipação que também, e sobretudo, passam para os seus herdeiros e que estes levam à educação. Herdeiros de outra história de vidas re-existentes.

Entender essa outra história de outros valores, memórias, saberes de resistências feitos vem sendo uma postura profissional de docentes/gestores, educadoras/educadores. Processos formadores que exigem destaque na formação dos cursos de Pedagogia e Licenciatura, exigem centralidade nas pesquisas, na produção teórica e nos parâmetros e Bases Nacionais Curriculares. Processos formadores tensos de saberes a que têm direito os educandos, os vitimados resistentes.

Uma interrogação obrigatória: Que consciência, que saberes da opressão como regra na história provoca o descobrir-se re-oprimidos com maiores opressões dos poderes como respostas a suas resistências contra a opressão pela emancipação? Novos saberes, valores, nova consciência de saber-se re-existentes em cruéis, injustas violências porque lutaram por emancipação. Aprendem que re-existindo serão ainda mais oprimidos. Terão que aprender mais sobre as estruturas de poder, políticas que os condenam à opressão como regra. Direito a aprender-se nessa história política.

Fortalecer seu saber-se sujeitos de outra história de emancipações

Walter Benjamin nos lembrava que a opressão não tem sido um acidente, uma exceção na história porque para os oprimidos a opressão sempre foi regra na história. Os coletivos populares sabem que a opressão tem sido regra na sua história e passam esses saberes aos herdeiros. Nas artes e na cultura popular reafirmam que esperar não é saber, que resistir e tentar fazer a hora é outro saber, outro saber-se resistindo por emancipação, mas ainda são obrigados a outros saberes, a outro saber-se oprimidos como regra histórica apenas e por que resistentes.

Saber-se re-existentes em uma persistente história política de opressão confere uma radicalidade nova política, ética, pedagógica, a história de vivências de continuidade das persistências da opressão. Não é essa a matriz pedagógica mais persistente na história da dialética opressão/resistências/re-opressões? Que novos saberes, novos valores, nova consciência reafirma o lutar por se emancipar da opressão histórica, mas descobrir-se re-existindo vítimas de mais cruéis e injustas opressões do poder? Consciências, saberes da potência das estruturas e padrões do poder? Consciência de sua impotência para emancipar-se dessas opressões? Aprender a re-existir com um realismo trágico? Saber-se em um permanente drama ético, político, pedagógico? Interrogações políticas, éticas, pedagógicas que transpassam a história da educação.

Vivências persistentes em nossa história política e na nossa história cultural, ética, educacional. O lutar coletivo dos oprimidos por se emancipar das opressões históricas não tem conseguido enfraquecer as violências dos opressores e de suas estruturas de poder opressor. As persistentes respostas dos poderes reafirmando os mecanismos de repressão aos coletivos que ousaram tentar resistir mostram que as tradições autoritárias têm sido regra na história dos nossos padrões de poder, opressão. Os oprimidos/re-existentes sabem que na nossa história as respostas das estruturas e padrões de poder têm reafirmado e refinado seus mecanismos de opressão quando os oprimidos ousaram resistir e tentar se emancipar. O re-existir dos oprimidos resistentes a tantas opressões não tem sido um re-existir libertador, mas um re-existir ainda mais oprimido. O poder reafirma suas pedagogias de opressão diante das pedagogias de emancipação dos oprimidos resistentes.

Como entender e reconhecer que esses são os processos mais persistentes, mais políticos, mais antiéticos e antipedagógicos que estruturam a nossa história política e a história da nossa educação? Que exigência política, ética para a história de nossa educação? Priorizar as matrizes de desumanização inerentes à opressão, priorizar as resistências dos oprimidos como matrizes de humanização, mas ir além e dar toda centralidade em mostrar os refinados processos políticos de opressão como respostas dos poderes às ousadias dos oprimidos de tentar se emancipar e de re-existir livres da opressão. Aprender com os movimentos sociais, com a cultura popular. Uma cultura resistente e insistente. Quando os opressores insistem em oprimir, os oprimidos insistem em re-existir. Tem sido essa a dialética de nossa história?

Que verdades, saberes se aprendem vivenciando e re-existindo à opressão como regra na história?

Os educandos membros dos coletivos sociais, étnicos, raciais, de classe chegam às escolas, à EJA, à universidade com saberes, valores de lutas por emancipação, mas chegam também conscientes de históricas tentativas de se emancipar, de re-existir por serem livres. Chegam sobretudo com saberes de que até re-existindo continuam oprimidos como realidade na história. Que exigências para os currículos, para a formação de docentes/educadores de educandos que levam às escolas, à EJA esses saberes? Que exigência para o direito a saber-se na persistente história política?

Uma exigência: identificar em coletivos de educandos e educadores que saberes os educandos membros dos coletivos étnicos, raciais, de gênero, classe, trabalhadores em movimentos por emancipação, mas continuando vítimas da opressão, levam aos processos educativos? Que verdades, valores se aprendem vivenciando essa história? Que limites repõe essa história da opressão como regra até quando se tenta a emancipação?

Reconhecer que a história da educação, desumanização, resistências, humanização, nova desumanização configuram nossa história política e pedagógica como regra. Só entenderemos a história de nossa educação nessa tensa dialética histórica de manter os oprimidos – até resistentes – em permanente estado de exceção. De opressão desumanizadora e de resistências por emancipação.

Exigências políticas, éticas no recontar a história política, tensa, de nossa educação, no direito das vítimas dessa história e de seu direito a saber-se nessa história. Exigências para os conhecimentos, verdades, valores dos currículos de ensino/educação e de formação dos profissionais. Essas verdades, saberes que os educandos e educadores levam às escolas, à EJA exigem ser centrais nos processos educativos. Têm direito a saber-se oprimidos, mas re-existentes, afirmando-se humanos.

Educadoras, educadores, educandos têm direito a entender-se nesses históricos processos, vivências coletivas de opressões, matrizes de desumanização. Reforçar o saber-se em vivências coletivas de opressões, matrizes de desumanização. Mas também têm direito a saber-se sujeitos de re-existências matrizes de humanização. Direito a saber-se vidas re-existentes, regra na história.

Resistências coletivas, matrizes políticas éticas humanizadoras

As vidas re-existentes afirmando-se humanas têm sido uma constante na história porque as desumanizações têm sido um mal político, radical, na história. Paulo Freire nos lembrava de que a desumanização é uma realidade histórica. Autores como Arendt, Walter Benjamim, Primo Levi, destacam que os tratos inumanos dos seres humanos pelos padrões de poder têm sido um mal radical na história. O poder, matriz de desumanização histórica. A diversidade de humanismos pedagógicos tem optado por se propor humanizar, educar, formação humana não destacando as desumanizações como um mal radical na história. As vítimas re-existentes a vivenciar as desumanizações como um mal político radical na história, re-existentes afirmam a humanização como realidade na história.

As teorias da formação humana à pedagogia e à docência chega uma interrogação: Como tem sido pensada as desumanizações como realidade histórica? Que coletivos políticos e que estruturas as produzem? Culpar as vítimas por suas imoralidades, por sua propensão ao mal?

Re-existindo às estruturas desumanizadoras se afirmam humanos

Os oprimidos não se reconhecem culpados das desumanizações históricas que os oprimem, têm consciência de que se são oprimidos é porque há opressores, estruturas opressoras históricas. Há opressores. As narrativas da história ocultam os opressores e suas estruturas. Como um mal não visto como produção política dos padrões de poder, mas uma produção individual de alguns coletivos propensos ao mal, porque irracionais. A tradição filosófica e pedagógica se atreveram a pensar a origem política das desumanizações como o mal radical na história? Tem sido mais fácil a explicação de que são as vítimas das desumanizações radicais que produzem esse mal por sua tendência ao mal. Por sua deficiência de valores, deficiência de humanidade, racionalidade, moralidade. Uma tendência natural dos coletivos incivilizados, selvagens, corrompidos? Narrativas para tentar inocentar os padrões de poder e culpar as vítimas das desumanizações como um mal radical na história.

As desumanizações, até denunciadas como opressões, sofrimentos como um mal humano, de coletivos inumanos que têm etnia, raça, classe, culpados dos males que sofrem de que são seus produtores. Uma culpabilização antiética política das vítimas para inocentar os padrões de poder como os reais produtores dos males sociais. A essa culpabilização política antiética as vítimas contrapõem uma história ética, política de re-existências, desumanizações estruturais do poder.

Os coletivos vitimados resistem denunciantes dos males que sofrem e denunciantes dos padrões de poder, das estruturas econômicas, sociais, políticas. Como matrizes de desumanizações históricas. Deslocam ser culpabilizados pelos males que sofrem e culpam as estruturas políticas que os produzem. Culpam o Estado, a justiça justiceira que os criminaliza nos pacotes anticrime, que os exterminam nas intervenções das Unidades Policiais Pacificadoras. As vítimas re-existentes politizam as desumanizações na história e as estruturas políticas que as produzem. Re-existem afirmando-se humanos. Afirmando outra história de humanização.

Os coletivos vitimados resistem a um sistema legal que os criminaliza, os reclui no sistema prisional, os decreta desde a adolescência em conflito com a lei. Uma história de radicais resistências que começa na infância e na adolescência até a vida adulta. Resistências políticas e até denunciantes das injustiças da ordem da própria justiça justiceira, criminalizadora, que extrapola os limites da lei, do sistema penal. Resistências dos oprimidos que exigem recontar a história das desumanizações, repolitizar os opressores, não culpar os coletivos oprimidos, denunciar os reais produtores das desumanizações da história.

Reconhecer com Paulo Freire que a desumanização é uma realidade histórica nos obriga a aprender com ele e com tantos analistas políticos que essa produção histórica persistente de tantas desumanizações tem sujeitos, tem padrões de poder a ser responsabilizados, não ocultados. Diante dessas desumanizações tão radicais, as vítimas respondem com re-existências políticas radicais denunciantes. Que exigências, que respostas políticas, éticas pedagógicas da educação e da docência? Reconhecer nos currículos que as desumanizações têm sido regra na história. As vítimas que chegam à educação têm direito a entender-se vítimas de padrões políticos que os vitimam como um mal político radical na história. Mas têm direito sobretudo a saber-se re-existentes como realidade na história. Confrontos éticos, políticos de matizes de desumanização e de re-existências matrizes de humanização.

Resistências humanas políticas radicais às radicalidades das desumanizações

Reconhecer os oprimidos, os coletivos diferentes sujeitos de re-existências radicais na história traz interrogações políticas radicais para as teorias pedagógicas: Que pedagogias radicais de humanização capazes de se contrapor às radicais desumanizações? Impasses para o pensamento pedagógico, para os profissionais de educandos vítimas de radicais desumanizações. Reconhecer que somente as humanizações que os oprimidos afirmam em suas resistências carregam a força pedagógica, ética, política radical a ser reconhecida e fortalecida. A radicalidade humanizadora de suas resistências vem da coragem política humana de se contrapor às desumanizações políticas, antiéticas dos padrões de poder. Contrapor-se a processos históricos estruturantes das relações inumanas de etnia, raça, gênero, classe, re-existindo reafirma suas identidades positivas de etnia, raça, gênero, classe, como identidades de humanos.

Resistir a estruturas e padrões históricos de poder que os têm desumanizado como regra na história confere a essas resistências coletivas radicalidades políticas únicas da humanização. As teorias pedagógicas são obrigadas a reconhecer a radicalidade humanizadora das resistências como pedagogias dos coletivos resistentes. A matriz de desumanização mais radical de nossa história tem sido persistir em decretar esses coletivos com deficiência de humanidade; logo, a resistência política, ética, matriz de humanização mais radical em nossa história, tem sido a persistente re-existência afirmando-se humanos.

A declaração dos Outros, da diferença com deficiência originária de humanidade está na origem inaugural da desumanização mais radical como realidade histórica; também estão na origem inaugural de nossa história política, ética, pedagógica humanizadora as re-existências afirmativas dos povos indígenas, negros, quilombolas, trabalhadores dos campos, das periferias, da educação como humanos, sujeitos de culturas, saberes, valores, tradições, identidades coletivas humanas. Resistiram em nossa história a essa desumanização de origem com que foram decretados.

Re-existências matrizes humanizantes de origem também em nossa história e que perduram porque continuam decretados com deficiência originária de humanidade. Uma radical desumanização a que resistem expondo sua radical afirmação de humanidade lutando por condições materiais, sociais, políticas, culturais de uma vida justa humana. Uma história de re-existências persistentes a históricas opressões políticas antiéticas, afirmantes de outra história política, ética de humanizações.

Re-existências políticas, éticas às desumanizações coletivas afirmantes de humanidades coletivas

A radicalidade das desumanizações de origem acresce em radicalidade se lembramos que os decretados com deficiência originária de humanidade foram enquanto coletivos étnicos, raciais, sociais, culturais, coletivos humanos decretados com deficiência originária de humanidade na condição de suas identidades, culturas, valores coletivos. Segregações desumanizantes como coletivos que persistem como um mal político há na história e no presente. São os herdeiros membros desses coletivos segregados como humanos que chegam às escolas, à EJA em ações afirmativas nas universidades, sabendo-se, vivenciando-se segregados como membros de coletivos segregados. Quando as desumanizações do poder são de coletivos de humanos porque decretados diferentes em etnia, raça, gênero, classe adquirem radicalidades políticas extremas.

As re-existências dos coletivos afirmativos à condição de humanos como diferentes adquirem também radicalidades políticas, éticas, humanas extremas. Os padrões de poder reprimem essas resistências com violências extremas por serem resistências coletivas. As desumanizações como realidade histórica têm sido seletivas contra os decretados com deficiências de humanidade como coletivos. As repressões, extermínios têm destinatários políticos coletivos: os periféricos, os adolescentes, jovens negros, os militantes em lutas por terra, teto, renda, trabalho, saúde, vida. Por identidades étnico-raciais, de gênero, sexualidade... Seletivas repressões políticas dos padrões de poder sexistas, racistas, homofóbicos, classistas.

Seletivas desumanizações porque decretadas raças, etnias inferiores, deficientes em humanidade, em racionalidade, valores, culturas. Coletivas re-existências que revelam vítimas denunciantes de terem consciência de que as desumanizações na história, na nossa história carregam crueldades políticas extremas. Não foram nem continuam sendo desumanizações superficiais nem individuais, mas coletivas. Revelando um mal, barbárie de coletivos opressores. De estruturas opressoras, sobre coletivos oprimidos. Oprimidos em uma cruel história de opressões políticas, econômicas, sociais, culturais, mas re-existentes coletivos afirmantes de uma outra história de emancipação, libertação. Tensas histórias que politizam nossa história social, econômica, política, cultural, pedagógica.

Resistências somatórias aos padrões racistas, sexistas, de poder desumanizantes

Em suas resistências às desumanizações os coletivos sociais denunciam os padrões, estruturas de poder como classistas, racistas, sexistas, etnicistas, homofóbicos. A essa radicalidade racista, etnicista, sexista, classista, resistem os coletivos reafirmando suas humanidades, saberes, valores, culturas, identidades coletivas. Ao afirmarem o caráter racista, etnicista, sexista, classista das desumanizações que sofrem estão expondo os outros coletivos de classe, raça, gênero no poder. Como opressores, expondo que as estruturas, padrões de poder que produzem as desumanizações na história, têm como opressores, sujeitos, coletivos classistas, racistas, etnicistas, sexistas, homofóbicos. Resistências de coletivos que se sabem oprimidos como coletivos, porque diferentes em etnia, raça, gênero, sexualidade, classe e que expõem que a produção histórica das desumanizações é de coletivos que se afirmam como o protótipo único de humano porque diferentes em gênero, raça, classe, poder, dominação. As resistências coletivas às desumanizações afirmando-se humanos carregam, expõem essas radicalidades políticas, éticas, pedagógicas de revelar, desocultar que as desumanizações na história, em nossa história foram e continuam sendo classistas, etnicistas, racistas, sexistas. Foram e continuam sendo desumanizações somatórias interseccionais, que ao reforçar-se conferem uma radicalidade política antiética, desumanizante extrema.

A coragem de resistir, denunciar essas desumanizações confere também às existências afirmando-se humanos uma radicalidade política, ética, pedagógica humanizante somatória, interseccional, por serem resistências de coletivos de etnia, raça, gênero, classe que se reforçam conferindo uma radicalidade humanizante extrema às resistências. Desde a infância os educandos aprendem essa radicalidade somatória das desumanizações que sofrem como coletivos, mas também desde crianças, adolescentes aprendem a radicalidade humanizadora somatória, intersetorial das resistências de seus coletivos. Chegam à EJA (ARROYO, 2017), às escolas, às universidades vivenciando essas radicalidades somatórias, reforçadas de desumanizações e de resistências humanizantes como realidade histórica que exige reconhecimento.

Que exigências, respostas políticas, éticas, pedagógicas da educação e da docência e das teorias pedagógicas e dos tempos de formação inicial e continuada? Entender que a história de desumanizações e de resistências humanizadoras deixa exposto: que o mal, a barbárie, as opressões desumanizantes na nossa história têm sido mais radicais, mais desumanizantes do que a história oficial e do que até a história da educação tem reconhecido. Reconhecer essa outra história de re-existências que desoculta que os culturicídios, os extermínios de coletivos, a destruição de suas culturas, saberes, valores, identidades, humanidades, porque coletivos étnicos, raciais, sociais diferentes têm sido males – barbáries muito mais radicais do que a história oficial, até da educação tem reconhecido.

Os educandos de crianças a adultos que lutam por educação têm direito a saber, entender e entender-se vitimados como coletivos por essas barbáries muito mais desumanizantes do que a história tem contado. Os conhecimentos da BNCC revelam essas verdades? As ocultam? Não têm faltado tentativas de coletivos docentes – educadoras, educadores de revelar essas verdades fortalecendo as resistências humanizadas dos coletivos sociais, étnicos, raciais, de gênero, classe. Fortalecendo as próprias identidades docentes – educadoras resistentes.

Se as desumanizações têm sido um mal político radical na história, as re-existências têm sido também um bem político, ético, pedagógico, radical na história. Uma história de vidas re-existentes às desumanizações, re-existências radicais éticas, políticas, pedagógicas que os oprimidos em suas pedagogias repõem como regra na história exigindo ser reconhecidos sujeitos de outra história política, ética. Sujeitos de outras matrizes de humanização. Sujeitos afirmando-se humanos.

Capítulo 9

Vidas re-existentes a uma história única de humanizações

Iniciamos estas análises destacando que os coletivos em vidas re-existentes têm re-existindo à história de um passado que não passou, que persiste. Vidas re-existentes regra na história. Sujeitos de outra história político-pedagógica? Os oprimidos, nos lembra Paulo Freire, exigem ser reconhecidos sujeitos de saberes, valores, culturas, identidades humanas. Sujeitos de pedagogias do oprimido. Sujeitos de re-existências libertadoras, de práticas históricas de libertação como pedagogias, práticas educativas. Sujeitos de outra história social, política, cultural, pedagógica. Que outra história de desumanizações os outros, a diferença, afirmam em suas vidas re-existentes afirmando-se humanos? Que outra história afirmativa de humanizações vem afirmando os diversos movimentos sociais e o movimento docente-educador?

Re-existentes a uma única história progressiva, de civilização, de humanização

A história oficial narrada é a história econômica social, política, cultural, educacional que tem como agentes o Nós nos poderes. Na nossa história hegemônica não tem havido lugar para os coletivos outros sem poderes. Há ainda uma história de humanização que cultua como agentes históricos o Nós, síntese do paradigma de humano único, culto, racional, ético. Humanos. Nessa história humana não tem havido lugar para os outros, a diferença decretada inumana, incapazes de participar na produção intelectual, moral, cultural, humana. Os Outros, apenas destinatários de ações inclusivas na história única do Nós. Os coletivos oprimidos expõem suas vivências da história real. Sabem-se vítimas da história dos opressores e a essas narrativas resistem. Desconstroem o culto a uma história linear contínua de civilização, de cultura, de progresso de humanização. Sabem-se decretados à margem dessa história cultuada, triunfal dos opressores dominadores. Sabem-se tratados como despojos, como um peso a atrasar o avanço da história civilizatória, cultural, intelectual, moral, humana.

Nas vivências de oprimidos, de marginalizados, pela pobreza, desemprego, sem teto, sem terra, sem alimentação, sem saúde, sem vida, aprenderam que essa história cultuada como de civilização, de progresso não foi sua história no presente, nem no passado. Para os oprimidos tem sido um contínuo na história, não um acidente, vivenciar-se vítimas dessa história dos opressores.

Dos oprimidos sabendo-se, vivenciando-se jogados à margem dessa história civilizatória, de progresso, de cultura, de educação, de humanização vem a necessidade de repensar, negar essa história como universal. Vem a urgência de narrar a história a partir das vivências de segregação dos oprimidos: outra história de vivências, de vidas marginalizadas, de culturas destruídas, de culturicídios, de barbáries, de vidas ameaçadas, exterminadas, uma necro-história.

As narrativas da história de civilização, de progresso, de cultura ou de barbáries, retrocessos, incivilização, têm sido seletivas, refletem as vivências de cada coletivo social, étnico, racial, de gênero, classe, dos opressores vencedores ou dos oprimidos, vencidos. Quando os oprimidos resistem às narrativas dos opressores deixam exposto que não há uma história única, universal; quando expõem uma crítica política, ética, radical às narrativas de uma história de civilização, de progresso, de cultura, de humanização, os oprimidos repolitizam a história e revelam que "nunca houve um documento de cultura que não fosse simultaneamente um documento de barbárie" (W. Benjamin). Os opressores não foram só sujeitos de uma história progressiva, de civilização, de humanização, mas foram também sujeitos de uma história de barbáries, opressora, uma história política de desumanizações.

Vidas re-existentes por emancipação da história de barbáries desumanizantes

Os coletivos oprimidos resistentes a essa história de barbárie, de opressões, de culturicídios, de extermínios e os que com eles se identificam e resistem, afirmam em suas re-existências como humanos, outra história de persistentes lutas por emancipação. Uma história de persistentes afirmações de humanização, de busca da vida humana não oprimida, livre. As denúncias dessa história de opressões de que se sabem, vivenciam vítimas, as levam não apenas à crítica, reação, denúncia de uma história de opressões, de barbáries e não de culturas. Levam-nas a afirmar-se humanos em uma outra história de re-existências libertadoras, emancipadoras. Humanas.

Contrapõem, narram uma persistente história de libertação/emancipação na contramão da história única, hegemônica, da história de progresso, civilizatória, cultural de que se sabem oprimidos. Essa história de re-existências libertadoras, emancipatórias dos oprimidos, tem sido reconhecida no narrar a história cultural, política, da educação?

Os oprimidos em ações coletivas expõem ser sujeitos dessa outra história, que narram, transmitem a seus herdeiros, filhas, filhos, outra história de re-existências às opressões e de afirmações de outra história de re-existências, de libertação/emancipação, como etnias, raças, classes oprimidas. Uma outra história não narrada, mas real, resistente às ilusões de progresso, da história civilizatória, intelectual, ética, pedagógica únicas, hegemônicas.

As vidas re-existentes por emancipação da história de barbáries dos opressores apontam para a pedagogia e para a história da cultura, da educação, humanização a urgência de reconhecer essa outra história de re-existências, de libertação, de emancipação como outra história política, cultural, ética, de formação humana, de educação. Outra história que tem outros sujeitos de outros processos de humanização. Sujeitos outros de outras pedagogias de oprimidos.

Disputas de padrões políticos de história e de humano

Para Walter Benjamin, os oprimidos re-escrevem a história a contrapelo. Afirmam-se sujeitos de outra história. Os oprimidos sabem-se segregados pelo padrão único, hegemônico de história, de humano, decretado, imposto pelos padrões políticos de poder. Sabem que esses padrões segregadores são políticos. Re-existem afirmando, disputando outro padrão político. Uma outra história re-existente emancipando-se do padrão único, hegemônico de história, de humano, de humanização, educação. Padrão político do Nós nos poderes de classe, gênero, etnia, raça. Que impõe uma narrativa de história social, econômica, política, cultural, pedagógica como uma sucessão de decenais políticas dos poderes coloniais, imperiais, republicanos, democráticos. Resistem a essa história única, imposta pelo Nós, afirmando-se sujeitos únicos de um padrão único, hegemônico da história, decretando os Outros à margem desse trem triunfal da história e promete-lhes políticas de inclusão seletiva nessa história única, hegemônica, de progresso. De humanização.

Os oprimidos re-existentes a esse padrão único de história triunfante conferem as suas re-existências um papel político expondo a irracionalidade política, a repressão, a barbárie, as imoralidades desse padrão político hegemônico dos padrões de poder. Expor essas irracionalidades políticas, antiéticas do padrão único, hegemônico de história confere às re-existências dos oprimidos uma dimensão política, ética, pedagógica radical. Denunciam que todo padrão único, hegemônico de história e de humano tem sido uma construção, imposição política. Anunciam que toda resistência dos oprimidos a se libertar desse padrão único, carregam dimensões políticas, éticas, pedagógicas. Outra história.

Re-existem à imposição política, histórica, cultural; re-existem à superioridade histórica, cultural, humana dos opressores. Uma re-existência política, ética, pedagógica atrevendo-se a afirmar-se humanos, sujeitos de culturas, saberes, valores. Sujeitos de outra história humana, de outros padrões de história, de civilização, de cultura, de humanização. Uma exigência para a educação, para as narrativas da história, com destaque para as teorias de formação humana: reconhecer que os oprimidos re-existentes afirmando-se humanos revelam as disputas de padrões políticos de história e de humano. Na história das ciências humanas não têm faltado análises que mostram essas disputas de padrões políticos de história e de humano.

Re-existências aos padrões políticos que legitimam a história hegemônica

A história política, cultural, do conhecimento, dos valores, da educação/humanização foram sempre histórias políticas. Não apenas porque campos de políticas dos atores no poder político, mas sobretudo porque campos de padrões políticos, duais, abissais, sacrificiais de que sujeitos de história, de que sujeitos reconhecíveis ou não humanos. Padrões políticos que predefinem que coletivos sociais, de gênero, raça, etnia, classe merecem ou não o reconhecimento de sujeitos de história e de humanidade.

O humanismo político colonial sintetiza esses padrões políticos de afirmação do Nós colonizadores, sujeitos humanos e de decretar os Outros, a diferença étnica-racial de classe com deficiências originárias de humanidade. Padrões de superioridade/inferioridade étnica-racial, de humanidade. Padrões de dominação social, política, econômica, cultural legitimantes da apropriação/expropriação das terras, da herança cultural, expropriação do trabalho, escravização.

Uma barbárie política, cultural, humana intrínseca a esses padrões políticos de história, de humanidade. A essas barbáries políticas de expropriação de suas terras, de seus cultivos, culturas, de expropriação de seu trabalho, a essa história e a esses documentos de barbárie re-existiram e re-existem os coletivos oprimidos afirmando humanos. Uma constante de uma história outra política, humana, ética, pedagógica de re-existências afirmativas, afirmando-se sujeitos de outra história, de outros padrões de cultura, de ética, de humanidade.

Uma persistente história política, de re-existências aos padrões de poder, de classe e as desumanizações que legitimam. Uma persistente história de lutas gloriosas/inglórias que os oprimidos não esquecem jamais, que não deixam no esquecimento as barbáries dos culturicídios, da destruição dos saberes ancestrais, que não esqueceu da história dos seus coletivos escravizados, exterminados. Que exigências políticas, éticas, pedagógicas do recontar a história política e da educação? Persistiu em narrar uma história única? Coletivos de educadoras/educadores, docentes re-existem com os oprimidos aos padrões políticos que legitimam e impõem uma história hegemônica.

Não esquecer que os padrões políticos de história, de humano/inumano, são padrões de poder, de dominação de classe. Não compactuar com esses padrões políticos, não ocultá-los, mas aprender com as re-existências dos oprimidos a esses padrões que legitimam as opressões/desumanizações: Aprender e reconhecer os coletivos oprimidos sujeitos de disputas de padrões de humano, sujeitos de outros humanismos políticos, éticos, pedagógicos. Reconhecê-los sujeitos de pedagogias dos oprimidos: afirmantes de outra história política de educação/humanização, reafirmando sua outra humanidade na história.

Os oprimidos afirmam outra história de re-existências humanizadoras

Os oprimidos re-existem à história hegemônica de um passado que se perpetua no presente, expondo a dialética civilização/barbárie. Re-existências ao padrão de história hegemônica de civilização, cultura, educação, humanização inseparável, em interação dialética com opressão, barbárie, desumanização. Essas re-existências denunciantes dos oprimidos sabendo-se vítimas dessa dialética histórica trazem uma crítica à história hegemônica até da educação, da formação, da humanização. Que outra história afirmam os oprimidos re-existindo afirmando-se humanos?

Uma outra história denunciante da dialética civilização/barbárie

Os Outros, a diferença, sabem-se vítimas da dialética opressora: civilização/barbárie/opressão/desumanização exigem da história hegemônica da educação, da civilização, da cultura, da humanização reconhecer os limites que têm imposto a essa história ter sido transpassada por essa dialética civilização/barbárie. Essa história até da educação, humanização que não foi tão isenta, tão pedagógica, tão ética e humanizadora, mas foi também uma história de barbáries, de culturicídios desde a empreitada colonial, civilizatória.

Desde os seus inícios na educação colonial catequético-humanizadora nossa história foi e persistiu em ser uma história que se legitimou e inspirou na barbárie de decretar os Outros, a diferença étnico-racial como deficiente em humanidade, em estado de natureza, não de cultura, não de humanidade.

Um decretar os Outros com deficiências de racionalidade, moralidade, humanidade que persiste em repor essa dialética, barbárie, cultura, educação como estruturante de nossa história social, política, cultural, pedagógica.

Uma dialética estruturante de nossa história cultural, educacional que exige ser reconhecida, narrada. Uma exigência das vítimas re-existentes a essa dialética: ser superada, revendo a estreita articulação entre história da educação e história do progresso civilizatório, humano. Rever, criticar uma história que se legitima em uma polarização entre atraso/progresso, incivilização/civilização, inumanidade/humanização, educação/humanidade, irracionalidade/imoralidade, racionalidade/moralidade. Os Outros, a diferença, sabem-se vítimas, segregados por essas dicotomias abissais, sacrificiais, polarizantes que os têm decretado no polo negativo, à margem da história de civilização, humanização.

Paradigmas dicotômicos, abissais, sacrificiais de humano que transpassam o padrão hegemônico de história, de segregação social, étnico-racial, de gênero, classe. Uma dialética de relações de classe, de raça, etnia, gênero, a que os oprimidos re-existem afirmando-se humanos. Afirmando outra história de re-existências afirmativas de outra dialética, outra história de cultura, de moralidade, de humanidade. Outra história da educação, que exige ser reconhecida, reconhecendo os Outros, a diferença, sujeitos de uma história de re-existências afirmando-se humanos.

Os oprimidos se afirmam sujeitos de outra história pedagógica de humanização

Os oprimidos re-existem ao padrão de história civilizatória, humanizadora que se proclama e se impõe como história hegemônica, em vidas re-existentes afirmam que esse padrão não tem sido único e não dá conta de todos os processos, pedagogias de humanização. Paulo Freire aprendeu que os oprimidos são sujeitos de outros processos, outras pedagogias de educação, de humanização. *Pedagogia do Oprimido*. Afirmam outras pedagogias concorrentes com o padrão hegemônico de história pedagógica de humanização.

A história da educação hegemônica não teve respostas nem capacidade de reconhecer a diversidade de processos, pedagogias de formação humana da diversidade dos coletivos humanos porque os decretou inumanos, ineducáveis, inumanizáveis (ARROYO, 2015). A história pedagógica de humanização que os oprimidos afirmam é ser outra desconstruindo a pretensão, imposição de uma história hegemônica única. Afirmam ser outra história de outros sujeitos, dos Outros, da diferença não reconhecida capaz de ser sujeito de história nem política, nem econômica, nem cultural, nem pedagógica porque decretados com deficiência originária de participar na produção intelectual, cultural, moral, pedagógica.

O Nós nos padrões de poder, de ser, de pensar se autoproclamaram síntese da história. Os Outros, a diferença, afirmando-se sujeitos de história intelectual, cultural, moral, pedagógica desconstroem o paradigma do Nós e afirmam outro paradigma de outra história, de outros sujeitos: a diferença, os oprimidos, sujeitos de pedagogias no existir afirmando-se humanos.

Os oprimidos se afirmam conscientes não alienados, não alheios à história de sua humanização

A história hegemônica se afirma com a função de tirar os Outros, a diferença, da desumanização, da inconsciência, da alienação. Educação como desalienação dos alienados alheios à condição de humanos. Conscientização para libertar os alienados da consciência alienada, até libertar da inconsciência de ser alienados. A essa história hegemônica que os decreta alienados, alheios aos processos de sua humanização, os oprimidos re-existem afirmando-se conscientes, não alheios a sua humanização.

Essa outra dimensão na outra história que os oprimidos afirmam: desconstruir a função redentora, conscientizadora, desalienante da concepção hegemônica da história da educação inclusiva, crítica, conscientizadora. O padrão hegemônico, único de história da educação se alimenta de decretar os Outros, a diferença, alienados alheios à condição humana, irracionais, imorais, inconscientes para legitimar a função desalienante, redentora da educação, das políticas educativas do Nós conscientes humanos.

Um padrão de história que decreta os Outros, a diferença, incapazes até de ter consciência de decretados com deficiências de humanidade, de moralidade, de racionalidade por que no senso comum, na inconsciência incapazes até de sentir a necessidade da desalienação, de superar a alienação. Os Outros, a diferença, decretados totalidades inumanas alienadas, inertes, logo incapazes de se libertar, conscientizar, resistir à história hegemônica opressora. Paulo Freire aprende com os oprimidos como sujeitos de outras pedagogias que "ninguém melhor do que eles se encontrarão preparados para entender o significado terrível de uma sociedade opressora e compreender e lutar conscientes por sua libertação" (1987, p. 31).

Consciência de vivências de injustiças que leva os oprimidos a resistir à radicalidade opressora que os decreta alienados, alheios à condição humana, até à condição de inconscientes das opressões e injustiças. A esse ser decretados inconscientes os oprimidos re-existem afirmando-se conscientes, resistentes à ordem injusta. Sujeitos de outra história de libertação, emancipação, afirmação humana afirmando-se sujeitos de uma outra história de re-existências conscientes, libertadoras, humanizadoras.

Uma história de rememoração das vítimas de um passado que persiste

Um dos traços da história hegemônica tem sido ocultar as barbáries, culturicídios, extermínios do passado e do presente. Até a história cultuada de civilização, de cultura, de humanização oculta o inumano de decretar os Outros com deficiência originária de humanidade. A história da educação conscientizadora oculta a imoralidade de decretar os Outros, inconscientes, alienados, alheios, não sendo humanos conscientes à espera redentora, libertadora de pedagogias conscientizadoras, críticas.

Os oprimidos se afirmando sujeitos de outra história resistem, denunciam essa história de persistentes ocultamentos e afirmam uma outra história de rememorações, de saber-se vítimas re-existentes a esses persistentes ocultamentos. Afirmam uma outra história tão fechada a reconhecer, ocultar que toda história de cultura tem sido um documento de barbárie, que toda história de humanização, conscientização tem se legitimado em uma história ocultada de desumanização, de alienação. Os oprimidos trazem uma abertura da história a tantas verdades, inculturas, irracionalidades, imoralidades, inumanidades ocultadas.

Trazem outra história aberta à rememoração de suas vivências de vítimas do passado persistente. Não reconhecidos sujeitos de história, buscam nas suas culturas, nas suas artes, formas de rememoração desse outro lado da história: "de tantas lutas inglórias – que através de nossa história – não esquecemos jamais" (João Bosco). "Memórias de um tempo onde lutar por seu direito é um defeito que mata. São tantas lutas inglórias, são histórias que a história qualquer dia contará, de escusos personagens [...]" (Gonzaguinha).

Uma história ocultada de obscuros personagens – que eles mesmo desocultam, tiram do ocultamento, conscientes, re-existentes, afirmando-se sujeitos de história, de humanidade. Sujeitos não alienados, mas conscientes das injustiças históricas que sofrem, a qual re-existem afirmando-se humanos.

As rememorações dessa história ocultada, matriz de humanização

As artes, a cultura e os cultos, celebrações populares ao rememorar essa outra história ocultada afirmam outra história pedagógica, ética, política: as rememorações da história vivida, mas ocultada, como matriz de formação humana, de afirmar-se humanos. As re-existências rememorando-se e rememorando a realidade histórica vivida, padecida têm operado como uma matriz de humanização. Uma rememoração não contemplativa passiva de lamentos, mas ativa, atuante de re-existências políticas indignadas, cultuadas. Pedagógicas.

As rememorações dessa história de resistências são libertadoras, redentoras, pedagógicas entre gerações – em se reeducar, em re-existir à dor, à segregação, à expropriação das terras, à repressão das lutas por reconstruir seus territórios, culturas, identidades. Rememorações pedagógicas de "um soluçar de dor, [...] um lamento triste sempre ecoou, desde que o índio guerreiro foi pro cativeiro e de lá cantou. Negro entoou um canto de revolta pelos ares, no Quilombo dos Palmares" (*Canto das três raças*, de Mauro Duarte e Paulo Cesar Pinheiro). Canto de dor que ecoa noite e dia...

Os educandos que chegam às escolas, à EJA, às universidades socializados nessas rememorações históricas como vítimas do passado e do presente exigem que essa história seja desocultada, exigem uma história aberta, política, ética e pedagógica que os reconheça sujeitos de outra história de re-existências libertadoras, pedagógicas. Sujeitos de outras humanizações, de outras matrizes de humanização que exigem reconhecimento nas teorias de formação humana. Essa outra história tem sujeitos: os Outros, a diferença que em seus movimentos sociais re-existentes se afirmam humanos.

Coletivos de docentes, educadoras, educadores também re-existentes em seus movimentos políticos, pressionando para que a função da educação, da docência, dos saberes, dos valores pedagógicos deva ser de reconhecer, fortalecer essas rememorações; essas re-existências como histórica matriz de formação cultural, ética, identitária, intelectual, humana. Como formar docentes, educadoras, educadores para esse reconhecer, reforçar essa outra história ocultada, matriz de humanização?

Aprender dialogando com os outros sujeitos dessa outra história: coletivos populares, mulheres/mães, movimentos sociais re-existentes educadores. Reconhecer, e fortalecer que essa outra história de libertação/humanização nos vem exigida pelo passado de históricas re-existências repostas, rememoradas pelos oprimidos no presente. Narrar essa outra história de re-existências humanizadoras que os oprimidos repõem afirmando-se humanos destruindo, denunciando a história hegemônica que persiste em decretá-los não sendo humanos, com deficiências originárias de humanidade. Re-existências afirmando-se humanos, reafirmando uma tensão de humanidades na história.

Uma história hegemônica de humanidades; mas de que humanos?

Os oprimidos afirmando-se humanos recolocam a sua condição humana na história. Recolocam outra humanidade de outros humanos na história dos humanismos pedagógicos? Que humanidade, de que humanos esses humanismos hegemônicos colocaram na história?

Os diversos humanismos políticos, religiosos, pedagógicos têm trazido com destaque os processos de humanização para a história social, política, religiosa, cultural, pedagógica, mas que humanização de que humanos? Os diversos humanismos têm optado por um paradigma de humano único, hegemônico que reconhece o Nós nos padrões de poder político, econômico, cultural, intelectual, religioso como a síntese do humano único e decreta os Outros com deficiência de humanidade. Uma concepção de humano, de humanidade seletiva, restrita, limitada que deixa a humanidade dos Outros, da diferença, à margem da humanidade na história política, cultural, ética e até pedagógica.

Os oprimidos recolocam sua outra humanidade na história

Os Outros, a diferença, tem consciência de terem sido segregados do padrão único de humano e que sua humanidade não foi reconhecida no narrar a história dos humanos. Decretados com deficiências de humanidade, aprenderam a resistir a esse padrão único, hegemônico que os decretou com deficiências originárias de humanidade, não sendo humanos. Re-existem afirmando-se humanos, não à margem do humano, não sem humanidade. Re-existências afirmando-se humanos que recolocam a humanidade da diferença na história política, cultural, pedagógica, como outra humanidade.

Os oprimidos em suas vidas re-existentes recolocam o protagonismo que sempre tiveram na história, re-existindo a ser decretados com deficiências originárias de humanidade. Recuperam a humanidade que lhes foi roubada, que foi roubada da própria história da condição humana. Recolocam sua humanidade, na história da humanidade, de formação humana. Da pedagogia. Tencionam, enriquecem, alargam a história das concepções de humanidade, de formação humana ao reafirmar, recolocar sua humanidade roubada na história.

Reconhecer que os oprimidos decretados à margem da condição humana se afirmam humanos é reconhecer que há outra história da humanização ocultada, há outras pedagogias, outras matrizes de humanização. Há outros sujeitos: os oprimidos afirmando-se humanos alargando o campo fechado de humanidade. Os Outros, a diferença, alertam às teorias da formação humana que a história da educação fica pobre, incompleta sem reconhecer a outra história de humanização afirmada pelos Outros, pela diferença, afirmando-se humanos. As teorias pedagógicas ficam pobres sem reconhecer a diferença como sujeitos de suas pedagogias, sujeitos de outros processos de humanização.

Reconhecer que os processos de formação humana têm sido na história muito mais diversos na diversidade de coletivos humanos será a forma política, ética, pedagógica de recolocar a humanidade plena na história. A história da educação, da formação humana só será completa se reconhecer e incorporar essa diversidade na totalidade da condição humana. A história hegemônica será capaz de incorporar a outra humanidade dos oprimidos?

Os paradigmas de humano/in-humano limitam o reconhecimento de toda humanidade na história

Os estudos decoloniais vêm acentuando que o humanismo colonial sintetiza a segregação dos Outros, da diferença: dos povos originários e dos trabalhadores negros escravizados como não humanos. Boaventura de Sousa Santos (2009) insiste em que foram decretados com deficiências originárias de humanidade. Na diversidade de suas análises na crítica à sociologia das ausências de saberes insiste na riqueza, pluralidade de saberes dos coletivos diferentes marginalizados, decretados como não saberes como ignorâncias. Boaventura critica os culturicídios, a destruição das culturas dos povos originários, dos negros escravizados. Padrões únicos, hegemônicos de humano em nossa história que segregaram, empobreceram dimensões fundantes de humanidade: os saberes, a racionalidade, os valores, as tradições, as culturas, as memórias, as crenças... dos Outros, da diferença humana.

A esses padrões únicos, hegemônicos de humanos, os Outros, a diferença, vêm re-existindo afirmando-se humanos, sujeitos de saberes, valores, racionalidade, moralidade, cultura, humanidade. Os oprimidos sujeitos de outras pedagogias: pedagogias dos oprimidos. Paulo Freire, humanista, reconhece os oprimidos, humanos recolocando sua humanidade, sua outra humanidade na história, nos lembra: a destruição de ser mais, o ser menos leva os oprimidos a lutar contra quem os fez menos, pela recuperação de sua humanidade roubada, que é uma forma de criá-la. Está aí a grande tarefa humanista e histórica dos oprimidos (1987, p. 30).

Com essas lutas resistentes os Outros, a diferença, não só se afirmam humanos, mas repõem sua outra humanidade na história da humanização. Para os oprimidos o problema de sua humanização e da sua humanidade na história tem sido o problema central, iniludível (p. 29). Que exigências éticas, políticas para a educação, a docência, para as teorias da formação humana? Reconhecer vidas re-existentes recolocando sua outra humanidade na história e denunciar que a história da educação da humanização tenha sido uma história seletiva, parcial, incapaz de recolocar toda a humanidade na história.

Pesquisar, identificar os Outros, a diferença, sujeitos de outra história humana, ocultada. Reconhecer as diferenças re-existentes afirmando-se humanos, reafirmando, alargando a humanidade na história. Outra humanidade segregada como in-humanidade. Que outra história narrar, priorizar, de que outros humanos afirmando sua outra humanidade na história? Em que outra história? Que outra humanidade?

Vidas re-existentes reafirmando sua humanidade roubada na história

Acompanha-nos uma pergunta: Que história política, social, cultural, pedagógica é reconhecida quando se narra a história oficial, dita universal? É a história única dos valores, saberes, culturas, dos vencedores. Onde só tem havido lugar para a "humanidade" dos vencedores, do Nós autodecretados síntese da humanidade e decretando os Outros, a diferença, com deficiências ônticas de humanidade. A essa história de padrões de Nós humanos, os Outros, a diferença, decretados in-humanos, os oprimidos resistiram na história a ser roubados de suas humanidades. As vítimas repõem outra história denunciante de sua humanidade roubada.

Lembrávamos que os oprimidos resistem à negação de sua humanidade. Resistem a essa história oficial do Nós nos poderes de decretar os Outros, a diferença, com deficiências ônticas de humanidade. Os oprimidos têm resistido afirmando outra história de re-existências a ser roubados em sua humanidade. Vidas re-existentes reafirmando, denunciando os processos políticos dos poderes roubando sua humanidade. Uma tensa e persistente história de negar, roubar sua humanidade que os oprimidos repõem na história política.

Os milhões de educandos, de crianças a adultos que chegam nas escolas, na EJA, nas universidades roubados em suas humanidades têm direito a saber-se. Têm direito a saber-se nessa história de ser roubados em sua humanidade, mas sobretudo têm direito a saber-se sujeitos de outra história de re-existências desocultando os processos, os poderes que na história têm roubado e persistem em roubar sua humanidade. As narrativas oficiais ocultam essa história, não têm faltado outras narrativas de outra história, como não têm faltado docentes, educadoras, educadores que se propõem entender, narrar, desocultar essa história de roubar humanidades e de re-existências a saber-se vítimas de humanidades roubadas.

Aprender com os oprimidos a desocultar essa história. A diversidade de coletivos em movimentos de resistências narra essa história de persistente ser roubados em suas humanidades. Os nomes com que se nomeiam re-existindo já denunciam sua humanidade roubada: sem terra, sem território, sem teto, sem renda, sem trabalho, sem saúde, sem vida justa, humana. A ênfase no identificar-se *sem* já revela que tem consciência de serem vítimas das estruturas de poder que os decretam *sem*: deficientes em condições de humanidade, decretados com deficiências ônticas de humanidade.

Reconhecer nos oprimidos na diversidade de suas re-existências afirmando-se humanos narradores conscientes de uma história de terem sido roubados em sua condição de serem humanos. Reconhecê-los também denunciantes de saber-se sujeitos de humanidades roubadas.

Fazer ouvir as vozes das vidas re-existentes reafirmando sua humanidade roubada na história

Walter Benjamim (2018) em suas análises sobre o conceito de história nos aconselha "a fazer ouvir as vozes abafadas da história dos oprimidos sem as quais não poderá haver uma humanidade reconhecida". Sem ouvir essas vozes abafadas não haverá como entender a história de uma humanidade não reconhecida, negada, roubada dos oprimidos. Walter Benjamim fez uma análise do quadro de Klee, *Angelus Novus*. O anjo da história com seu rosto voltado para o passado não vê uma história de acontecimentos de civilização, de humanidades, mas vê a história como uma constante acumulada de ruínas, sobre ruínas, não de progresso.

Benjamim nos convida a seguir o rosto, o olhar do anjo sobre a história – olhar para trás, deixar-nos interrogar pelo passado que se perpetua no presente: os milhões de oprimidos desumanizados, decretados com deficiências de humanidade, mantidos em condições de um sobreviver inumano, em sofrimentos, em vidas ameaçadas como regra na história. Um olhar pessimista da história, do passado? Um olhar realista de um realismo que não esquece a outra história de re-existências humanizadoras. Outra história de que foram e são sujeitos os oprimidos re-existentes. As vidas re-existentes nos instam a deixar-nos interrogar: Não repõem o saber-se em humanidades roubadas na história? Repõem o saber-se sujeitos de vidas re-existentes.

Walter Benjamim nos convida a olhar para essa história de humanidades roubadas, ouvir as vozes abafadas, caladas dos oprimidos que, como o *Angelus Novus* de Paul Klee, olha para o passado que não passou. Como decifrar essas vozes abafadas da história dos oprimidos e como interpretar seu olhar, seu saber-se roubados em suas humanidades?

Walter Benjamim nos lembra: sem seguir o olhar do anjo para o passado de ruínas e sem ouvir as vozes abafadas da história dos oprimidos, dos coletivos roubados em suas humanidades não poderá haver uma humanidade reconhecida. Não haverá uma pedagogia, uma história de educação que reconheça nos oprimidos sujeitos de humanidade.

Coletivos sociais e coletivos de educadoras, educadores como Benjamim ouvem nos corpos, vivências dos educandos oprimidos, as vozes abafadas da história e tentam reconhecê-los sujeitos de outra humanidade. Sujeitos reafirmando sua outra humanidade na história, na outra história de humanidades roubadas, mas repostas pela outra história de re-existências afirmativas de suas outras humanidades.

Recuperar sua humanidade, criá-la – a tarefa humanista e histórica dos oprimidos

Paulo Freire, como Fanon, Benjamim, olha para essa história, ouve as vozes dos oprimidos e descobre que a sua grande tarefa humanista e histórica é resistirem a ser decretados com deficiências de humanidade, resistirem a ser roubados em sua condição de humanos e buscarem recuperar, reafirmar sua humanidade negada, que é uma forma de criá-la (FREIRE, 1987, p. 32).

Só os próprios oprimidos re-existentes afirmando-se humanos e os que neles se descobrem, sofrem e lutam serão capazes de recuperar, reafirmar sua humanidade na história. "Os que oprimem, exploram e violentam, em razão de seu poder, não podem ter neste poder a força de libertação dos oprimidos" (p. 30). "Quem melhor do que os oprimidos se encontrará preparado para entender o significado de uma sociedade opressora? Quem mais que eles, para ir compreendendo a necessidade da libertação? Luta incessante de recuperação de sua humanidade (p. 30-31).

A dialética roubar a humanidade dos oprimidos e lutar por recuperar sua humanidade roubada tem instalado uma tensão histórica persistente na história da educação – da tensa, conflitiva relação, desumanização, roubar humanidades, lutar por recuperação da humanidade, humanização. Uma história do passado e do presente que tem sujeitos – opressores que roubam humanidades e oprimidos re-existentes denunciando, resistindo a suas humanidades roubadas na história.

Uma tensa história conflitiva que vem do passado que não passou que se perpetua no presente, nas vidas roubadas de humanidade de milhões de crianças a adultos que chegam às escolas, à EJA, às universidades buscando recuperar suas humanidades roubadas, reafirmando a persistente história de vivenciar-se e de re-existir a ser roubados em suas humanidades.

Uma história de repor a humanidade roubada a exigir centralidade na formação docente/educadora, a exigir centralidade no narrar a outra história dos outros sujeitos, os oprimidos. Exige centralidade nos currículos no direito dos oprimidos a saber-se vítimas de humanidades roubadas, e por quais padrões, estruturas de poder roubam suas humanidades. Mas sobretudo exige centralidade nos currículos, nos saberes docentes, o direito dos educandos a saber-se sujeitos de vidas re-existentes reafirmando as suas humanidades na história. Em outra história política, cultural, ética e educativa que reconheça as vidas re-existentes recolocando sua outra humanidade em outra história.

Vidas re-existentes a uma história em que só tem havido lugar para a "humanidade" dos vencedores

Narrar a história social, política, cultural e pedagógica tem sido reconhecido como um documento de cultura, de civilização, de progresso. Walter Benjamim nos lembra: "Não há um só documento de cultura que não seja por sua vez um documento de barbárie". Narrar uma história onde só tem havido lugar para a humanidade dos vencedores tem sido um documento de barbárie? Reconhecer outra história de lutas pela libertação, por afirmar outra humanidade em nome das gerações vencidas?

A barbárie de decretar os Outros com deficiências de humanidade ocultada

Os Outros, a diferença em vidas re-existentes afirmando-se humanos, reafirmando sua humanidade na história denunciam como barbárie uma história onde só tem havido lugar para a humanidade, dos vencedores. As narrativas do passado, especificamente as narrativas dos saberes, de valores, de cultura, de humanidade têm sido seletivas narrando, reconhecendo apenas os saberes, valores, as culturas, a humanidade dos vencedores.

As ciências humanas vêm criticando o que é narrado, é o triunfo de ontem como o referente do conhecimento histórico. As narrativas dessa história legitimam, cultuam, fazem seu o pensar, os valores, a cultura, a humanidade dos vencedores, ocultando como inexistente a história, os valores, a cultura, a humanidade dos vitimados. Avançam as críticas às narrativas da história política, social, cultural, pedagógica que cultuam a humanidade dos vencedores como única na história e ignoram, segregam, negam a possibilidade dos Outros, da diferença de serem, terem sido sujeitos de valores, culturas, humanidade. Sujeitos de outra história.

Das teorias pedagógicas, de desenvolvimento, de formação humana se espera que narrem, teorizem sobre a humanidade dos vencedores de ontem e de hoje que ignorem como inexistentes os valores, as culturas, os saberes, a humanidade dos vencidos de ontem e de hoje. Não se espera dessa história hegemônica que ignore os vencidos, mas que os lembre como inumanos, com deficiências de valores, de saberes, de culturas, deficientes em humanidade. Sem vencidos não haveria vencedores. Toda história dos vencedores exige narrar os vencidos, esmagados, por que inumanos.

Os vencidos relembrados na história dos vencedores como um peso, uma mercadoria vendável, escravizável. Até lembrados como objeto de uma empreitada política, uma missão cultural, civilizatória, humanizadora, educadora. Os vencidos destinatários de uma história de educação, humanização dos vencedores. Uma história cultural, pedagógica dos vencedores, documento de educação, humanização dos decretados inumanos. Uma história, que foi e persiste em continuar sendo também de barbáries.

As violências, as vidas ameaçadas (ARROYO, 2019), as mortes de inocentes expõem esse lado de barbáries da dita história universal de valores, culturas, humanidades dos vencedores. Uma história universal abstrata, seletiva que sacrifica vidas singulares, dos coletivos diferentes: dos vencidos. Vidas não reconhecidas na história da humanidade porque decretadas com deficiências originárias de humanidade. Uma história oficial narrada, cultuada onde só tem havido lugar para a humanidade dos vencedores. Uma narrativa da história universal que exige decretar a inumanidade dos vencidos, para exaltar, cultuar a humanidade – inumanidade dos vencedores, no poder.

Os oprimidos repõem outra história de sua outra humanidade

Se a história narrada é dos vencedores que a narram ou de alguém em seu nome ou do ponto de vida do Nós, autodecretados síntese do humano único, seria possível narrar outra história do ponto de vida dos vencidos, dos decretados com deficiências de humanidade? Seria uma história que quis ser, que foi de outra humanidade, mas não foi reconhecida como uma história de humanidade porque uma história dos Outros, da diferença, decretada pelo Nós sem humanidade. Os Outros, os vencidos ousam se afirmar sujeitos de uma outra história que foi de coletivos afirmando-se humanos em outro padrão de humanidade, que lutaram por ser reconhecidos como outro padrão de humanidade, mas persistiram os vencedores em decretá-los em estado de natureza, não de humanidade.

Outra história não de uma humanidade possível se educados, humanizados, mas uma história real dos Outros em vidas re-existentes afirmando-se humanos, reafirmando sua humanidade na história. Em outra história e em outro paradigma de humano: os vencidos ousando afirmar-se humanos em outro paradigma de humanidade contestam que a história dos vencedores tenha sido a única possibilidade na história humana.

Re-existindo como humanos afirmam a outra história porque sempre lutaram como indígenas, negros escravizados, trabalhadoras, trabalhadores, sem terra, sem teto... "todas as lutas inglórias que através de nossa história, não esquecemos jamais [...]" (João Bosco). "São tantas lutas inglórias, são histórias que a história qualquer dia contará, de obscuros personagens, de humilhados e ofendidos, explorados e oprimidos..." (Gonzaguinha). As artes reconhecem essa outra história dos oprimidos.

Os oprimidos re-existindo repõem as tensões políticas, éticas entre as narrativas dos vencedores e suas narrativas de oprimidos, de humilhados. Explorados, oprimidos, mas persistindo na afirmação de outra história de lutas inglórias e gloriosas por afirmar sua humanidade, re-existindo à inumanidade dos vencedores. Inumanidade encoberta na "ética" do êxito, da civilização ocultando as barbáries históricas. A história dos vencedores se autoafirma uma história não do triunfo da força, mas da moralidade, do progresso, civilizatória, história ética moralizadora, humanizadora, do vencedor porque o mais ético, civilizado. A história dos vencidos, humilhados, narrada como uma contra-história de animalidade, irracionalidade, imoralidade, inumanidade.

Para destacar a história de moralidade, humanidade, civilidade, progresso, afirmada como síntese da história dos vencedores no poder, exige-se destacar a história dos vencidos como a contra-história de imoralidade, animalidade, inumanidade, atraso. Animalidade, imoralidade, inumanidade, como síntese da história dos vencidos e humilhados. A história da educação nos diversos humanismos pedagógicos se legitima nessa tensão de concepções de histórias. À educação cabe corrigir a história dos vencidos, moralizar suas imoralidades, humanizar, corrigir suas inumanidades.

Tensa encomenda política para a educação: tentar incorporar, incluir pela educação moralizadora, humanizadora os vencidos na moralidade, humanidade dos vencedores. Educação inclusiva, igualitária. Tensa e inglória função encomendada à educação e à docência. Tensões que marcaram e marcam as identidades docentes/educadoras, a história da educação. Que narrativas priorizar? A narrativa única dos vencedores ou a narrativa outra dos vencidos afirmantes de sua humanidade na história?

Os oprimidos re-existem à negação de sua outra humanidade na história

Docentes, educadoras, educadores e educandos nas escolas públicas sobretudo se debatem com essas tensões de narrativas de história. Tensões vividas por milhões de educandos e milhares de educadoras, educadores, testemunhas das resistências de seus coletivos a negação de sua humanidade na história, herdeiros dos oprimidos afirmantes de outra história de valores, culturas, humanidades. Testemunhas de resistências por recolocar sua outra humanidade na história. Que história narrar sobretudo para os milhões de educandos e de docentes/educadoras, educadores, herdeiros dos coletivos vencidos que herdaram de seus coletivos étnicos, raciais, de gênero, classe outras narrativas de outra história de re-existências afirmativas de outra humanidade? Que opções profissionais, políticas, éticas tomar?

Walter Benjamim, B. Brecht, Fanon, Paulo Freire e tantas e tantos historiadores, educadoras, educadores optam por reconhecer que os oprimidos resistiram e re-existem à negação de sua humanidade na história. Paulo Freire nos lembra dos movimentos de rebelião, sobretudo de jovens, afirmando os oprimidos como sujeitos de decisões, de história. Nas últimas décadas a pluralidade de movimentos sociais, indígenas, quilombolas, negros, feministas, operários, sem terra, sem teto, LGBT, movimentos infantojuvenis e o movimento docente/educador revelam a consciência coletiva de serem sujeitos de história, de outra história de saberes, valores, culturas, humanidades.

Os oprimidos em suas resistências coletivas repõem a consciência de que sem eles não teria sido possível a história de êxitos econômicos, sociais dos vencedores, na acumulação de sua riqueza, nas plantações coloniais e imperiais, na história do agronegócio, na história de construção das cidades: Quem trabalhou, quem trabalha na construção e não tem casa onde morar? Quem trabalha na agricultura camponesa, na produção de alimentos, mas decretados sem terra, sem alimentos, na fome? A cultuada história do progresso, de riqueza, das cidades e seus monumentos... feita do trabalho dos coletivos decretados à margem da história.

Re-existências afirmativas de serem sujeitos de outra história, de outra humanidade

Os oprimidos exigem o reconhecimento de serem sujeitos de história. De outra história de outros valores, saberes, culturas, humanidades de re- -existências de oprimidos, a negação de sua humanidade na história. De vidas re-existentes a uma história onde só tem havido lugar para a "humanidade" dos vencedores exigindo o reconhecimento de ter havido outra história de resistências por lugar para a humanidade dos vencidos afirmando-se humanos, reafirmando sua humanidade roubada em outra história de sua humanidade reafirmada, reconhecida.

Das vidas re-existentes reafirmando sua humanidade na história vem a esperança de uma história política, ética, humana, mais aberta, mais plural, menos fechada em um paradigma único, hegemônico de história e humanidade. Os oprimidos reafirmando sua outra humanidade na história superam o empobrecimento de uma história única que só reconhece saberes, valores, culturas do Nós, os vencedores.

Dos oprimidos reafirmando sua outra humanidade na história veem a esperança de reconhecer, narrar uma história mais aberta, mais plural, mais rica, mais política, mais tensa. Uma história de tensões de afirmação, reconhecimento dos Outros, da diferença como sujeitos de matrizes pedagógicas de afirmação de sua outra humanidade. Um teimoso esperançar pelo reconhecimento da pluralidade, diversidade de sermos humanos.

Recuperar sua humanidade, recriá-la: tarefa humanista e história dos oprimidos

Acompanha-nos uma pergunta: Que história política, social, cultural, pedagógica é reconhecida quando se narra a história oficial, dita universal? É a história única dos valores, saberes, culturas dos vencedores. Onde só tem havido lugar para a "humanidade" dos vencedores, do Nós autodecretados síntese da humanidade e decretando os Outros, a diferença, com deficiência ônticas de humanidade.

As vítimas repõem outra história denunciante de sua humanidade roubada

Lembrávamos que os oprimidos resistem à negação de sua humanidade. Resistem a essa história oficial do Nós nos poderes de decretar os Outros, a diferença, com deficiências ônticas de humanidade. Os oprimidos têm resistido afirmando outra história de re-existências a ser roubadas em sua humanidade. Vidas re-existentes reafirmando, denunciando os processos políticos dos poderes, roubando sua humanidade. Uma tensa e persistente história de negar, roubar sua humanidade que os oprimidos repõem na história política.

Os milhões de educandos, de crianças a adultos que chegam nas escolas, na EJA, nas universidades roubadas em suas humanidades têm direito a saber-se. Têm direito a saber-se nessa história de ser roubadas em sua humanidade, mas sobretudo têm direito a saber-se sujeitos de outra história de re-existências, desocultando os processos, os poderes que na história têm roubado e persistem em roubar sua humanidade. As narrativas oficiais ocultam essa história; não tem faltado docentes, educadoras, educadores que se propõem entender e narrar, desocultar essa história de roubar humanidades e de re-existências a saber-se vítimas de humanidades roubadas.

Aprender com os oprimidos a desocultar essa história. A diversidade de coletivos em movimentos de resistências passou essa história persistente de ser roubados em suas humanidades. Os nomes com que se nomeiam re-existindo já denunciam sua humanidade roubada: sem terra, sem território, sem teto, sem renda, sem trabalho, sem saúde, sem vida justa. Humana. A ênfase no identificar-se *sem* já revela que têm consciência de serem vítimas das estruturas de poder que os decretam *sem*: deficientes em condições de humanidade, decretados com deficiências ônticas de humanidade.

Reconhecer nos oprimidos, na diversidade de suas re-existências afirmando-se humanos narradores conscientes de uma história de terem sido roubados em sua condição de serem humanos. Reconhecê-los também denunciantes de saber-se sujeitos de humanidades roubadas.

Fazer ouvir as vozes das vidas re-existentes, reafirmando sua humanidade roubada na história

Walter Benjamin em suas análises sobre o conceito de história nos aconselha a fazer ouvir as vozes abafadas da história dos oprimidos sem as quais não poderá haver uma humanidade reconhecida. Sem ouvir essas vozes abafadas não haverá como entender a história de uma humanidade não reconhecida, negada, roubada dos oprimidos. Walter Benjamin fez uma análise do quadro de Klee, *Angelus Novus* – O anjo da história com seu rosto voltado para o passado não vê uma história de acontecimentos, de civilização, de humanidades, mas vê a história como uma consistente acumulada de ruínas sobre ruínas, não de progresso.

Benjamin nos convida a seguir o rosto, o olhar do anjo sobre a história – olhar para trás, deixar-nos interrogar pelo passado que se perpetua no presente: os melhores de oprimidos, desumanizados, decretados com deficiências de humanidade, mantidos em condições de um sobreviver in-humano, em sofrimentos, em vidas ameaçadas como regra na história. Um olhar pessimista da história do passado? Um olhar realista, de um realismo que não esquece a outra história de re-existências humanizadoras. Outra história de que foram e são sujeitos os oprimidos re-existentes? As vidas re-existentes nos instam a deixar-nos interrogar: Não repõem o saber-se em humanidades roubadas na história? Repõem o saber-se sujeitos de vidas re-existentes. Olhar para essa história de humanidades roubadas, ou ver as vozes abafadas, caladas dos oprimidos, que, segundo Benjamin, como o *Angelus Novus* de Paul Klee olha para o passado que não passou. Como decifrar essas vozes abafadas da história dos oprimidos e como interpretar seu olhar sem saber-se roubados em suas humanidades? A função da história política, social, cultural, sobretudo pedagógica não seria decifrar esse olhar, essas vozes abafadas da história dos oprimidos e nelas reconhecer suas resistências a ser roubados de suas humanidades?

Walter Benjamin nos lembra ainda: sem seguir o olhar do anjo para o passado de ruínas e sem ouvir as vozes abafadas de história dos oprimidos, dos coletivos roubados em suas humanidades não poderá haver uma humanidade reconhecida. Não haverá uma pedagogia, uma história de educação que reconheça nos oprimidos sujeitos de humanidade. Coletivos sociais e coletivos de educadoras, educadores, como Benjamin ouvem nos corpos, vivências dos educandos oprimidos, as vozes abafadas da história e tentam reconhecê-los sujeitos de outra humanidade. Sujeitos reafirmando sua outra humanidade na história, na outra história de humanidades roubadas, mas repostas pela outra história de re--existências afirmativas de suas outras humanidades.

Paulo Freire, Fanon e Benjamin olham para essa história, ouvem as vozes dos oprimidos e descobrem que a sua grande tarefa humanista e histórica é resistirem a ser decretados com deficiências de humanidade, resistirem a ser roubados em sua condição de humanos e buscarem recuperar, reafirmar sua humanidade negada, que é uma forma de criá-la. Só os próprios oprimidos re-existentes afirmando-se humanos e os que neles se descobrem, sofrem e lutam serão capazes de recuperar, reafirmar sua humanidade na história. "Os que oprimem, exploram e violentam em razão de seu poder não podem ter neste poder a força de libertação dos oprimidos" (FREIRE, 1987, p. 30). "Quem melhor do que os oprimidos se encontrará preparado para entender o significado de uma sociedade opressora? [...] Quem mais do que eles, para ir compreendendo a necessidade da libertação? [...] luta incessante de recuperação de sua humanidade" (p. 30-31).

A dialética roubar/lutar por recuperar sua humanidade roubada tem instalado uma tensão histórica persistente na história da educação, da tensa e conflitiva relação, desumanização, roubar humanidades, lutar por recuperação da humanidade/humanização. Uma história do passado e do presente que tem sujeitos – opressores que roubam humanidades e oprimidos re-existentes denunciando, resistindo a suas humanidades roubadas na história. Uma tensa história conflitiva que vem do passado que não passou que se perpetua no presente, nas vidas roubadas de humanidade, de milhões de crianças a adultos que chegam às escolas, à EJA, às universidades buscando recuperar suas humanidades roubadas, reafirmando a persistente história de vivenciar-se e de re-existir a serem roubados em suas humanidades.

Uma história de repor a humanidade roubada e exigir centralidade na formação docente/educadora que exige centralidade no narrar a outra história dos outros sujeitos, os oprimidos. Exige centralidade nos currículos, nos direitos dos oprimidos a saber-se vítimas de humanidades roubadas por que padrões, estruturas de poder roubam suas humanidades. Mas sobretudo exige centralidade nos currículos, nos saberes docentes, o direito dos educandos a saber-se sujeitos de vidas re-existentes reafirmando as suas humanidades na história. Em outra história política e educativa.

Vidas re-existentes reafirmando sua outra humanidade na história

Os oprimidos afirmando-se humanos recolocam a sua condição humana na história. Recolocam outra humanidade de outros humanos na história dos humanismos pedagógicos? Os diversos humanismos políticos, religiosos, pedagógicos têm trazido com destaque os processos de humanização para a história social, política, religiosa, cultural, pedagógica. Mas humanização de que humanos? Os diversos humanismos têm optado por um padrão de humano único hegemônico que reconhece o *Nós* nos padrões de poder político, econômico, cultural, intelectual, religioso como a síntese do humano único e decreta os Outros com deficiências de humanidade. Uma concepção de humano, de humanidade restrita, limitada que deixa os Outros, a diferença, à margem da humanidade.

Os oprimidos recolocam sua outra humanidade na história

Paulo Freire aprende com os oprimidos a resistir a esse padrão único, hegemônico que os decretou com deficiências originárias de humanidade – não sendo humanos. Re-existem afirmando-se humanos, não à margem do humano, não sem humanidade. Re-existências afirmando-se humanos que recolocam a humanidade da diferença na história política, cultural, pedagógica. Paulo Freire reconhece o protagonismo que sempre tiveram na história os oprimidos decretados com deficiências originárias de humanidade. Reconhece que os oprimidos recuperam a humanidade que lhes foi roubada, que foi roubada da própria história da condição humana. Recolocam sua humanidade na história da humanidade, de formação humana. Da pedagogia. Tensionam, enriquecem, alargam a história das concepções de humanidade, de formação humana.

Reconhecer que os oprimidos decretados à margem da condição humana se reafirmam humanos é reconhecer que há outra história da humanização ocultada, há outras pedagogias, outras matrizes de humanização. Há outros sujeitos. Com os oprimidos afirmando-se humanos, alargando o campo fechado de humanidade, Paulo Freire alerta às teorias da formação humana que a história da educação fica pobre, incompleta, sem reconhecer a outra história de humanização afirmada pelos Outros, pela diferença, afirmando-se humanos, sem reconhecer os oprimidos sujeitos de suas pedagogias, sujeitos de outros processos de humanização. Reconhecer que os processos de formação humana têm sido na história muito mais diversos na diversidade de coletivos humanos será a forma política, ética, pedagógica de recolocar a humanidade plena na história. A história da educação, da formação humana só será completa se reconhecer e incorporar essa diversidade da totalidade da condição humana.

Os padrões de humanismo limitam o reconhecimento da outra humanidade na história

Os estudos decoloniais vêm acentuando que o humanismo colonial sintetiza a segregação dos Outros, da diferença: dos povos originários e dos trabalhadores negros escravizados como humanos. Boaventura de Souza Santos insiste em que foram decretados com deficiências originárias de humanidade. Na diversidade de suas análises na crítica à sociologia das ausências de saberes, insiste na riqueza, pluralidade de saberes dos coletivos diferentes, marginalizados, decretados como não saberes, como ignorâncias. Boaventura critica os culturicídios, a destruição das culturas dos povos originários, dos negros escravizados. Padrões únicos, hegemônicos de humano que em nossa história empobreceram dimensões fundantes de humanidade: os saberes, a racionalidade, os valores, as tradições, as culturas, as memórias, crenças... dos Outros, da deficiência.

A esses padrões únicos, hegemônicos de humanos, os Outros, a diferença, vêm re-existindo, afirmando-se humanos, sujeitos de saberes, valores, racionalidade, moralidade, cultura, humanidade. Os oprimidos sujeitos de outras pedagogias. Pedagogias dos oprimidos. Paulo Freire, humanista, reconhece os oprimidos humanos recolocando sua humanidade, sua outra humanidade, na história. Paulo Freire nos lembra: a distorção de ser mais ou ser menos leva os oprimidos a lutar contra quem os fez menos, pela recuperação de sua humanidade roubada, que é uma forma de criá-la. Está aí a grande tarefa humanista e histórica dos oprimidos.

Com essas lutas re-existentes dos oprimidos, Paulo Freire aprende que os oprimidos não só se afirmam humanos, mas repõem sua humanidade na história da humanização. Para os oprimidos o problema de sua humanização e da sua humanidade na história tem sido o problema central, ineludível (p. 29). Quais exigências éticas, políticas para a educação, a docência, as teorias da formação humana vêm das vidas re-existentes recolocando outra humanidade na história?

Que outra história da educação afirmando sua outra humanidade na história?

Como avançar no reconhecimento de que os outros, a diferença, recolocaram sempre sua outra humanidade na história afirmando outra história de outra educação? Lembrávamos que de maneira persistente na história política, cultural, identitária os coletivos diferentes têm re-existido afirmando-se humanos em ações, movimentos, coletivos afirmativos. Não têm aceitado passivos, mas re-existido a decretados à margem de história social, política, cultural, humana. Não à espera de ser humanizados, incluídos na história única do Nós autodecretados humanos únicos. Lutaram por entrar nessa história, mas afirmantes de outra história, de outra humanidade.

Os outros re-existentes afirmam-se sujeitos de outra humanidade

No texto *Pedagogias em movimento: o que temos a aprender dos movimentos sociais* (ARROYO, 2003-2011) partíamos da constatação de que os diversos movimentos sociais da diferença são educadores e nos perguntamos o que aprender com os outros: põem em ação, em movimento outras pedagogias, processos pelas possibilidades de um justo, humano viver. Afirmam-se sujeitos de outros processos de outras pedagogias de humanização. Sujeitos de outra humanidade, alargam, reeducam a história e as teorias de afirmação, de formação humana. Sujeitos de outros processos, pedagogias, matrizes de humanização. Sujeitos de outra história, de outra educação. De outras humanidades. Que exigências para o narrar a história da educação?

Reconhecer as lutas dos oprimidos por participar dos avanços da história social, econômica, cultural, educacional, humanizadora. Mas reconhecer que há outra história dos oprimidos re-existentes recolocando sua outra humanidade na história traz exigências radicais para o narrar a história hegemônica, política, cultural, pedagógica, decretada como única. Exige reconhecer que houve e há outra história de humanização que foi, poderia ter sido e teimou em ser, mas foi ignorada, reprimida. Exige reconhecer que houve, há outras vozes abafadas que persistem em ser ouvidas para narrar essa outra história. Vozes de humanos afirmantes de outra humanidade, que re-existiram a ser abafadas e nem pediram licença para falar, mas falaram em suas culturas, músicas, marchas, grafites: os gritos dos oprimidos.

Da história, das ciências humanas exigem que suas vozes abafadas pelos poderes sejam ouvidas afirmando sua outra humanidade. Vozes que vêm de longe na história de resistências, vêm dos movimentos sociais, vêm das famílias e dos próprios educandos, infâncias, jovens e adultos. Vozes que interrogam os currículos, a BNCC, o material didático. Interrogam as identidades docentes/educadoras: Ouvir ou ignorar/abafar essas vozes e seus significados?

Coletivos de trabalhadores na educação também somam afirmando outra história em seus movimentos docentes, em lutas por direitos. Resistências também abafadas que somam com as vozes abafadas dos oprimidos recolocando sua outra humanidade em outra história de outras matrizes de humanização.

Os Outros educandos sujeitos dessa outra história têm direito a saber-se como membros de coletivos sociais, étnicos, raciais, de gênero, classe, saber-se sujeitos dessa outra história de outra humanidade.

Há outra história dos decretados sem humanidade afirmando sua outra humanidade

Como avançar no reconhecimento de que os oprimidos recolocam sua outra humanidade na história? Dar maior centralidade às vozes dos oprimidos como fizeram Fanon, Paulo Freire, Walter Benjamim, que nos lembra: "Fazer ouvir as vozes abafadas da história dos oprimidos sem as quais não poderá haver uma humanidade reconhecida" (2018). Para aprofundar no conhecimento dessa outra história, Benjamim recomenda: "escoltar a história a contrapelo". Buscar no apagado, demolido, negado da história abafada dos oprimidos, o lado oculto da história real de humanidades outras.

Reconhecer outra história com esses "escombros", essas demolições da outra história que foi, poderia ter sido e teimou em ser que a história dos vencedores não seja cultuada como a única história, mas ouvir, reconstruir as vozes abafadas da história dos oprimidos para narrar a outra história de humanidades. Um outro olhar sobre o passado e o presente para a reconstrução da outra história de outros sujeitos: os diferentes recolocando sua humanidade na história. Que outras matrizes de humanização, a diferença, afirmam nessa outra história? Que outra humanidade?

Para as narrativas oficiais, hegemônicas da história não tem que perder tempo em buscar nos escombros da história dos vencidos, mas cultuar as glórias do passado da história política, cultural, civilizatória dos vencedores. Os escombros da história dos vencidos não são histórias de injustiças, opressoras dos padrões hegemônicos do poder; são escombros, produtos das deficiências de humanidade, de valores, saberes, racionalidade dos próprios oprimidos. A própria condição dos Outros à margem da história humana é culpa dos próprios oprimidos.

Narrativas hegemônicas de história, construções políticas, imorais, religiosas, até pedagógicas, que os Outros, a diferença, desconstroem, teimando em se afirmar humanos, sujeitos de outra humanidade, sujeitos de outra história abafada, destruída, negada, mas que teima em se afirmar não só possível, mas real. Outra história dos decretados sem humanidade afirmando sua outra humanidade. Afirmando-se sujeitos de uma história da educação, humanização não única, mas diversa, plural, exigindo ser reconhecidos sujeitos alargando a concepção única, estreita de processos, matrizes de humanização. A diversidade de educandas, de educandos tem direito a entender e entender-se nessa pluralidade, diversidade de pedagogias, matrizes de formação, humanização. Tem direito à formação humana nas matrizes do humanismo hegemônico e a afirmação humana nas matrizes da diferença.

Que exigências para o narrar a história política, cultural, educativa? Reconhecer esses tensos confrontos de humanidades e de histórias de humanização. Confrontos políticos de coletivos humanos em re-existências políticas humanizadoras. Confrontos de humanidade e de narrativas de histórias humanas.

Vidas re-existentes reafirmando outra humanidade em outra história de humanização

Aprender com os movimentos sociais em ações coletivas re-existentes, afirmantes de outras matrizes de formação humana, de outra humanização repõem sua humanidade na história em outra história, política, ética, pedagógica. Matrizes outras perenes ignoradas, humanidades outras não reconhecidas nas narrativas da história hegemônica dos diversos humanismos pedagógicos. Reconhecer que houve, que há outra história persistente de outras matrizes de humanização, desses outros coletivos decretados com deficiências originárias, ônticas de humanidade. Matrizes re-existentes afirmando sua outra humanidade que não tem sido reconhecida, nem a margem da história da educação dos diversos humanismos pedagógicos.

Há outras matrizes dos outros coletivos re-existentes afirmando-se humanos decretados pelos padrões de humano hegemônicos, como não humanos. Lembra Walter Benjamim: "esmagados da história resistem por desconstruir, por remir esse pássaro, redenção que só se dará quando todo esse passado for remido". Os próprios esmagados da história, resistindo por afirmar sua humanidade, veem-se reafirmando sujeitos de outra história política, social, cultural, pedagógica. Repõem suas outras matrizes de outra humanidade.

Função alargada da educação: reconhecer essa diversidade de processos, matrizes de humanização; reconhecer que cada coletivo social, étnico, racial, de gênero, classe, lugar repõe outra humanidade, em outra história de educação, humanização. Formar docentes/educadoras, educadores para entender essas vidas re-existentes reafirmando sua outra humanidade na história. Garantir o direito da diversidade de educandos de entender e entender-se sujeitos dessa pluralidade de matrizes de humanização.

A história hegemônica promete que os Outros, a diferença, decretados síntese das deficiências humanas, só sairão das margens, das encostas da história única humana se educados para superar suas barbáries, crendices, inculturas, irracionalidades, inumanidades. Se educados forem dignos de entrar no trem da história única civilizatória, moralizadora, humana. Esse padrão de história humana única, reafirmada pela diversidade dos humanismos pedagógicos.

Os Outros, a diferença, decretados à margem dessa história humana, única têm re-existido afirmando outra história de outras matrizes de humanização, de outra humanidade, racionalidade, moralidade, cultura. Outro paradigma de humano contra-hegemônico, e outra história da educação contra-hegemônica. Os outros, a diferença reafirmando sua outra humanidade na história repõem outra história de humanização. Outra história contra-hegemônica de educação, de afirmação, de formação humana.

Ouvir as vozes abafadas da história dos oprimidos

Lembramos de Walter Benjamim: "não poderá haver uma outra humanidade reconhecida na história sem fazer ouvir as vozes abafadas da história dos oprimidos". Paulo Freire (1987) nas primeiras palavras de *Pedagogia do Oprimido* ouve as vozes dos sujeitos que repõem sua outra humanidade na outra história pedagógica, "os esfarrapados do mundo e os que neles se descobrem e, assim, descobrindo-se com eles sofrem, mas, sobretudo, com eles lutam". Paulo Freire ouve as vozes abafadas, reprimidas dos que sofrem e sobretudo lutam. Vozes anunciantes de outra humanidade, de outra história política, ética, cultural, humana. Vocês dos movimentos de rebelião, sobretudo de jovens, recuperando sua humanidade roubada, negadas nas injustiças, na exploração, na opressão, nas violências dos opressores. Mas humanidade reafirmada no anseio de liberdade, de justiça, de luta pela recuperação de sua humanidade.

Para Paulo Freire, aí está "a grande tarefa humanista e histórica dos oprimidos – libertar-se a si e aos opressores lutando pela restauração de sua humanidade". Enquanto homens e povos na luta pela sua libertação a pedagogia se fará e refará: pedagogia libertadora. Dessas re-existências e lutas pela libertação nasce em homem novo. Uma nova humanidade.

Walter Benjamim dá centralidade a como ouvir as vozes abafadas dos oprimidos no "escovar a história a contrapelo", sem deixar de olhar as catástrofes e as ruínas: "que nada se perca". Despertar no passado as centelhas de esperança não só de rememoração dos sofrimentos, mas a realização da utopia social, política, humana. Uma exigência política para a história da educação: reconhecer que os oprimidos recolocando sua outra humanidade na história se afirmam sujeitos de outra história humana que exige o reconhecimento de que há outra história da educação, humanização.

Há outros coletivos sociais, humanos recolocando sua outra humanidade em outra história humana. Humanidades outras re-existentes porque não se perca a humanidade que lutou e foi roubada, mas recuperada, reafirmada pelos oprimidos. Reconhecer a história política, social, cultural, ética, pedagógica re-existente como história tensa de conflitos de paradigmas de humanidades impostas, negadas, roubadas pelos padrões de poder, mas reafirmadas pelos oprimidos, teimando em recolocar sua outra humanidade na história. Em outra história política, ética, humana.

Reconhecer com Paulo Freire que "a grande tarefa humanista e histórica dos oprimidos é recuperar a sua humanidade roubada, que é uma forma de recriá-la".

Reconhecer com Walter Benjamim: "não poderá haver outra humanidade reconhecida na história sem fazer ouvir as vozes abafadas da história dos oprimidos".

Reafirmando sua outra humanidade na história; que matrizes de humanização afirmam?

Reconhecer os Outros, a diferença, reafirmando sua outra humanidade na história obriga as teorias pedagógicas, de formação humana a dar centralidade a entender, teorizar sobre que outros processos, pedagogias, que outras matrizes de humanização, formação humana repõem na história política, ética, pedagógica. Os Outros, a diferença, afirmando-se sujeitos de outra humanidade, afirmam outras pedagogias de oprimidos, outras teorias, processos, matrizes de outra humanização?

Outras pedagogias – matrizes perenes da formação humana

Os Outros na diversidade e radicalidade política, ética, cultural, pedagógica de seus movimentos sociais por humanizar as possiblidades de seu viver lutam por território, terra, teto, trabalho, renda, alimentação, saúde, educação: vida justa, humana. Movimentos sociais, educadores, humanizadores reafirmando essas matrizes mais perenes da condição, formação humana.

Os padrões de poder sabem que essas são as matrizes mais perenes da formação humana, e para destruir as possibilidades humanizadoras dos Outros os condenam à condição de sem territórios, sem terra, sem teto, sem trabalho, sem vida. As antipedagogias mais perenes dos padrões de poder, de pensar, de ser na história têm priorizado destruir, negar essas matrizes perenes de humanização para legitimar, decretar a diferença étnico-racial, no mito ôntico de natureza, não de humanidade. Que exigências das teorias pedagógicas, da educação e da docência?

Pesquisar, identificar, fortalecer como os Outros, a diferença, decretados com deficiências originárias de humanidade, em estado de natureza, não de humanidade, re-existem reafirmando sua humanidade em outra história, afirmam outras pedagogias, outros processos de humanização, outras potencialidades, matrizes de se afirmar, formar como humanos. Afirmam outras matrizes de humanização destruídas, negadas, não reconhecidas na história hegemônica, única de formação, afirmação humana.

Os coletivos outros, a diferença, sabem-se sujeitos de outras matrizes de formação humana. Sujeitos históricos de outra história, de outras pedagogias. Esse o significado político, ético, pedagógico radical que os Outros, a diferença étnico-racial, de gênero, classe afirmam ao exigir que seus movimentos sociais sejam reconhecidos movimentos pedagógicos, educadores de outras matrizes de formação humana, de afirmação de outros saberes, valores, culturas, identidades diferentes. De outra humanidade.

Que exigências para a história da educação, formação humana? Reconhecer que a diferença, decretados como coletivos sem humanidade, afirmando sua outra humanidade, afirmam outra história de outra humanização. A diferença recolocou sempre sua outra humanidade na história exigindo reconhecimento político, ético, pedagógico de suas re-existências; a destruição das matrizes mais perenes de sua humanização, a ser expropriadas de seus territórios indígenas, negros, quilombolas, resistem à condição de retirantes, imigrantes, arrancados, desterritorializados, desumanizados. Re-existências históricas que revelam a sua consciência da terra, do território, do lugar, do teto, do cultivo, da agricultura como matrizes perenes de sua humanização.

Os padrões de poder sabem que uma antipedagogia radical de desumanização de destruir a humanidade é a destruição do trabalho. Achille Mbembe, em seu livro *Crítica da razão negra* (2018), nos lembra que dos corpos de trabalho capturados pela escravidão e pelo capitalismo não se extrai apenas a mais-valia, se extrai a humanidade, corpos, vidas sobreviventes de resíduos de trabalhos desumanizantes. Corpos humanos decretados objetos, mercadorias, não humanos. Antipedagogias radicais, matrizes desumanizantes perenes dos padrões de poder.

Os movimentos sociais, indígenas, negros contra a escravização, os movimentos contra toda forma desumanizante de trabalho, o movimento operário e docente, re-existentes afirmando corpos humanos de trabalhos humanos afirmam o trabalho como matriz perene de outra formação humana. De outra humanidade oprimida mas afirmada, reposta nessas tensas histórias de re-existências aos padrões, matrizes desumanizantes do poder. Os Outros, a diferença, reafirmando essa outra humanidade, outra história de lutas afirmantes das pedagogias, das matrizes mais perenes da formação humana.

Reafirmar suas identidades étnico-raciais matrizes perenes de afirmação, formação humana

Converter um ser humano em objeto. Coisificar seres humanos porque diferentes em etnia-raça, classificados com deficiências originárias de humanidade, destrói a condição ôntica de humanos e impõe uma segunda ontológica – não humanos, como destaca Frantz Fanon em Cativos da terra (1965) e em *Pele negra*, máscara branca. Força bruta do corpo indígena, negro escravizável porque deficiente de espírito, de racionalidade, de humanidade. Matrizes dos poderes de extrema radicalidade desumanizante de que milhões foram e continuam vítimas na história, na nossa história.

As respostas históricas da diferença: re-existências afirmando-se humanos de extrema radicalidade humanizante de que os movimentos indígenas, negro, quilombola têm sido sujeitos na história e com destaque político, ético, pedagógico em nossa história do passado e do presente. Se sua desumanização étnico-racial tem sido uma política ao longo dos processos históricos do poder desumanizante, a sua humanização tem sido uma resposta política ao longo da história, de nossa história.

Se porque diferentes em etnia/raça, coisificados como não humanos foi e persiste em ser a matriz mais desumanizadora dos poderes, re-existindo, matrizes humanizadoras repõem sua outra humanidade na história. Uma história de conflitos de matrizes de desumanização/re-existências/humanização. Uma história que as vítimas de históricas matrizes desumanizantes invertem não apenas reafirmando que vidas indígenas/negras importam, mas invertendo a condição das matrizes hegemônicas do poder decretadas humanizadoras mas expostas, denunciadas pelas vítimas como matrizes históricas desumanizantes.

Os movimentos indígenas/negros, quilombolas estão na raiz de nossa história política, pedagógica; a radicalidade de suas resistências, ações afirmativas, revela uma nova consciência, uma outra consciência, epistêmica de sua condição ontológica humana de outro paradigma afirmativo de humanos. Outras identidades étnico-raciais afirmativas de outras matrizes de humanos que invertem, desconstroem o padrão paradigma hegemônico de Nós humanos

nos poderes e os Outros, a diferença, étnico-racial inumanos. O outro de Nós humanos únicos.

Uma inversão da história política, pedagógica que decretou as identidades étnico-raciais inumanas, incapazes de se auto-humanizar, os coletivos étnico-raciais re-existindo fazem da afirmação de suas identidades matriz central de sua formação humana. Re-existências, ações afirmativas das diferenças, matriz de outra humanidade. De outra história de humanização.

Reafirmar suas identidades culturais, matrizes perenes de afirmação/ formação humana

Decretar as diferenças étnico-raciais inumanas, decretar as diferenças culturais marginalizadas, inculturas, crendices, selvagerias. O Nós colonizador, branco, autodefinindo-se a expressão do paradigma de cultura única, universal, segregando como marginais, como inculturas as culturas da diferença. A cultura do Nós no poder matriz de formação/afirmação de sujeitos de cultura e parâmetro de segregação dos Outros, das diferenças culturais como inculturas, como inumanidades. Os culturicídios na história e com destaque em nossa história legitimados nessa matriz única, hegemônica de cultura universal humana.

O campo da cultura, tão atrelado à educação, formação humana, um campo de tensões políticas, éticas, pedagógicas, tensões de que culturas do Nós reconhecidas como matrizes de humanização e que culturas dos Outros, da diferença, decretadas inculturas, matrizes de desumanização. O campo da cultura, um campo repolitizado pelas re-existências dos Outros afirmando-se sujeitos de culturas, re-existindo à destruição de suas identidades culturais, suas tradições, saberes, valores.

Re-existências à destruição de suas matrizes culturais e afirmantes de novas culturas re-existentes. Novas matrizes de afirmação humana, uma reinvenção das culturas subalternizadas, que confere novas radicalidades humanizadoras à cultura como matrizes de humanização, confere radicalidades novas às tradicionais articulações entre cultura, educação, formação humana. Relações históricas perdidas em que o C de cultura do MEC deixa de ser C de cultura matriz de humanização e passa a ser C de conteúdos da BNCC. Os Outros, a diferença, afirmando-se sujeitos de culturas, afirmando a cultura como matriz perene da humanização, repolitizam a histórica relação cultura/educação/humanização.

Os mecanismos políticos, educativos de destruir as culturas originárias das diferenças provocaram nos coletivos a reafirmação, as defesas políticas, éticas pedagógicas de preservar suas culturas – conflitos tensos de culturas. Provocaram a produção de novas culturas re-existentes, re-afirmantes da cultura como matriz política de humanização. De sua nova humanidade. Nova consciência, cultural identitária/humana.

Novas radicalidades políticas rearticulando a cultura às matrizes mais perenes do viver humano. A cultura reafirmada como matriz de humanização se reforçando nas lutas pelo território, terra, cultivos, culturas. Cultura reforçada como matriz humanizadora nas lutas pelos processos materiais em que as culturas se enraízam, afirmam. Em que os processos, matrizes/pedagogias de humanização sempre se enraizaram na história humana.

Os coletivos diferentes reforçando, rearticulando as matrizes perenes de humanização repõem outra história de formação humana, de educação. Repõem sua outra humanidade na história, em outra história de educação, humanização. Que exigências políticas, éticas para as teorias de formação humana para a formação de identidades educadoras docentes que reconheçam, fortaleçam os outros educandos herdeiros de coletivos sociais em vidas re-existentes afirmando e reafirmando sua outra humanidade em outra história?

Referências

AGAMBEM, G. Homo sacer: *o poder soberano e a vida nua*. Belo Horizonte: UFMG, 2004.

ARENDT, H. *Homens em tempos sombrios*. São Paulo: Cia. das Letras, 1987.

ARROYO, M. *Ofício de mestre*. Petrópolis: Vozes, 2000.

ARROYO, M. Pedagogias em movimento – O que temos a aprender com os movimentos sociais? *Educador, um diálogo com nosso tempo*. São Paulo: Autêntica, 2011.

ARROYO, M. O humano é viável? É educável? *Revista Pedagógica*, Chapecó, v. 17, 2015.

ARROYO, M. *Passageiros da noite: do trabalho para a EJA*. Petrópolis: Vozes, 2017.

ARROYO, M. *Vidas ameaçadas*. Petrópolis: Vozes, 2019.

ARROYO, M. Paulo Freire: outro paradigma pedagógico? *Educação em Revista*, Belo Horizonte, v. 35, 2019.

BENJAMIM, W. *Passagens*. Belo Horizonte: UFMG, 2018.

BOSI, A. *Dialética da colonização*. São Paulo: Cia. das Letras, 1992.

BUTLER, J. *Quadros de guerra*. Rio de Janeiro: Civilização Brasileira, 2015.

CASTRO-GOMES, S. *Crítica de la razón latino-americana*. Barcelona: Povill, 1996.

DUSSEL, E. *Ética de la libertación*. Madri: Trota, 2006.

FANON, F. *Los condenados de la tierra*. México: Fondo de Cultura, 1965.

FANON, F. *Pele negra, máscaras brancas*. Salvador: EduFBA, 2008.

FREIRE, P. *Pedagogia do Oprimido*. 17. ed. Rio de Janeiro: Paz e Terra, 1987.

GOMES, N. *Movimento negro educador*. Petrópolis: Vozes, 2017.

LEVI, P. *Os afogados e os sobreviventes*. Rio de Janeiro: Paz e Terra, 1990.

LEVI, P. *É isto um homem?* Rio de Janeiro: Rocco, 2000.

MBEMBE, A. *Crítica da razão negra*. São Paulo: N. 1 Edições, 2018.

MBEMBE, A. *Necropolítica*. São Paulo: N. 1 Edições, 2018.

QUIJANO, A. Colonialidade do poder e classificação social. In: SANTOS, B.S.; MENEZES, M.P. (orgs.). *Epistemologias do Sul*. São Paulo: Cortez, 2010.

SANTOS, B.S.; MENEZES, M.P. (orgs.). *Epistemologias do Sul*. São Paulo: Cortez, 2010.

Conecte-se conosco:

f facebook.com/editoravozes

◉ @editoravozes

🐦 @editora_vozes

▶ youtube.com/editoravozes

🟢 +55 24 2233-9033

www.vozes.com.br

Conheça nossas lojas:
www.livrariavozes.com.br

Belo Horizonte – Brasília – Campinas – Cuiabá – Curitiba
Fortaleza – Juiz de Fora – Petrópolis – Recife – Sao Paulo

EDITORA VOZES LTDA.
Rua Frei Luís, 100 – Centro – Cep 25689-900 – Petrópolis, RJ
Tel.: (24) 2233-9000 – E-mail: vendas@vozes.com.br